신주 사마천 사기 38

순리열전

급정열전

유림열전

혹리열전

대원열전

이 책은 롯데장학재단의 지원을 받아 번역, 출간되었습니다.

신주 사마천 사기 38 / 순리열전·급정열전·유림열전·
혹리열전·대원열전

초판 1쇄 인쇄 2023년 10월 15일
초판 1쇄 발행 2023년 11월 10일

지은이 (본문) 사마천
(삼가주석) 배인·사마정·장수절
번역 및 신주 한가람역사문화연구소 사기연구실

펴낸이 이덕일
펴낸곳 한가람역사문화연구소

등록번호 제2019-000147호
주소 서울특별시 종로구 김상옥로17 대호빌딩 신관 305호
전화 02) 711-1379
팩스 02) 704-1390
이메일 hgr4012@naver.com

ISBN 979-11-90777-51-3 94910

세계 최초
삼가주석
완역

신주 사마천 사기

순리열전 | 급정열전 | 유림열전
혹리열전 | 대원열전

지은이
본문_ 사마천
삼가주석_ 배인·사마정·장수절

번역 및 신주
한가람역사문화연구소 사기연구실

한가람역사문화연구소

차례

사기 제122권 史記卷一百二十二
혹리열전 酷吏列傳

사기 제123권 史記卷一百二十三
대원열전 大宛列傳

新註史記

신주사기26	사기 61권	백이열전	편
	사기 62권	관안열전	편
	사기 63권	노자한비열전	편
	사기 64권	사마양저열전	편
	사기 65권	손자오기열전	편
	사기 66권	오자서열전	편
신주사기27	사기 67권	중니제자열전	편
	사기 68권	상군열전	편
	사기 69권	소진열전	편
신주사기28	사기 70권	장의열전	편
	사기 71권	저리자감무열전	편
	사기 72권	양후열전	편
	사기 73권	백기왕전열전	편
	사기 74권	맹자순경열전	편
	사기 75권	맹상군열전	편
신주사기29	사기 76권	평원군우경열전	편
	사기 77권	위공자열전	편
	사기 78권	춘신군열전	편
	사기 79권	범저채택열전	편
	사기 80권	악의열전	편
	사기 81권	염파인상여열전	편
신주사기30	사기 82권	전단열전	편
	사기 83권	노중련추양열전	편
	사기 84권	굴원가생열전	편
	사기 85권	여불위열전	편
	사기 86권	자객열전	편
신주사기31	사기 87권	이사열전	편
	사기 88권	몽염열전	편
	사기 89권	장이진여열전	편
	사기 90권	위표팽월열전	편
	사기 91권	경포열전	편
신주사기32	사기 92권	회음후열전	편
	사기 93권	한신노관열전	편
	사기 94권	전담열전	편
	사기 95권	번역등관열전	편
	사기 96권	장승상열전	편
신주사기33	사기 97권	역생육가열전	편
	사기 98권	부근괴성열전	편
	사기 99권	유경숙손통열전	편
	사기 100권	계포난포열전	편
	사기 101권	원앙조조열전	편
	사기 102권	장석지풍당열전	편
	사기 103권	만석장숙열전	편
신주사기34	사기 104권	전숙열전	편
	사기 105권	편작창공열전	편
	사기 106권	오왕비열전	편
	사기 107권	위기무안후열전	편
신주사기35	사기 108권	한장유열전	편
	사기 109권	이장군열전	편
	사기 110권	흉노열전	편
	사기 111권	위장군표기열전	편
신주사기36	사기 112권	평진후주보열전	편
	사기 113권	남월열전	편
	사기 114권	동월열전	편
	사기 115권	조선열전	편
	사기 116권	서남이열전	편
신주사기37	사기 117권	사마상여열전	편
	사기 118권	회남형산열전	편
신주사기38			◀
			◀
			◀
			◀
			◀
신주사기39	사기 124권	유협열전	편
	사기 125권	영행열전	편
	사기 126권	골계열전	편
	사기 127권	일자열전	편
	사기 128권	귀책열전	편
신주사기40	사기 129권	화식열전	편
	사기 130권	태사공자서	편

원 사료는 중화서국中華書局 발행의 《사기》와 영인본 《백납본사기百衲本史記》를 기본으로 삼고, 인터넷 사료로는 대만 중앙연구원 역사어언연구소歷史語言研究所에서 제공하는 한적전자문헌자료고漢籍電子文獻資料庫의 《사기》를 참조했다.

일러두기

❶ 네모 상자 안의 글은 사기 본문 및 삼가주석 서문의 글이다.
❷ 한글 번역문 바로 아래 한문 원문을 실어 쉽게 대조할 수 있게 했다.
❸ 삼가주석 아래 신주를 실어 우리 연구진의 새로운 해석을 달았다.
❹ 사기 분문뿐만 아니라 삼가주석도 필요할 경우 신주를 달았다.
❺ 직역을 원칙으로 삼고 의역은 최대한 피했다.
❻ 한문 원문에서 ( )는 빠져야 할 글자를, 〔 〕는 추가해야 할 글자를 나타낸다.
예) 살펴보니 15개 읍은 이 두 읍에 가까웠다.
案 十五邑近此(三)〔二〕邑

《사기》〈열전〉의 넓고 깊은 세계에 관하여

1. 시대별 〈열전〉의 세계

《사기》는 〈본기本紀〉, 〈표表〉, 〈서書〉, 〈세가世家〉, 〈열전列傳〉의 다섯 부분으로 구성된 기전체紀傳體 역사서이다. 기전체라는 이름은 다섯 부분 중에 제왕의 사적인 〈본기〉와 신하의 사적인 〈열전〉이 중심이라는 사실을 시사하고 있다. 〈본기〉가 북극성이라면 〈세가〉와 〈열전〉은 북극성을 향하는 뭇별이라는 구성이다. 〈열전〉은 모두 70편으로 구성되어 있지만 한 편의 〈열전〉에 여러 명을 수록하는 경우가 여럿이어서 실제 수록된 인물은 300명이 넘는다. 중국의 24사는 대부분 《사기》를 따라 기전체를 택하고 있지만 《사기》만의 독창적 내용이 적지 않다.

먼저 서술 시기를 보면 《사기》는 한 왕조사가 아니라 오제五帝부터 자신이 살던 한무제漢武帝 시기까지 천하사天下史를 기술했기에 그 시기가 광범위한데, 이는 〈열전〉도 마찬가지다. 그래서 이를 시기별로 나누어 정리할 필요가 있다.

첫째 시기는 춘추春秋시대 이전부터 춘추시대까지 활동했던 여러 인물이다. 〈백이열전伯夷列傳〉부터 〈중니제자열전仲尼弟子列傳〉까지 7편이 그런 경우로서 백이伯夷·숙제叔齊, 관중管仲, 안영晏嬰, 노자老子, 손자孫子, 오자서伍子胥, 공자孔子의 제자들 등이 이에 속한다.

둘째 시기는 전국戰國시대와 진秦 조정에서 활동한 인물들에 대해서 서술했다. 〈상군열전商君列傳〉부터 〈몽염열전蒙恬列傳〉까지 21편이 이런 경우로서 상앙商鞅, 소진蘇秦, 장의張儀, 백기白起, 왕전王翦, 전국 4공자, 여불위呂不韋, 이사李斯, 몽염蒙恬 등이 이에 속한다.

셋째 시기는 초楚와 한漢이 중원의 패권을 다투던 시기에 활동했던 인물들이다. 〈장이진여열전張耳陳餘列傳〉부터 〈전담열전田儋列傳〉까지 6편으로 장이, 진여, 한신韓信, 노관盧綰 등이 이에 속한다.

넷째 시기는 한고조 유방부터 경제景帝 때까지의 인물들을 서술하고 있다. 〈번역등관열전樊酈滕灌列傳〉부터 〈오왕비열전吳王濞列傳〉으로 번쾌樊噲, 육가陸賈, 계포季布, 유비劉濞 등이 이에 속한다.

다섯째 시기는 한무제 때의 인물들이다. 〈위기무안후열전魏其武安侯列傳〉 등으로 두영竇嬰, 이광李廣, 위청衛青, 곽거병霍去病 등과 사마천 자신에 대해서 서술한 〈태사공자서太史公自序〉도 이 범주에 들 수 있다.

사마천은 한 사람의 인생 전부를 서술하는 개념으로 〈열전〉을 서술하지는 않았다. 그가 관심을 가진 것은 특정 인물이 어떤 사상을 가지고 한 시대를 어떻게 헤쳐 나갔는가, 또는 그 시대에 어떤 영향을 미쳤는가 하는 것이지 인생 전반을 세세하게 서술하는 것은 아니었다. 그러다보니 《사기》 〈열전〉을 보면 한 인간의 역경을 통해서 그가 산 시대의 생생한 분위기도 엿볼 수 있다.

2. 〈백이열전〉을 첫머리로 삼은 이유

《사기》 〈열전〉이 지금껏 인구에 회자되는 것은 사마천이 당위성만 추구한 것이 아니라 당위성과 실제 현실 사이의 괴리를 포착해 한 인물의 부침을 서술했기 때문이기도 할 것이다. 그가 〈열전〉의 첫머리를 〈백이열전〉으로 삼은 것은 〈세가〉의 첫머리를 〈오태백세가吳泰伯世家〉로 삼아 막내 계력季歷에게 왕위를 물려준 사양辭讓의 정신을 크게 높인 것과 마찬가지로 이利보다는 의義를 추구한 백이·숙제를 높인 것이다.

사마천은 제후가 아닌 공자를 〈공자세가〉로 높여 서술하고 〈중니제자열전〉과 〈유림열전儒林列傳〉도 서술해 유가儒家를 높이기도 하였다. 그러나 사마천은 단순히 유학을 높인 것이 아니라 유학에서 천하는 공公의 것이기에 자기 자식이 아니라 현명한 인물에게 자리를 넘겨주는 선양禪讓의 정신을 높게 산 것이다. 그래서 오제의 황제黃帝부터 요순堯舜까지 행해졌던 선양禪讓의 정신을 크게 높였다.

그러나 〈백이열전〉에서 사마천은 "백이·숙제는 남을 원망하지 않았다."는 공자의 말을 수록하면서도 사마천 자신은 공자의 견해에 동의하지 않고 백이·숙제의 뜻을 비통한 것으로 여겼다. 또한 그가 의문을 가진 것은 "하늘의 도道는 친함이 없고 항상 선한 사람과 함께한다."라고 했는데 선한 사람인 백이·숙제 같은 사람이 왜 굶어죽어야 했느냐는 질문이다. 그럼에도 불구하고 이利를 추구하는 삶보다 의義를 추구하는 삶이 중요하다는 생각에서 〈백이열전〉을 첫머리로 삼은 것이다.

〈백이열전〉뿐만 아니라 초나라를 끝까지 부흥시키려고 했던 〈춘신군열전春申君列傳〉이나 〈자객열전刺客列傳〉 등도 이에 속한다. 〈자객열전〉의 형가荊軻가 남긴 "장사 한 번 떠나면 다시 돌아오지 않으리[壯士一去兮不復還]"라는 시가가 대일항전기 의열단원들이 목숨을 걸고 국내에 잠입할 때 동지들과 나누던 시가라는 점은 시대와 장소를 넘어 의義의 실천에 목숨을 건 사람들이 깊은 동질감을 느꼈기 때문일 것이다.

3. 주제별 〈열전〉

〈열전〉 중에는 각 부문의 사람들을 주제별로 묶어서 서술한 〈열전〉이 적지 않다. 좋은 벼슬아치를 뜻하는 〈순리열전循吏列傳〉은 이후 많은 기전체 역사서가 따라서 서술하고 있다. 후세 벼슬아치들에게 역사의 포상이 가장 중요한 상으로 여기고 좋은 벼슬아치가 되려고 노력하라는 권고의 뜻을 담고 있다. 또한 혹독한 벼슬아치를 뜻하는 〈혹리열전酷吏列傳〉은 반대로 역사의 비판이 가장 무거운 형벌임을 깨닫고 백성들을 가혹하게 대하거나 가렴주구를 하지 말라는 권고를 담고 있다.

사마천은 비록 유학을 높였지만 유자儒者는 칭송을 받는데 유협游俠은 비난을 받는 현실에 대해서도 불만이었다. 그래서 유협들도 수백 년이 지난 후에도 제사를 받는다면서 〈유협열전〉을 서술했다. 〈유협열전〉같은 경우 《사기》, 《한서》와 그 전편이 모두 전하지 않는 《위략魏略》 정도가 이어서 유협에 대해 서술하였고 이후의 역사서에서는 외면받았던 인물들이다.

사마천은 또한 '기업가 열전'이라고 할 〈화식열전貨殖列傳〉을 서술했다는 이유로도 비판받았지만 그가 지금껏 역사가의 전범典範으로 대접받는 밑바탕에는 경제를 무시하지 않았던 역사관이 깔려 있었다. 그러나 〈화식열전〉은 이후 《사기》와 《한서》에서만 서술하고 있을 정도로 여러 사서는 벼슬아치와 학자만 높였지 사업가는 낮춰 보았던 것이 동양 유학 사회의 현실이었다.

《사기》에만 실려 있고, 다른 기전체 사서는 외면한 〈열전〉이 〈골계열전滑稽列傳〉, 〈일자열전日者列傳〉, 〈귀책열전龜策列傳〉이다. 〈골계열전〉은 보통 세속을 따르지 않고, 세상의 이익을 다투지 않는 것을 귀하게 여기는 사람들의 풍자정신에 대해 서술한 것으로 해석된다. 사마천이 보기에는 천문관측에 관한 〈일자열전〉이나 길흉을 점치는 복서卜筮에 대한 〈귀책열전〉도 나라를 다스리는데 필수적이라는 생각에서 이를 〈열전〉에 서술했다.

4. 위만조선만 서술한 〈조선열전〉

사마천이 〈열전〉에서 창안한 형식중 하나가 외국에 대한 〈열전〉이다. 사마천은 〈흉노열전匈奴列傳〉을 필두로 〈남월열전南越列傳〉, 〈동월열전東越列傳〉, 〈조선열전朝鮮列傳〉, 〈서남이열전西南夷列傳〉 등을 서술했다. 이것이 공자가 《춘추》에서 높인 존주대의尊周大義와 함께 중국의 전통적인 화이관華夷觀을 만들어 낸 것으로 볼 수 있다.

그러나 사마천은 동이족이 분명한 삼황三皇을 배제하고 오제五帝부터 서술한 데에서 알 수 있는 것처럼 화하족華夏族의 뿌리를 찾기 어렵다는 현실에 부닥칠 수밖에 없었다. 그래서 때로는 이족夷族의 역사를 무리하게 화하족 역사로 편입시키려 노력했다. 한나라를 크게 괴롭혔던 흉노를 하夏나라의 선조 하후夏后의 후예로 서술하고, 남월, 동월 등도 그 뿌리를 모두 화하족과 연결되게 서술한 것은 이 때문일 것이다.

〈조선열전〉에서는 단군과 기자의 사적은 생략하고 연나라 출신 위만衛滿에 대해서만 서술했다. 사마천은《사기》의 여러 부분에서 기자箕子에 대해 서술했고, 그가 존경하던 공자가《논어》에서 기자를 미자微子, 비간比干과 함께 삼인三仁으로 꼽았으므로 그의 사적을 몰랐을 리 없다. 그러니 기자가 주무왕周武王에 의해 석방된 후 '조선朝鮮'으로 갔다는 사실을 몰랐을 리 없고 기자가 간 조선이 '단군조선檀君朝鮮'이라는 사실도 몰랐을 리 없다. 그러나 사마천은 단군과 기자는 생략하고 위만조선만 서술했다. 그럼에도 그가 〈조선열전〉이라도 서술했기에 우리는 위만조선과 한나라의 관계나 위만조선의 왕족과 귀족들이 왜 망국 후 한나라의 제후로 봉함을 받았는지 알 수 있게 되었다.

이제 〈열전〉을 내놓으면서 40권에 이르는《신주 사마천 사기》의 대단원의 막이 내려진다.《신주 사마천 사기》는 비단 지금까지 전 세계에서 발간된 가장 방대한《사기》 번역서 및 주석서일 뿐만 아니라 그간《사기》에서 놓쳤던 여러 관점과 사실에 대해 알 수 있다. 예를 들면《사기》 본문 및 그 주석에 숱하게 드러나고 있는 이족夷族의 역사를 되도록 되살렸다는 내용면에서도 새로운 시도라고 자평할 수 있다. 《신주 사마천 사기》 완간을 계기로 사마천이 그렸던 천하사가 더욱 풍부해질 뿐만 아니라 《사기》 속에 숨어 있던 우리 선조들의 이야기가 우리 후손들의 가슴 속에 자리잡게 된다면 망외의 소득이라고 말할 수 있을 것이다.

사기 제119권 史記卷一百一十九

순리열전 循吏列傳

사기 제119권 순리열전 제59

史記卷一百一十九循吏列傳第五十九

색은 살펴보니 법에 근본하고 이치를 따르는 관리를 말한다.

案 謂本法循理之吏也

신주 순리循吏란 나라를 다스리는 데 청렴하고 공정하게 법을 집행하여 힘써 백성을 보호하는 관리를 말한다. 그래서 사마천은 "법령法令은 백성을 선善으로 인도하는 수단이고, 형벌刑罰은 간악함을 금지하는 방도이다. … 직책을 받들고 이치를 따르면 또한 잘 다스릴 수 있다."라면서 여기에 걸맞은 관리 다섯 명의 이야기를 실어 관리로서 지켜야 할 덕목이 무엇인지를 알게 해주고 있다.

첫 번째 인물로 손숙오孫叔敖를 꼽았다. 그는 춘추시대 초나라의 관료로서 어떤 제도를 고치거나 질서를 확립하는 등 통치행위를 함에 있어 인위적 억압에 의한 것이 아니라 솔선하고 자연스럽게 현 상황에 맞도록 하여 백성을 교화함으로써 서로 화합하게 하고 사회질서를 바로잡았다.

두 번째 인물로 정자산鄭子産을 꼽았다. 그는 춘추시대 정鄭나라의 공손교公孫僑를 이른다. 간공簡公, 정공定公, 헌공獻公, 성공聲公 4대에 걸쳐 재상을 지내면서 난세에 외교적 수완을 발휘해 정나라가 보존되는 데 큰 역할을 했던 인물이다. 사마천이 그를 순리로 선정한 것은 애민愛民 정신으로 통치했기 때문이다. 그가 죽었을 때 장정들이 통곡하고 노인들도 어린아이처럼 울었다는 데서 이를 짐작하게 한다.

세 번째 인물로 공의휴公儀休를 꼽았다. 그는 노나라의 박사이자 재상으로 법을 받들고 도리를 따라 고치는 것이 없어도 모든 관리가 스스로 바르게 되었다고 했다. 그를 순리로 꼽은 것은 뇌물을 받지 않은 것은 물론 백성들을 생각해서 자기 집안의 채소를 뽑아 버리고 베틀을 불살랐기 때문이기도 하다. 그의 청렴결백함과 애민 정신이 짙게 묻어 있다.

네 번째 인물로 석사石奢를 꼽았다. 그는 초나라 소왕昭王의 재상 신분으로 살인자인 아버지를 두고는 효孝를 저버릴 수 없고, 관리로서는 공정성을 잃을 수 없는 상황이었다. 그러나 자신의 희생으로 효와 공정성을 확보해 충忠과 효孝를 실현할 수 있었다.

다섯 번째 인물로 이리李離를 꼽았다. 그는 진晉나라 문공文公의 옥관獄官이었다. 자신의 잘못된 법의 판결로 사람이 죽게 되자 자신의 잘못을 인정하며 책임지려는 모습을 보여주고 있다. 잘못된 판결로 인한 폐해가 얼마나 큰지 관리로서 책임감이 얼마나 중요한지를 알게 해준다.

사마천이 순리들의 사례를 열거하고 지혜와 능력, 민의에 바탕한 통치와 청렴결백, 법 집행의 공정성과 책임감을 말함으로써 관리가 되려는 후세들에게 관리의 본분이 무엇인지를 명심하게 하려는 교훈을 담고 있다.

제一장

손숙오와 자산

태사공은 말한다.

법령法令이란 백성을 선善으로 인도하는 수단이고, 형벌刑罰이란 간악함을 금지하는 방도이다. 문文인 법령과 무武인 형벌이[1] 갖추어지지 않으면 백성이 두려워 떨고, 몸을 닦은 이가 관직을 맡으면 일찍이 어지러워지지 않았다. 직책을 받들고 이치를 따르면 또한 잘 다스릴 수 있으니 어찌 반드시 위엄을 내세우려고만 하는가?

太史公曰 法令所以導民也 刑罰所以禁姦也 文武[1]不備 良民懼然 身修者 官未曾亂也 奉職循理 亦可以爲治 何必威嚴哉

① 文武문무

신주 여기에서 문무文武는 문文은 법령, 무武는 형벌을 가리킨다.

손숙오孫叔敖[1]는 초楚나라 처사處士이다. 초나라 재상 우구虞丘가 손숙오를 초장왕楚莊王에게 추천해서 자신을 대신하게 했다.

3개월 만에 초나라 재상이 되었다. 가르침을 베풀고 백성을 인도해서 위와 아래가 화합하자 세상의 풍속이 성대하고 아름다워졌다. 정사에는 금지하는 것들을 완화했는데도 관리들은 간사한 사람이 없었고 도적들이 일어나지 않았다.

가을이나 겨울이면 백성을 권장해서 산에서 나무를 베게 하고 봄이나 여름이면 물을 사용해서② 각각 그 계절의 편리한 바를 얻게 하니 백성이 모두 자기 삶을 즐기게 되었다.

孫叔敖①者 楚之處士也 虞丘相進之於楚莊王 以自代也 三月爲楚相 施敎導民 上下和合 世俗盛美 政緩禁止 吏無姦邪 盜賊不起 秋冬則勸民山採 春夏以水② 各得其所便 民皆樂其生

① 孫叔敖손숙오

정의 《설원》에서 말한다. "손숙오가 영윤이 되었는데, 온 나라 관리와 백성이 와서 축하해 주었다. 한 노인이 거친 옷을 입고 흰 관을 쓰고 늦게 와서 위로하며 말하기를 '몸이 귀한 지위에 있으면서 다른 사람에게 교만한 자는 백성이 그를 망하게 하고, 지위가 이미 높아진 후 권세를 마음대로 하는 자는 임금이 그를 미워하고, 녹봉이 이미 많은데도 만족할 줄 모르는 자는 근심이 거기에 있게 됩니다.'라고 했다. 손숙오가 두 번 절하고 공경히 명을 받들고 남은 가르침을 듣기를 원하였다. 노인이 말하기를 '지위가 이미 높아졌으면 뜻을 더욱 낮추고, 관직이 더욱 커지면 마음은 더욱 조심하고, 녹봉이 이미 많아졌으면 삼가 취하지 말아야 합니다. 그대가 이 세 가지를 삼가고 지킨다면 충분히 초나라를 다스릴 수 있을 것입니다.'라고 했다."

說苑云 孫叔敖爲令尹 一國吏民皆來賀 有一老父衣麤衣 冠白冠 後來 弔曰 有身貴而驕人者 民亡之 位已高而擅權者 君惡之 祿已厚而不知足者 患處之 叔敖再拜 敬受命 願聞餘教 父曰 位已高而意益下 官益大而心益小 祿已厚而愼不取 君謹守此三者 足以治楚

② 春夏以水춘하이수

집해 서광이 말했다. "물이 많은 때를 타고 재목을 내는 것이다."
徐廣曰 乘多水時而出材竹

장왕은 화폐가 가볍다고 여기고 작은 것을 고쳐서 크게 만들었다. 백성이 불편하다고 여기고 모두가 자기 생업을 관두었다. 시령市令[①]이 이러한 것을 재상에게 보고하여 말했다.
"시장이 혼란스러워져서 백성들이 그 있는 자리를 편안해하지 않으니 질서가 안정되지 못합니다."
재상이 말했다.
"이런 상황이 얼마나 되었는가?"
시령이 말했다.
"3개월쯤 되었습니다."
재상이 말했다.
"물러가 있거라. 내가 이제 회복시키겠다."
5일 뒤에 조정에 들어가 재상은 왕에게 말했다.
"지난날에 화폐를 바꾼 것은 가볍다고 여겼기 때문입니다.

지금 시령이 와서 말하기를 '시장이 혼란스러워져서 백성들이 그 있는 자리를 편안해하지 않으니 질서가 안정되지 못합니다.'라고 했습니다. 신은 청컨대 다시 옛날처럼 회복시켜 주시기를 원합니다."
장왕이 허락했다. 이에 명령을 내린 지 3일 만에 시장이 지난날과 같이 회복되었다.
莊王以爲幣輕 更以小爲大 百姓不便 皆去其業 市令[①]言之相曰 市亂 民莫安其處 次行不定 相曰 如此幾何頃乎 市令曰 三月頃 相曰 罷 吾今令之復矣 後五日 朝 相言之王曰 前日更幣 以爲輕 今市令來言曰 市亂 民莫安其處 次行之不定 臣請遂令復如故 王許之 下令三日而市復如故

① 市令시령

신주 시장을 관리한 사람을 가리킨다.

초나라 백성의 풍속은 낮은[①] 수레를 좋아했다. 장왕은 수레가 낮으면 말이 끌 때 불편할 것이라고 여기고 명령을 내려서 높게 하고자 했다. 이에 재상이 말했다.
"명령을 자주 내리게 되면 백성은 따를 바를 알지 못하게 되니 불가합니다. 왕께서 반드시 높게 하고자 하신다면 마을에 그 문턱[②]을 높이게끔 가르치기를 청합니다. 수레를 타는 자들은 모두 군자들입니다. 군자들은 자주 수레에서 내리지 않을 것입니다."
왕이 허락했다. 반년이 지나자 백성이 모두 그의 수레를 높였다.

이러한 것은 가르치지 않아도 백성이 그 변화를 따르고 가까이 있는 자들은 이를 보고 본받고 멀리 있는 자들은 사방을 바라보고 본받는 것이다. 그러므로 세 번이나 재상이 되었는데도 기뻐하지 않았으니, 그의 재능으로 스스로 얻게 된 것임을 알았기 때문이다. 세 번이나 재상의 자리에서 물러났는데도 후회하지 않았으니, 자신의 죄가 아닌 것을 알았기 때문이다.③

楚民俗好庳①車 王以爲庳車不便馬 欲下令使高之 相曰 令數下 民不知所從 不可 王必欲高車 臣請教閭里使高其梱② 乘車者皆君子 君子不能數下車 王許之 居半歲 民悉自高其車 此不教而民從其化 近者視而效之 遠者四面望而法之 故三得相而不喜 知其材自得之也 三去相而不悔 知非己之罪也③

① 庳비

색은 비庳는 하下(낮다)이다. 庳의 발음은 '비婢'이다.

庳 下也 音婢

② 梱곤

색은 梱의 발음은 '곤[口本反]'이다. 곤梱은 문한門限(문지방)이다.

音口本反 梱 門限也

③ 非己之罪也비기지죄야

집해 《황람》에서 말한다. "손숙오의 무덤은 남군 강릉江陵 고성 안의 백토리白土里에 있다. 백성들 사이에 전하는 말에 손숙오가 이르기를

'나를 여강의 언덕에 장사 지내면 훗날 응당 1만 호가 되는 읍이 될 것이다.'라고 했다. 옛 초나라 도읍인 영성郢城의 북쪽 30리의 거리인 곳이다. 어떤 이는 이르기를 '손숙오가 저수沮水를 격동시켜서 운몽雲夢에 큰 늪지대의 못을 만들었다.'라고 한다."

皇覽曰 孫叔敖冢在南郡江陵故城中白土里 民傳孫叔敖曰 葬我廬江陂 後當爲萬戶邑 去故楚都郢城北三十里所 或曰孫叔敖激沮水作雲夢大澤之池也

> 자산子産은 춘추시대 정鄭나라 대부大夫의 반열에 올랐다. 정鄭나라 소군昭君 때 소군이 총애하는 서지徐摯를 재상으로 삼았는데[①] 나라가 어지러워지자 위아래가 친밀하지 않았고 부자父子 사이도 화목하지 못했다. 이에 대궁大宮 자기子期가[②] 소군에게 자산子産을 재상으로 삼으라고 권했다.
>
> 자산이 재상이 된 지 1년 남짓 되자 어린아이들은 장난을 치거나 버릇없이 굴지 않았고, 반백斑白의 노인들은 손에 무거운 짐을 들지[③] 않았으며, 어린아이들은 밭을 갈거나 밭두둑을 넘지 않았다. 2년 남짓 되자 시장에는 미리 가격을 정해 놓고[④] 팔지 않았다. 3년 남짓 되자 밤에도 문[關][⑤]을 닫지 않았고 길바닥에 떨어진 물건을 주워 가지 않았다. 4년 남짓 되자 전답의 농기구들을 가지고 집으로 돌아가지 않았다. 5년 남짓 되자 사민士民이 문적文籍[⑥]에 기록되는 일이 없어졌고, 상례의 기한을 명령하지 않아도 잘 다스려졌다.
>
> 정나라를 다스린 지 26년 만에 죽었는데, 장정들은 통곡했고

노인들은 어린아이처럼 울면서 말했다.

"자산子産이 우리를 버리고 죽었단 말인가![7] 백성은 장차 어디로 가라는 말인가?"

子産者 鄭之列大夫也 鄭昭君之時 以所愛徐摯爲相[1] 國亂 上下不親 父子不和 大宮子期[2]言之君 以子産爲相 爲相一年 豎子不戲狎 斑白不提挈[3] 僮子不犂畔 二年 市不豫賈[4] 三年 門不夜關[5] 道不拾遺 四年 田器不歸 五年 士無尺籍[6] 喪期不令而治 治鄭二十六年而死 丁壯號哭 老人兒啼曰 子産去我死乎[7] 民將安歸

① 子産者~徐摯爲相자산자~서지위상

색은 살펴보니 〈정세가〉에 자산子産은 정성공鄭成公의 막내아들이다. 간공簡公, 정공定公을 섬겼다. 간공이 자산을 6개의 읍邑으로 봉하자 자산은 그것의 절반만 받았다. 자산은 소군昭君을 섬기지 않았고 또한 서지徐摯가 재상의 일을 했다는 것도 없다. 대개 별도의 출처가 있어서 태사공이 특이점을 기록했을 뿐이다.

案 鄭系家云子産 鄭成公之少子 事簡公定公 簡公封子産以六邑 子産受其半 子産不事昭君 亦無徐摯作相之事 蓋別有所出 太史記異耳

② 大宮子期대궁자기

색은 자기子期는 또한 정나라 공자이다. 《좌전》과 《국어》에도 또한 그에 대한 설명이 없다. 살펴보니 〈정세가〉에는 정나라에서 재상을 지낸 자사子駟, 자공子孔, 자산子産은 시대가 같으니 아마 또한 자기子期의 형제일 것이다.

子期亦鄭之公子也 左傳國語亦無其說 案 系家鄭相子駟子孔與子産同時 蓋亦子期之兄弟也

③ 提挈제설

신주 손으로 끌거나 무거운 것을 드는 일이다.

④ 豫賈예가

색은 뒷 글자 賈의 발음은 '가價'이다. 때에 임해서 그 값이 비싼지 싼지를 평가하여 미리 정해 놓지 않음을 이른 것이다.

下音價 謂臨時評其貴賤 不豫定也

⑤ 闗관

집해 서광이 말했다. "다른 판본에는 '폐閉'로 되어 있다."

徐廣曰 一作閉

⑥ 尺籍척적

정의 사민士民이 한 자쯤 되는 문서에 기록되는 일이 없어졌다는 말이다. 십오什伍는 십오가什伍家가 서로 보호하는 것이다.

言士民無一尺方板之籍書 什伍 什伍相保也

⑦ 子産去我死乎자산거아사호

집해 《황람》에서 말한다. "자산의 무덤은 하남의 신정新鄭에 있으며 성 밖의 큰 무덤이 이것이다."

皇覽曰 子産冢在河南新鄭 城外大冢是也

색은 살펴보니 《좌전》과 〈정세가〉에는 자산이 죽자 공자께서 울면서 이르기를 "자산은 옛날의 유애遺愛였다."라고 했다고 일렀다. 또 《한시》에 일컫기를 자산이 죽자 정나라에서 밭을 가는 자는 쟁기질을 중지했고 부인은 그가 차던 노리개를 버렸다고 했다.

案 左傳及系家云子產死 孔子泣曰 子產 古之遺愛也 又韓詩稱子產卒 鄭人耕者輟耒 婦人捐其佩玦也

제二장

고대의 순리들

공의휴公儀休는 노魯나라 박사博士이다. 그는 우수한 성적으로 노나라 재상이 되었다. 법을 받들고 도리를 따라 고치는 것이 없어도 모든 관리가 스스로 바르게 되었다. 나라 녹봉을 받는 자들은 아래 백성과 이익을 다투지 않게 했고 큰 것을 받는 자에게는 작은 것을 취하지 않게 했다. 객이 재상에게 생선을 보낸 자가 있었는데 재상은 받지 않았다. 객이 말했다.

"군君께서 생선을 좋아하신다는 말을 듣고 군君께 생선을 보낸 것인데 무슨 까닭으로 받지 않는 것입니까?"

공의휴가 말했다.

"생선을 좋아하오. 그래서 받지 않는 것이오. 지금 재상이 되어서 스스로 생선을 마련할 수가 있소. 지금 생선을 받고 면직되면 누가 다시 나에게 생선을 보내 주겠소? 나는 이런 까닭으로 받지 않는 것이오."

채소①를 먹는데 맛이 있자, 자기 집 밭의 아욱②을 뽑아 버렸다. 집에서 짠 베가 아름다워 보이자, 즉시 베 짜던 부인을 내보내고 그 베틀을 불사르며 말했다.
"농사를 짓는 농부와 베를 짜는 여인들로 하여금 그 재화들을 어디다 팔게[3] 하고자 하겠는가?"
公儀休者 魯博士也 以高弟爲魯相 奉法循理 無所變更 百官自正 使食祿者不得與下民爭利 受大者不得取小 客有遺相魚者 相不受 客曰 聞君嗜魚 遺君魚 何故不受也 相曰 以嗜魚 故不受也 今爲相 能自給魚 今受魚而免 誰復給我魚者 吾故不受也 食茹[1]而美 拔其園葵[2]而棄之 見其家織布好 而疾出其家婦 燔其機 云 欲令農士工女安所讎[3]其貨乎

① 茹여

신주 채소밭의 채소를 말한다.

② 葵규

신주 아욱이다. 이곳에서는 채소로 통한다. 미米(쌀)가 곡식으로 통하는 것과 같다.

③ 讎수

색은 讎의 발음은 '수售'이다.

音售

석사石奢는 초나라 소왕昭王의 재상이다. 강직하고 청렴하며 정직해서 아부하거나 회피하는① 바가 없었다. 현縣을 순시하다 길에서 사람을 죽인 자가 있어서 승상이 좇아가 보았더니 범인은 그의 아버지였다. 그의 아버지를 놓아주고 돌아와서 스스로 감옥에 갇혔다. 사람을 시켜서 왕에게 말하게 했다.

"살인자는 신의 아버지입니다. 대저 아버지를 잡아 정사를 바로 세운다면 불효가 되고 법을 폐지하고 죄를 사면한다면 충신이 아닙니다. 신의 죄는 죽어 마땅합니다."

왕이 말했다.

"좇아갔는데도 미치지 못한 것이니 죄를 받는 것은 부당하오. 그대는 정사를 다스리시오."

석사가 말했다.

"그 아버지를 사사로이 모시지 않는 것은 효자가 아닙니다. 군주의 법을 받들지 아니하는 것은 충신이 아닙니다. 왕께서 저의 죄를 용서하는 것은 군주의 은혜입니다. 처벌을 받고② 죽는 것은 신하의 직분입니다."

마침내 왕의 명령을 받지 않고 스스로 목을 베어서③ 죽었다.

石奢者 楚昭王相也 堅直廉正 無所阿避① 行縣 道有殺人者 相追之 乃其父也 縱其父而還自繫焉 使人言之王曰 殺人者 臣之父也 夫以父立政 不孝也 廢法縱罪 非忠也 臣罪當死 王曰 追而不及 不當伏罪 子其治事矣 石奢曰 不私其父 非孝子也 不奉主法 非忠臣也 王赦其罪 上惠也 伏誅②而死 臣職也 遂不受令 自刎③而死

① 阿避아피

신주 아부하거나 회피하는 것이다.

② 伏誅복주

신주 죄를 자복하고 칼에 엎어져 죽은 것이다.

③ 刎문

색은 刎의 발음은 '문[亡粉反]'이다.

音亡粉反

이리李離는 진晉나라 문공文公의 옥관獄官[①]이다. 재판을 잘못 판단하여 사람을 죽이게 되자[②] 스스로 구속되어서 사형으로 판결했다. 문공이 말했다.

"관직에는 귀하고 천한 것이 있고 처벌에는 가볍고 무거운 것이 있다. 낮은 관리가 잘못이 있다고 해서 그대의 죄는 아니다."

이리가 말했다.

"신은 관청에서 장관으로 자리할 때 관리에게 자리를 양보하지 않았고, 봉록을 많이 받으면서도 아랫사람과 함께 이익을 나누지 못했습니다. 지금 잘못 판단하여 사람을 죽이게 했는데 저의 죄를 아래 관리에게 떠넘긴다는 것은 들은 바가 아닙니다."

말을 마친 이리는 문공의 명령을 받지 않았다.

문공이 말했다.

"그대가 스스로 죄가 있다고 생각한다면 과인도 또한 죄가 있는 것인가?"

이리가 말했다.

"옥관獄官에게는 법이 있습니다. 형벌을 잘못하게 되면 형을 받는 것이고 실수로 죽이게 되면 자신도 죽어야 합니다. 공公(문공)께서는 신이 미묘한 것을 듣고도 의문을 해결할 수 있다고 여기시어[③] 이 때문에 옥관으로 삼도록 한 것입니다. 지금 소송을 잘못 듣고 사람을 죽게 하였으니 죄가 사형에 해당합니다."

마침내 군주의 명을 받아들이지 않고 칼에 엎어져 죽었다.

李離者 晉文公之理[①]也 過聽殺人[②] 自拘當死 文公曰 官有貴賤 罰有輕重 下吏有過 非子之罪也 李離曰 臣居官爲長 不與吏讓位 受祿爲多 不與下分利 今過聽殺人 傅其罪下吏 非所聞也 辭不受令 文公曰 子則自以爲有罪 寡人亦有罪邪 李離曰 理有法 失刑則刑 失死則死 公以臣能聽微決疑[③] 故使爲理 今過聽殺人 罪當死 遂不受令 伏劍而死

① 理리

정의 이理는 옥관獄官이다.

理 獄官也

② 過聽殺人과청살인

신주 '잘못 듣고 사람을 죽였다.'란 말은 곧 판결을 잘못하여 죽게 했음을 이른다.

③ 聽微決疑청미결의

색은 능히 미묘한 이치를 듣고 살펴 의심나는 옥사를 판단하는 것을 말한 것이다. 그러므로 《주례》 〈사구司寇〉에서 "다섯 가지로써 듣고 옥사를 살피는데 사詞, 기氣, 색色, 이耳, 목目이다."라고 했고, 또 《상서》에서 "죄수를 감금하려면 5, 6일을 생각했는데, 열흘이 걸리기도 했다고 이른다."라고 한 것이 이것이다.

言能聽察微理 以決疑獄 故周禮司寇以五聽察獄 詞氣色耳目也 又尙書曰 服念五六日 至于旬時 是也

태사공은 말한다.

손숙오는 한마디의 말을 해 영郢 안의 시장을 옛날로 회복시켰다. 자산이 병으로 죽자 정나라 백성이 소리 내어 울었다. 공의자는 자신의 집에서 짜는 베가 아름다운 것을 보고 집에서 베 짜는 부인을 내쫓았다. 석사는 아버지를 놓아준 죄로 죽어 초나라 소왕의 이름을 세웠다. 이리는 잘못된 판결로 사람을 죽이게 되자 칼 위에 엎어져 죽었기 때문에 진문공이 국가의 법을 바르게 했다.

太史公曰孫叔敖出一言 郢市復 子産病死 鄭民號哭 公儀子見好布而家婦逐 石奢縱父而死 楚昭名立 李離過殺而伏劍 晉文以正國法

색은술찬 사마정이 펼쳐서 밝히다.

직분을 받들고 이치에 따르는 것은 정치를 하는 우선이다. 백성을 구휼하고 나라를 잘 다스렸기 때문에 훌륭한 사가가 여기에 기술했다. 손숙오와 정자산은 예로부터 현신이라고 일컬어졌다. 아욱을 뽑은 것은 이익을 동일하게 한 것이고 아버지를 사면한 것은 허물이 아니었다. 이리가 칼에 엎어져 죽은 것은 법을 위해 그러한 것이다.

奉職循理 爲政之先 恤人體國 良史述焉 叔孫鄭產 自昔稱賢 拔葵一利 赦父非僭 李離伏劍 爲法而然

사기 제120권 史記卷一百二十

급정열전 汲鄭列傳

사기 제120권 급정열전 제60

史記卷一百二十 汲鄭列傳第六十

신주 〈급정열전〉은 급암汲黯과 정당시鄭當時의 행적을 다루었다. 두 사람은 무제 때 구경九卿을 지냈으며, 모두 청렴해서 죽었을 때 남긴 재산이 없었고, 황로학黃老學을 바탕으로 정사를 펼쳐 순리循吏의 이미지를 공통으로 가지고 있었다. 그래서 합전合傳으로 편성해 실었을 것으로 여겨진다.

급암의 자字는 장유長孺이다. 그는 장엄한 풍모의 소유자로 주상의 안색을 일그러지게 할 정도의 직언도 서슴지 않았다. 성품은 거만하고 예禮는 적었으나 다스림에 있어서는 무위無爲에 힘써 대체大體만을 중히 여기고 법령에 얽매이지 않았다.

무제가 유자儒者들을 모아 놓고 자신은 인의의 정치를 펴겠다고 말했을 때, 급암은 여러 신하가 보는 면전에서 "폐하는 마음속에 욕심이 많아서 겉으로만 인의를 베푸니 어떻게 요순의 정치를 본받고 싶다고 하시는 것입니까?"라고 한 데서 알 수 있듯 목숨을 아끼지 않고 할 말은 하는 신하였다. 무제는 이러한 직언에 얼굴을 붉히면서도 "옛날에 사직의 신하가 있다고 했는데, 급암과 같은 사람이 이에 가깝다."라고 평했다. 또 하내에서 실화失火로 1천여 집에 불이 번졌을 때, 급암에게 가서 살펴보게 했다. 살피고 돌아와 아뢰기를 "하남의 가난한 백성이 수재와 가뭄으로 1만여 가옥이 손상되니 혹은 아버지와 아들이 서로 잡아먹는 실정이었습니다.… 하남 창고의 곡식을 방출하여 가난한 백성을 구휼救恤했습니다."라고 했다. 이 두 가지 예에서 어림할수 있듯, 급암은 위로는 간쟁하고 아래로는 구휼하는 '상간하휼上諫下恤'의 정신을 실천한 사람으로 평가할 수 있다.

정당시는 자字가 장莊으로 소년 시절 호협한 기개를 즐겼다. 양梁나라 재상의 아우 장우張羽를 재앙에서 구해 양梁나라와 초楚나라 사이에 명성이 있었다. 전한 경제 때 태자사인太子舍人을 지냈는데 청렴하게 공무公務를 받들면서 사람을 대할 때는 겸손하면서 귀천貴賤을 가리지 않고 동등하게 대했고, 손님을 문 앞에서 기다리게 하는 법이 없었다. 또한 수하手下를 대할 때도 이름을 부르지 않고 관직명을 부를 정도로 아랫사람을 배려했다.

무제가 즉위 후 노魯나라의 중위中尉, 제남濟南 태수, 강도江都의 재상이 되었으며, 구경九卿에 이르고 우내사右內史를 역임하였으나 두영竇嬰과 전분田蚡의 논쟁에 휘말려 좌천되고, 그가 추천한 사람의 잘못에 연루되어 속죄금을 내고 서민이 되는 등 우여곡절을 겪었다. 후에 복권되어 장사長史, 여남군 태수를 지냈는데, 죽은 후 집안에는 남은 재산이 없었을 정도로 청빈淸貧한 삶을 살았다.

제一장

엎드려 다스린 급암

급암汲黯의 자字는 장유長孺로서 복양濮陽 사람이다. 그의 선조는 옛날 위군衛君①에게 총애를 받아 급암에 이르는 7대七代 동안 대대로 경대부卿大夫가 되었다. 급암은 아버지의 은덕으로 효경제 때 태자세마太子洗馬가 되었는데, 그의 장엄한② 풍모는 경외감을 가지게 했다.

효경제가 붕어하자 태자(무제)가 즉위했으며 급암은 알자謁者가 되었다. 당시 동월東越이 서로 공격하자 무제는 급암에게 가서 살펴보고 오게 했다. 급암은 (동월에는) 이르지 않고 오吳나라에 이르렀다가 돌아와 보고해서 말했다.

"월나라 사람들이 서로 공격하는 것은 진실로 그들의 습속이 그러한 것이어서 천자의 사신을 욕보일 수는 없는 것입니다."

하내에서 실화失火로 1,000여 집에 불이 번졌다. 무제가 급암에게 가서 살펴보게 했다. 돌아와 보고해서 말했다.

"백성이 실화를 했는데, 집들이 나란히 있어서③ 불이 번진 것이니 족히 근심할 만한 것이 못 됩니다. 신이 하남河南을 지나는데 하남의 가난한 백성이 수재와 가뭄에 1만여 가옥이 손상되고 혹은 아버지와 아들이 서로 잡아먹는 실정이었습니다. 신이 삼가 편의대로 부절을 가지고 하남 창고의 곡식을 방출하여 가난한 백성을 구휼救恤했습니다. 신은 청컨대 부절을 돌려드리고 어명을 빙자한 죄를 처벌받고자 합니다."

汲黯字長孺 濮陽人也 其先有寵於古之衛君① 至黯七世 世爲卿大夫 黯以父任 孝景時爲太子洗馬 以莊②見憚 孝景帝崩 太子即位 黯爲謁者 東越相攻 上使黯往視之 不至 至吳而還 報曰 越人相攻 固其俗然 不足以辱天子之使 河內失火 延燒千餘家 上使黯往視之 還報曰 家人失火 屋比③延燒 不足憂也 臣過河南 河南貧人傷水旱萬餘家 或父子相食 臣謹以便宜 持節發河南倉粟以振貧民 臣請歸節 伏矯制之罪

① 衛君위군

집해 문영이 말했다. "육국六國시대에는 위衛는 다만 군君이라고 칭했을 뿐이다."

文穎曰 六國時 衛但稱君

② 莊장

색은 살펴보니 장莊은 엄嚴이고 엄위嚴威를 이르는 것이다. 살펴보니 한漢나라 명제明帝의 휘諱는 장莊이었다. 그러므로 이후에는 '장莊'은 모두 '엄嚴'으로 했다.

按 莊者 嚴也 謂嚴威也 按 自漢明帝諱莊 故已後莊皆云嚴

③ 比비

색은 比의 발음은 '비鼻'이다.

音鼻

신주 나란히 하고 있다는 뜻이다.

무제는 현명한 사람이라고 여겨 풀어주고 옮겨서 형양滎陽의 현령으로 삼았다. 급암은 현령이 된 것을 부끄럽게 여기고 병을 핑계로 고향 마을로 돌아갔다. 무제가 듣고 이에 불러서 중대부中大夫에 제수하였다. 자주 간절한 간언을 한 탓에 오래도록 궁내에 머무를 수 없었고 옮겨서 동해東海 태수가 되었다.

급암은 황로학黃老學을 배웠다. 그래서 관직을 다스리고 백성을 다스리는 데 맑고 고요한 것을 좋아해서 승丞과 사史를 뽑아서 그들에게 맡겼다.① 그의 다스림은 대지大指만 요구할 뿐 사소한 것은 까다롭게 하지 않았다. 급암은 질병이 많아 침실 안에 누워 있고 밖으로는 나가지 않았으나, 한 해 남짓 되자 동해는 크게 다스려지고 칭송이 있었다.

上賢而釋之 遷爲滎陽令 黯恥爲令 病歸田里 上聞 乃召拜爲中大夫 以數切諫 不得久留內 遷爲東海太守 黯學黃老之言 治官理民 好清靜 擇丞史而任之① 其治 責大指而已 不苛小 黯多病 臥閨閤內不出 歲餘 東海大治 稱之

① 擇丞史而任之택승사이임지

집해 여순이 말했다. "율律에는 태수, 도위都尉, 제후의 내사內史는 사

史가 각 1인이고, 졸사卒史 서좌書佐가 각 10인이다. 지금 총괄해서 '승사丞史'라고 말했는데, 어떤 이는 군승郡丞과 사사史使를 뽑아서 일을 맡긴 것으로 여겼다. 정당시鄭當時는 대농大農이 되어 관리를 추천해 승사丞史에 속하게 했는데 또한 이것이다."

如淳曰 律 太守都尉諸侯內史 史各一人 卒史書佐各十人 今總言丞史 或以爲擇郡丞及史使任之 鄭當時爲大農 推官屬丞史 亦是也

무제가 듣고 불러들여 주작도위主爵都尉로 삼아 구경九卿의 반열에 올랐다. 다스리는 것은 무위無爲에 힘쓸 뿐, 대체大體만 넓히고 문법文法(법령)에는 얽매이지 않았다.

급암의 사람됨은 성품이 거만하고 예禮가 적고 얼굴을 마주하여 과실을 책하고 남의 잘못을 용납해주지 않았다. 자신과 뜻이 맞는 자는 잘 대우하고 자신과 뜻이 맞지 않는 자는 차마 마주 보려 하지 않았다. 관리들은 또한 이 때문에 따르지 않았다. 그러나 배우기를 좋아하고 의협심이 있고, 기개와 절의를 세워서 안으로는 행동을 정결하게 수양하며, 곧게 간언하는 것을 좋아해 여러 차례 주상의 안색을 일그러지게 했다. 그리고 늘 부백傅柏(양나라 효왕의 간하는 신하)[1]과 원앙袁盎의 사람됨을 사모했다.

上聞 召以爲主爵都尉 列於九卿 治務在無爲而已 弘大體 不拘文法 黯爲人性倨 少禮 面折 不能容人之過 合己者善待之 不合己者不能忍見 士亦以此不附焉 然好學 游俠 任氣節 內行脩絜 好直諫 數犯主之顔色 常慕傅柏[1]袁盎之爲人也

① 傅柏부백

집해 응소가 말했다. "부백傅柏은 양梁 땅 사람으로 효왕孝王의 장군이 되었으며 평소 굳세고 강직했다."

應劭曰 傅柏 梁人 爲孝王將 素伉直

색은 傅의 발음은 '부付'이다. 부傅는 사람의 성이다. 백柏은 이름이다. 양나라 장수가 되었다.

傅音付 人姓 柏 名 爲梁將也

관부灌夫, 정당시鄭當時와 종정인 유기劉棄[①] 등과 친했다. 또한 자주 직간直諫해서 오랫동안 그 직책에 머무르지 못했다. 이때 태후의 아우 무안후武安侯 전분田蚡이 승상이 되었다. 중2,000석中二千石의 고관들이 찾아와 배알해도 전분이 예의를 갖추지 않았다. 그러나 급암이 전분을 뵐 때 일찍이 절을 한 적이 없고 늘 읍揖만 했다.

천자가 바야흐로 문학하는 유자儒者들을 초청했다. 주상이 말했다.

"나는 인의를 베푸는 것에 힘쓰고자 한다.[②]"

급암이 대답했다.

"폐하께서는 안으로 욕심이 많으신데 겉으로 인의를 베푸시면서 어떻게 당우唐虞(요순)의 다스림을 본받으시려는 것입니까?"

善灌夫鄭當時及宗正劉棄[①] 亦以數直諫 不得久居位 當是時 太后弟武安侯蚡爲丞相 中二千石來拜謁 蚡不爲禮 然黯見蚡未嘗拜 常揖之 天

子方招文學儒者 上曰吾欲云云[2] 黯對曰 陛下內多欲而外施仁義 柰何欲效唐虞之治乎

① 劉棄유기

집해 서광이 말했다. "일설에는 이름이 기질棄疾이라고 했다."

徐廣曰 一云名棄疾

색은 《한서》에는 이름이 기질棄疾이다.

漢書名棄疾

② 云云운운

집해 장안이 말했다. "인의仁義를 베풀고자 하는 것을 말하는 것이다."

張晏曰 所言欲施仁義也

무제가 묵연히 노여워하고 안색이 변하여 조회를 파했다. 이에 공경들은 모두가 급암을 두려워했다. 주상이 물러나서 좌우에게 일러 말했다.

"심하구나! 급암의 어리석음이.[1]"

모든 신하가 혹은 급암을 꾸짖었는데 급암이 말했다.

"천자는 공경公卿의 보필하는 신하를 두었는데, 어찌 아첨함을 쫓아 뜻을 받들어서 군주를 불의에 빠지게 하는가? 또 이미 그 지위에 있으면서 멋대로 자신만을 아껴서 어찌 조정을 욕되게 하는가?"

급암은 질병이 많았다. 질병이 또 3개월이 되면 무제가 늘 집으로 돌아가 쉬게 한 것이 여러 번이었는데② 끝내 낫지 않았다. 그③ 후 병이 들자 장조莊助가 휴가를 줄 것을 청했다.

上默然 怒 變色而罷朝 公卿皆爲黯懼 上退 謂左右曰 甚矣 汲黯之戇① 也 群臣或數黯 黯曰 天子置公卿輔弼之臣 寧令從諛承意 陷主於不義 乎 且已在其位 縱愛身 柰辱朝廷何 黯多病 病且滿三月 上常賜告者 數② 終不愈 最③後病 莊助爲請告

① 戇당

색은 당戇은 우愚이다. 戇의 발음은 '당[陟降反]'이다.

戇 愚也 音陟降反也

② 常賜告者數상사고자삭

집해 여순이 말했다. "두흠杜欽이 이른바 '병만사고조은病滿賜告詔恩'이라고 한 것이다. 삭數은 한 번이 아니다. 어떤 이는 이르기를 사고賜告는 관직을 버리고 집으로 돌아갈 수 있는 것이고, 여고與告는 관직에 근무하면서 일을 살피지 않는 것이라고 했다."

如淳曰 杜欽 所謂病滿賜告詔恩也 數者 非一也 或曰賜告 得去官歸家 與告 居官不視事

색은 數의 발음은 '삭[所角反]'이다. 살펴보니 주석에 "사고賜告는 관직을 버릴 수 있어 집에서 사는 것이다. 여고予告는 관직에 근무하되 일을 살피지 않는 것이다."라고 했다.

數音所角反 按 注 賜告 得去官家居 予告 居官不視事也

③ 最최

집해 서광이 말했다. "최最는 다른 판본에는 '기其'로 되어 있다."

徐廣曰 最 一作其也

무제가 말했다.

"급암은 어떠한 사람인가?"

장조가 대답했다.

"급암에게 직분을 맡기고 관직에 있게 했으나 남보다 나은① 게 없었습니다. 그러나 어린 군주를 보필함에 이르러서는 성을 매우 굳게 지키면서 불러도 오지 않고 떠나라 해도 떠나지 않았으니, 비록 스스로 맹분孟賁②이나 하육夏育③이라고 여기는 자일지라도 그의 뜻을 빼앗을 수 없었을 겁니다."

무제가 말했다.

"그럴 것이다. 옛날에 사직의 신하가 있다고 했는데, 급암과 같은 사람이 매우 가까울 것이다."

上曰 汲黯何如人哉 助曰 使黯任職居官 無以踰①人 然至其輔少主 守城深堅 招之不來 麾之不去 雖自謂賁②育③亦不能奪之矣 上曰 然 古有社稷之臣 至如黯 近之矣

① 踰유

색은 踰의 발음은 '유庾'이다. 살펴보니 《한서》에는 '유瘉' 자로 되어 있고, 유瘉는 승勝과 같다. 이곳에 '유踰' 자로 되어 있는데, 유踰는 남보다 뛰어난 것을 이른 것이다.

踰音庾 案 漢書作瘉 瘉猶勝也 此作踰 踰謂越過人也

② 賁분

신주 맹분孟賁은 춘추시대 위衛나라 장사이다. 《춘추정의》에서 "그가 노해 소리치면 하늘이 놀라 움직였다."라고 했고, 《시자》에서 "맹분은 물속에서 교룡蛟龍을 만나도 피하지 않았고, 산속에서 흉포한 호랑이도 마다하지 않았다."라고 했다.

③ 育육

신주 하육夏育은 주나라 시대 위衛나라 사람으로 삼만 근斤을 들어 올렸다는 전설적인 인물이다.

대장군 위청衛青이 시중侍中으로 있을 때, 주상이 침상 가에 걸터앉아[①] 그를 보았다. 승상 공손홍이 (주상이) 한가한 때 뵈면[②] 주상은 간혹 때때로 관을 쓰지 않고 있었다.
급암을 접견할 때는 주상이 관을 쓰지 않고 만나는 일이 없었다. 주상이 일찍이 무장武帳 안에[③] 앉아 있는데, 급암이 앞에서 정사政事를 아뢴다고 했다. 이때 무제는 관을 쓰지 않고 있다가 급암을 멀리서 보고는 장막 안으로 피하며 사람을 시켜 일을 아뢰어도 가可하다고 했다. 그는 존경과 예우를 받음이 이와 같았다.
大將軍青侍中 上踞廁[①]而視之 丞相弘燕見[②] 上或時不冠 至如黯見 上

不冠不見也 上嘗坐武帳中[3] 黯前奏事 上不冠 望見黯 避帳中 使人可其奏 其見敬禮如此

① 踞廁거측

집해 여순이 말했다. "廁의 발음은 '측側'이고 침상가에 침상에 걸터앉아서 보는 것을 이른다. 일설에는 혼측溷廁(측간)이라고 일렀다. 측廁은 침상가이다."

如淳曰 廁音側 謂牀邊 踞牀視之 一云溷廁也 廁 牀邊側

② 燕見연견

신주 연燕은 '연宴'과 같다. 임금이 한가한 때 찾아뵙는 것을 말한다.

③ 武帳中무장중

집해 응소가 말했다. "무장武帳은 무사상武士象을 짜서 만든 것이다." 맹강이 말했다. "지금 무장武帳에 어거하면 군사를 배치하고 오병五兵을 장막 안에 걸어둔다." 위소가 말했다. "무武의 이름으로 위엄을 보이는 것이다."

應劭曰 武帳 織成爲武士象也 孟康曰 今御武帳 置兵蘭五兵於帳中 韋昭曰 以武名之 示威

당시 장탕張湯은 바야흐로 법률을 개정하여 정위廷尉가 되었다. 급암이 여러 차례 무제 앞에서 장탕을 질책해서 말했다.

"공公은 정경正卿이 되어 위로는 능히 선제先帝의 공업을 기리지 못하고 아래로는 천하의 사특한 마음을 능히 억제하지 못했소. 국가를 편안하게 하고 백성을 부유하게 하며 감옥을 공허하게 해야 하오. 그런데 두 가지 중 한 가지도 이루어진 것이 없었소. 비난해 괴롭히는 것으로 언행을 이루고 어지럽게 해 파괴하는 것으로 공적을 이루려고 하오. 어찌 고황제의 약속을 취하取下하고 어지럽게[1] 바꾸어 다스리려는 것입니까? 공은 이 때문에 후손이 없을 것입니다."

급암은 때때로 장탕과 논쟁을 벌였는데, 장탕은 늘 법문法文의 조밀하고 자잘한 것까지 변론했으나 급암은 굳세고 의연하게 고상한 기개를 지켰으므로 굴복시킬 수 없었다. (급암은) 화가 나서 (장탕을) 꾸짖어 말했다.

"천하에서는 문서를 다루는 관리를 공경으로 삼아서는 안 된다고 이르더니 과연 그렇구나! 반드시 장탕은 천하로 하여금 발을 포개고 서서 곁눈질로 살피게 할 것이다."

張湯方以更定律令爲廷尉 黯數質責湯於上前 曰 公爲正卿 上不能褒先帝之功業 下不能抑天下之邪心 安國富民 使囹圄空虛 二者無一焉 非苦就行 放析就功 何乃取高皇帝約束紛[1]更之爲 公以此無種矣 黯時與湯論議 湯辯常在文深小苛 黯伉厲守高不能屈 忿發罵曰 天下謂刀筆吏不可以爲公卿 果然 必湯也 令天下重足而立 側目而視矣

① 紛분

집해 여순이 말했다. "분紛은 난亂(어지럽다)이다."

如淳曰 紛 亂也

이때 한나라는 막 흉노를 정벌하고 사방의 오랑캐들을 불러 회유했다. 급암은 일이 적어지는 데만 힘썼다. 그래서 무제가 한가한 틈을 타서 늘 오랑캐와 화친해서 군사를 일으키지 말아야 한다고 말했다.

무제는 바야흐로 유술儒術을 지향하고 공손홍을 존대했다. 또 나라 일이 더욱 많아지자 관리와 백성은 교묘하게 속였다.① 이에 무제는 법문法文(法律)을 세분해서 만들었는데, 장탕 등이 여러 차례 법률의 평결을② 아뢰어서 무제의 총애를 입었다.

급암은 항상 유자儒者들을 헐뜯었는데, 공손홍 등이 한갓 거짓을 품고 지혜를 꾸며 군주에게 아첨해서 용납하는 것을 취하기만 한다고 면박했다. 도필의 일을 하는 관리들은 오로지 법문만 교묘하게 꾸며서③ 사람들을 죄에 빠뜨리고 실로 돌아가지 못하게 하며 말로 싸워 이기는 것만을 공로를 삼고자 한다고 했다.

是時 漢方征匈奴 招懷四夷 黯務少事 乘上間 常言與胡和親 無起兵 上方向儒術 尊公孫弘 及事益多 吏民巧弄① 上分別文法 湯等數奏決讞② 以幸 而黯常毁儒 面觸弘等徒懷詐飾智以阿人主取容 而刀筆吏專深文巧詆③ 陷人於罪 使不得反其眞 以勝爲功

① 巧弄교롱

색은 弄의 발음은 '롱[路洞反]'이다.

音路洞反

신주 교롱巧弄은 교묘하게 장난을 치는 것이다. 곧 법을 어긴다는 뜻이다.

② 決讞결얼

색은 讞의 발음은 '열[魚列反]'이다.

音魚列反

신주 옥사를 논의해서 평결하는 것이다.

③ 巧詆교저

색은 詆의 발음은 '졔[丁禮反]'이다.

音丁禮反

신주 교묘하게 비방한다는 뜻이다.

무제가 더욱 공손홍과 장탕을 귀하게 예우할수록 공손홍과 장탕은 마음속 깊이 급암을 미워했고 천자마저도 또한 그를 좋아하지 않아 일을 꾸며서 그를 죽이려고 했다. 공손홍이 승상이 되어 이에 주상에게 말했다.
"우내사의 관할 경계 안에는 귀인들이나 종실의 친척들이 많아서 다스리기가 어렵습니다. 평소 중신이 아니라면 능히 소임을 맡지 못할 것입니다. 청컨대 급암을 옮겨서 우내사로 삼으십시오."
이에 급암은 우내사가 되었는데 여러 해가 지나도 관청의 일이 퇴폐되지 않았다.
대장군 위청은 이미 더욱 존귀해지고 그의 누이는 황후가 되었다. 그러나 급암은 위청을 대등한 예로써 대했다. 이에 어떤 사람이 급암을 설득해 말했다.
"천자부터 모든 신하가 대장군에게 낮추기를 바라고 있고, 대장군은 존중되고 더욱 귀해져서 군君께서도 배례拜禮하지 않을 수 없을 것입니다."
급암이 말했다.
"대저 대장군에게 읍을 하는 손님이 있다면 도리어 (대장군을) 존중하는 것이 아니겠소?"
上愈益貴弘湯 弘湯深心疾黯 唯天子亦不說也 欲誅之以事 弘爲丞相乃言上曰 右內史界部中多貴人宗室 難治 非素重臣不能任 請徙黯爲右內史 爲右內史數歲 官事不廢 大將軍青既益尊 姊爲皇后 然黯與亢禮 人或說黯曰 自天子欲群臣下大將軍 大將軍尊重益貴 君不可以不拜 黯曰 夫以大將軍有揖客 反不重邪

대장군은 이 말을 듣고 급암을 더욱 현명하게 여기고, 자주 청하여 국가와 조정의 의문스러운 바를 물었고 급암을 예우함이 평소보다 나았다. 회남왕이 모반할 적에 급암을 두려워하며 말했다.
"곧게 간하는 것을 좋아하고 절개를 지키며 의에 죽으니 잘못된 것으로 유혹하기가 어렵다. 그러나 승상 공손홍을 설득시키는 것은 덮개를 걷고 마른 나무를 흔들어 잎을 떨어뜨리는 것과 같을 뿐이다."
천자가 이미 자주 흉노를 정벌하여 공로가 있게 되니 급암의 말은 더욱 쓰이지 않았다. 처음에 급암은 구경九卿의 반열에 올랐고 공손홍과 장탕은 낮은 관리였다. 공손홍과 장탕이 점점 더 귀해지고 급암과 함께 지위가 같아지자 급암은 또 공손홍과 장탕을 나쁘다고 헐뜯었다.
大將軍聞 愈賢黯 數請問國家朝廷所疑 遇黯過於平生 淮南王謀反 憚黯 曰 好直諫 守節死義 難惑以非 至如說丞相弘 如發蒙振落耳 天子旣數征匈奴有功 黯之言益不用 始黯列爲九卿 而公孫弘張湯爲小吏 及弘湯稍益貴 與黯同位 黯又非毁弘湯等

이윽고 공손홍은 승상이 됨에 이르렀고 제후에 봉해졌다. 장탕은 어사대부가 됨에 이르렀다. 그러므로 급암 때의 승丞과 사史들이[1] 모두 급암과 동렬의 관직이 되고 혹은 높이 오르기도 했다. 급암은 편협한 마음에다 조금은 원망하는 마음이 없을 수가 없었다. 이에 무제를 뵙고 앞으로 나아가 말했다.
"폐하께서 여러 신하를 등용하시는 것이 땔나무를 쌓아 놓는 것과 같을 뿐입니다. 뒤에 온 자가 윗자리에 있습니다."
무제가 묵연히 있었다. 조금 지나서 급암이 물러나자 주상이 말했다.
"사람은 과연 배움이 없어서는 안 될 것이다. 급암의 말을 살펴보건대 날로 더욱 심해지고 있구나."

已而弘至丞相 封爲侯 湯至御史大夫 故黯時丞相史[①]皆與黯同列 或尊用過之 黯褊心 不能無少望 見上 前言曰 陛下用群臣如積薪耳 後來者居上 上默然 有間黯罷 上曰 人果不可以無學 觀黯之言也日益甚

① 丞相史승상사

신주 《한서》〈급암전〉에는 '승사丞史'로 되어 있다.

얼마 지나서 흉노의 혼야왕渾邪王이 그의 무리를 거느리고 항복해 오자 한나라에서 수레 2만 대를 징발하게 되었다. 그러나 조정에 그만한 돈이 없어 백성에게 말을 외상으로 사들이게 했다.[①] 백성 중에 어떤 자는 말을 숨기기도 하여 말의 숫자를 채울 수가 없었다.

무제가 노여워하며 장안의 현령을 처형하고자 했다. 급암이 말했다.

"장안의 현령은 죄가 없습니다. 오직 저만 처단하면 백성이 기꺼이 말을 내놓을 것입니다. 또 흉노가 그의 주인을 배반하고 한나라에 항복해 왔으니, 한나라는 서서히 현에서 현으로 차례차례 전송하면 되는 것이지, 어찌하여 천하를 떠들썩하게 중원을 피로하게 하면서까지 이 일로 오랑캐를 섬겨야 한다는 것입니까?"

무제가 묵연히 있었다.

居無何 匈奴渾邪王率衆來降 漢發車二萬乘 縣官無錢 從民貰馬[①] 民或匿馬 馬不具 上怒 欲斬長安令 黯曰 長安令無罪 獨斬黯 民乃肯出馬 且

匈奴畔其主而降漢 漢徐以縣次傳之 何至令天下騷動 罷獘中國而以事夷狄之人乎 上默然

① 貰馬세마

색은 貰의 발음은 '샤[時夜反]'이다. 세貰는 사賒(외상으로 거래하다)이다. 추씨는 貰의 발음은 '세勢'라고 했다.

貰音時夜反 貰 賒也 鄒氏音勢

혼야왕이 도착하자 장사꾼들이 이들과 더불어 물건을 팔고 사다가 죽을죄에 걸린 자들이 500여 명이나 되었다. 급암이 한가한 틈을 타서 고문전高門殿[1]에서 뵙고 말했다.

"대저 흉노는 우리의 국경의 요새를 공격하고 화친을 끊어서 중국에서 군사를 일으켜 토벌했는데 사상자가 이루 셀 수가 없었으며, 비용이 수천만 금이나 소모되었습니다. 신의 어리석은 생각으로는 폐하께서 오랑캐의 사람들을 잡으면 모두 노비로 삼아 흉노 정벌에 종군하다 전사한 집안에 노비로 하사하시고, 포로나 노획한 것들도 그대로 그들에게 주셔서 천하의 고통을 위로하고, 백성의 빈 마음을 채워주리라고 생각했습니다. 지금 비록 그렇게 할 수는 없더라도 혼야왕이 수만 명을 거느리고 항복해 오자 국고를 공허하게 만들면서까지 상을 내리고 양민을 징발해 그들을 대우하고 있으니 비유한다면 교만한 아들을 받드는 것과 같습니다.

어리석은 백성이 장안 안의 물건을 시장에서 구매한 것인데 법관들이 허가 없이 변방의 관문에서 빼돌린[2] 물건이라고 여겨 법을 적용시킨다는 것을 어찌 알겠습니까? 폐하께서는 비록 흉노의 물자를 얻어서 천하를 위로하시지는 못할망정 또한 자잘한 법으로 무지한 500명의 백성을 죽이려 하십니까? 이러한 것이 이른바 '잎을 보호한다고 가지를 손상시킨다.'라는 것입니다. 신은 간절히 폐하께서 취하지 않았으면 합니다."

무제가 묵연히 있다가 허락하지 않았다. 그리고 말했다.

"내가 오랫동안 급암의 말을 듣지 못했는데, 오늘 또다시 망발하는구나."

及渾邪至 賈人與市者 坐當死者五百餘人 黯請間 見高門[1] 曰 夫匈奴攻當路塞 絕和親 中國興兵誅之 死傷者不可勝計 而費以巨萬百數 臣愚以爲陛下得胡人 皆以爲奴婢以賜從軍死事者家 所鹵獲 因予之 以謝天下之苦 塞百姓之心 今縱不能 渾邪率數萬之衆來降 虛府庫賞賜發良民侍養 譬若奉驕子 愚民安知市買長安中物而文吏繩以爲闌[2]出財物于邊關乎 陛下縱不能得匈奴之資以謝天下 又以微文殺無知者五百餘人 是所謂庇其葉而傷其枝者也 臣竊爲陛下不取也 上默然 不許 曰 吾久不聞汲黯之言 今又復妄發矣

① 高門고문

집해 여순이 말했다. "《황도》에는 '미앙궁 안에 고문전高門殿이 있다.'라고 했다."

如淳曰 黃圖未央宮中有高門殿

② 闌란

집해 응소가 말했다. "난闌은 망妄(제멋대로)이다. 율律에는 호胡의 시장에서는 관리와 백성이 병기兵器를 가지고 관문을 나갈 수가 없다. 비록 경사京師의 시장에서 구매한 것이라도 그 법은 한결같은 것이다." 신찬이 말했다. "부전符傳이 없이 출입하는 것은 난闌이 되는 것이다."
應劭曰 闌 妄也 律 胡市 吏民不得持兵器出關 雖於京師市買 其法一也 瓚曰 無符傳出入爲闌

수개월 뒤에 급암이 작은 법에 저촉되어 때마침 사면은 받았으나 관직에서 면직되었다. 이에 급암이 전원田園에 숨어 살았다. 여러 해 있다가 때마침 오수전五銖錢①으로 바꾸자 대부분의 백성이 몰래 돈을 위조했는데 초나라 땅에서 가장 심했다. 무제는 회양淮陽이 초나라 교외라고 여기고 이에 급암을 불러서 벼슬을 제수해 회양태수로 삼았다. 급암이 엎드려 사죄하고 인수를 받지 않자 조서를 수차례 내려 억지로 인수를 내린 연후에야 조명詔命를 받들었다. 조서로 불러서 급암을 만나자 급암은 무제를 위해 울면서 말했다.

"신은 스스로 생각하기에 죽어서 도랑과 골짜기를 메울 때까지 다시는 폐하를 만나지 못할 것으로 여겼는데 뜻하지 않게 폐하께서는 다시 거두어 등용해 주셨습니다. 신은 항상 구마狗馬의 병②을 앓고 있어서 군郡의 정사를 맡을 능력이 없습니다. 신은 원하건대 중랑中郎이 되어서 궁문을 출입하면서 천자의 과실을 보충하고 빠진 것을 수습하는 것이 신의 바람입니다."

後數月 黯坐小法 會赦免官 於是黯隱於田園 居數年 會更五銖錢① 民多盜鑄錢 楚地尤甚 上以爲淮陽 楚地之郊 乃召拜黯爲淮陽太守 黯伏謝不受印 詔數彊予 然後奉詔 詔召見黯 黯爲上泣曰 臣自以爲塡溝壑不復見陛下 不意陛下復收用之 臣常有狗馬病② 力不能任郡事 臣願爲中郞 出入禁闥 補過拾遺 臣之願也

① 五銖錢오수전

집해 서광이 말했다. "원수元狩 5년에 오수전五銖錢을 시행했다."

徐廣曰 元狩五年行五銖錢

신주 오수전은 무게가 다섯 수銖가 나가는 돈이다.

② 狗馬病구마병

신주 자신의 병을 낮추어 말하는 것이다.

무제가 말했다.

"그대는 회양태수를 가볍게 여기는 것인가? 나는 즉금卽今에① 그대를 부를 것이다. 생각해보니 회양의 관리와 백성이 서로 화목하지 못하여 나는 단지 그대의 중망을 빌리려는 것일 뿐이니, 누워서 다스리기만 하면 될 것이다."

급암이 하직 인사를 하고 임지로 가다가 대행 이식李息의 집에 들어가서 말했다.

"나는 버려져서 군郡에서 살게 되어 조정의 의논에 참여할 수 없게 되었소. 그러나 어사대부 장탕은 지혜가 간언하는 말을 막기에 충분하고, 속임수는 잘못을 꾸미는 데 충분하며, 교묘하게 아첨하는 말과 변론으로 질책하는 말에 힘쓰고, 천하를 바로잡는 말은 기꺼이 하지 않고 오로지 주상의 뜻에 아첨할 뿐이오. 주상의 뜻이 하고자 하지 않는 것이라면 이에 따라 헐뜯고 주상께서 하고자 하는 것이라면 이에 따라 그것을 기릴 뿐이오. 일을 일으키기를 좋아하고 법문法文을 기롱해서,② 안으로는 거짓을 품어 주상의 마음을 이끌고 밖으로는 혹리들만 끼고 다니며 위엄으로 삼고 있소. 공公께서 구경九卿의 반열에 있으면서 일찍이 말하지 않는다면 공公은 장탕과 함께 죽임을 당하게 될 것이오."

上曰 君薄淮陽邪 吾今①召君矣 顧淮陽吏民不相得 吾徒得君之重 臥而治之 黯既辭行 過大行李息 曰 黯棄居郡 不得與朝廷議也 然御史大夫張湯智足以拒諫 詐足以飾非 務巧佞之語 辯數之辭 非肯正爲天下言 專阿主意 主意所不欲 因而毀之 主意所欲 因而譽之 好興事 舞②文法 內懷詐以御主心 外挾賊吏以爲威重 公列九卿 不早言之 公與之俱受其僇矣

① 今금

색은 금今은 즉금卽今이다. 금일 후에 곧 군을 부를 것이라는 것을 이른다.

今卽今也 謂今日後卽召君

② 舞무

집해 여순이 말했다. "무舞는 농弄(우롱하다)과 같다."

如淳曰 舞猶弄也

이식은 장탕을 두려워해서 끝까지 감히 말을 하지 않았다. 급암은 회양군에 살면서 옛날과 같이 다스렸다. 회양의 정치가 맑아졌다. 뒤에 장탕이 과연 무너지고 무제는 급암이 이식에게 말했다는 소리를 듣고 이식에게 벌을 내렸다. 또 급암에게는 제후의 재상이 받는 녹봉을 받게 하고[①] 회양에 살게 했는데 7년 만에 죽었다.[②]

죽은 뒤에 무제는 급암과의 옛정으로 인하여 그의 아우인 급인汲仁에게 관직을 주었고, 구경九卿에 이르렀다. 급암의 아들 언偃은 제후의 재상에 이르렀다. 급암의 고모 아들인 사마안司馬安은 또한 젊어서 급암과 함께 태자세마가 되었다. 안安은 문장이 깊고 관리 생활에 교묘하고 뛰어나 관직에서 네 번이나 구경九卿에 올랐고 하남河南 태수로 죽었다. 형제들도 사마안과 연고 때문에 같은 때에 2,000석二千石에 이른 자가 10여 명이나 되었다.

복양濮陽 땅의 단굉段宏[③]은 처음에 개후蓋侯 왕신王信[④]을 섬겼다. 왕신이 단굉을 보증해서 단굉도 또한 두 번이나 구경九卿에 올랐다. 그러나 위衛나라 사람으로서 벼슬하는 자들은 모두 급암을 두려워하고 꺼렸으며 그를 뛰어넘지 못했다.

息畏湯 終不敢言 黯居郡如故治 淮陽政清 後張湯果敗 上聞黯與息言 抵息罪 令黯以諸侯相秩[①]居淮陽 七歲而卒[②] 卒後 上以黯故 官其弟汲

仁至九卿 子汲偃至諸侯相 黯姑姊子司馬安亦少與黯爲太子洗馬 安文深巧善宦 官四至九卿 以河南太守卒 昆弟以安故 同時至二千石者十人 濮陽段宏[3]始事蓋侯信[4] 信任宏 宏亦再至九卿 然衞人仕者皆嚴憚汲黯 出其下

① 諸侯相秩제후상질

집해 여순이 말했다. "제후왕의 재상은 군수郡守의 위에 있고 녹봉은 진2,000석眞二千石이다. 율律에는 진2,000석眞二千石은 녹봉이 월 2만이고 2,000석은 녹봉이 월 1만 6,000이다."

如淳曰 諸侯王相在郡守上 秩眞二千石 律 眞二千石俸月二萬 二千石月萬六千

② 七歲而卒칠세이졸

집해 서광이 말했다. "원정元鼎 5년이다."

徐廣曰 元鼎五年

③ 段宏단굉

색은 단객段客이다. 살펴보니 《한서》에는 '단굉段宏'으로 되어 있다.

段客 案 漢書作段宏

④ 蓋侯信개후신

집해 서광이 말했다. "태후太后의 오라비 왕신王信이다."

徐廣曰 太后兄王信

제二장

청렴한 정당시

정당시鄭當時의 자는 장莊이고 진陳나라 사람이다. 그의 아버지 정군鄭君[1]은 일찍이 항적項籍(항우)의 장군이 되었다. 항적이 죽자 이윽고 한나라에 귀순했다.

고조는 모든 옛 항적의 신하들에게 항적의 이름을 부르도록 하였는데 정군鄭君만이 조명詔命를 받들지 않았다. 조서詔書를 내려 항적의 이름을 부른 자들은 모두 제수해서 대부로 삼고 정군을 내쫓아 버렸다. 정군은 효문제 때에 죽었다.

鄭當時者 字莊 陳人也 其先鄭君[1]嘗爲項籍將 籍死 已而屬漢 高祖令諸故項籍臣名籍 鄭君獨不奉詔 詔盡拜名籍者爲大夫 而逐鄭君 鄭君死孝文時

① 鄭君정군

집해 《한서음의》에서 말한다. "정당시의 아버지이다."

漢書音義曰 當時父

정장鄭莊(鄭當時)은 호협한 기개를 스스로 즐겨했으며 양梁나라 재상의 아우 장우張羽[①]를 재앙에서 벗어나게 해 명성이 양梁과 초楚의 사이에 알려졌다. 효경제 때에 태자사인太子舍人이 되었다. 매양 5일 사이에 하루 목욕하는 휴가를 얻으면 항상 장안의 근교에 역마驛馬를 배치하여[②] 옛 친구들을 머물게 하고 빈객들을 초청하여 밤을 지새웠는데, 이튿날 아침이면 늘 두루 대접하지 못했는지를 걱정했다.

정장은 황로黃老의 학문을 좋아했고 장자長者들을 흠모하여 만나지 못할 것을 걱정했다. 나이가 어리고 관직도 낮았으나 그가 교유하여 알고 사귀는 자들은 모두 대부大父의 항렬로 천하의 이름 있는 선비들이었다.

鄭莊以任俠自喜 脫張羽[①]於戹 聲聞梁楚之間 孝景時 爲太子舍人 每五日洗沐 常置驛馬安諸郊[②] 存諸故人 請謝賓客 夜以繼日 至其明旦 常恐不徧 莊好黃老之言 其慕長者如恐不見 年少官薄 然其游知交皆其大父行 天下有名之士也

① 張羽장우

집해 복건이 말했다. "양효왕梁孝王의 장수이고 초楚나라 상相의 아우이다."

服虔曰 梁孝王之將 楚相之弟

② 常置驛馬長安諸郊상치역마장안제교

집해 여순이 말했다. "교통이 사방으로 통하는 곳이라서 빈객을 초청하는데 편리하다." 신찬이 말했다. "제교諸郊는 장안에서 사방으로 교사郊祀를 지내는 곳으로 한가하고 조용해서 빈객을 초청하기 좋은 곳이라고 일렀다."

如淳曰 交道四通處也 請賓客便 瓚曰 諸郊謂長安四面郊祀之處 閑靜 可以請賓客

색은 살펴보니 치置는 곧 역驛이고 마馬는 역마을에 소속된 말을 이른다. 사면四面은 교사郊祀하는 곳이다.

按 置卽驛 馬謂於置著馬也 四面郊

무제가 제위에 오르자 정장은 점차 (관직을) 옮겨 노魯나라 중위中尉, 제남濟南 태수, 강도江都의 재상이 되었으며, 구경九卿에 이르고 우내사右內史가 되었다. 무안후武安侯, 위기후魏其侯와 당시 논쟁에서 벼슬이 떨어져 첨사詹事가 되었다가 옮겨서 대농령大農令이 되었다.

정장이 태사太史가 되자 문하에 있는 자들을 훈계해 말했다.

"객이 이르면 귀하고 천한 것을 구별하지 말고 문밖에서 머무름이 없게 해야 할 것이다."

이에 빈객과 주인의 예를 갖추고 그의 귀한 지위로도 남에게 (자신을) 낮추었다. 정장은 청렴했고 또 그의 산업을 다스리지 않았으며, 녹봉이나 하사품들은 여러 어려운 사람에게 나누어 주었다. 그러나 그가 남에게 보내는 음식물은 대나무 밥그릇[①]에 담아 보내는 음식에 지나지 않았다.

매양 조회할 때마다 무제가 한가한 시간을 기다렸다가 천하의 장자長者들을 언급하지 않은 적이 없었다. 그는 곡사轂士와 관속의 승丞과 사史를 추천했는데, 실로 맛깔스럽게 말을 하면서 늘 자신보다 현명하다고 여기도록 이끌었다.

武帝立 莊稍遷爲魯中尉濟南太守江都相 至九卿爲右內史 以武安侯魏其時議 貶秩爲詹事 遷爲大農令 莊爲太史 誡門下 客至 無貴賤無留門者 執賓主之禮 以其貴下人 莊廉 又不治其産業 仰奉賜以給諸公 然其餽遺人 不過算器食[①] 每朝 候上之間 說未嘗不言天下之長者 其推轂士及官屬丞史 誠有味其言之也 常引以爲賢於己

① 算器食산기식

집해 서광이 말했다. "算의 발음은 '솬[先管反]'이고 죽기竹器이다."
徐廣曰 算音先管反 竹器

색은 算의 발음은 '솬[先管反]'이다. 살펴보니 죽기竹器를 이르며 동칠銅漆이 없는 것을 말한다. 《한서》에는 '구기식具器食'으로 되어 있다.
算音先管反 按 謂竹器 以言無銅漆也 漢書作具器食

일찍이 관리들의 이름을 함부로 부르지 않았고 관속들과 이야기를 할 때도 그들에게 상처를 주지 않을까 두려워하듯 했다. 남의 좋은 말을 듣고 주상에게 진언할 때는 오로지 늦을까 봐 두려워했다. 산동山東의 여러 선비나 공公들은 이 때문에 한결같이 정장을 칭송했다. 정장을 보내서 하수河水가 터진 것을 살피라고 했을 때는 스스로 5일 동안 행할 행장을 꾸릴 것을[1] 청했다.

무제가 말했다.

"내 듣건대 '정장이 길을 가는데 1,000리 길을 가도 양식을 지니지 않는다.'라고 했다. 행장 꾸릴 것을 청하는 것은 무엇 때문인가?"

그러나 정장은 조정에 있을 때는 늘 화목함을 좇아 뜻을 받들고 감히 당연한 것과 부당한 것을 심하게 가리지 않았다.

만년에 이르러 한나라에서 흉노를 정벌하고 사방의 오랑캐를 회유하느라 천하의 비용이 많이 들어 재용이 더욱 궁핍해졌다.

이때 정장이 빈객으로 추천한 사람이 대농의 고용인이 되었는데[2] 체납한 부채가 많았다.

未嘗名吏 與官屬言 若恐傷之 聞人之善言 進之上 唯恐後 山東士諸公以此翕然稱鄭莊 鄭莊使視決河 自請治行[1]五日 上曰 吾聞 鄭莊行 千里不齎糧 請治行者何也 然鄭莊在朝 常趨和承意 不敢甚引當否 及晚節 漢征匈奴 招四夷 天下費多 財用益匱 莊任人賓客爲大農僦人[2] 多逋負

① 治行치행

집해 여순이 말했다. "치행治行은 규모가 크고 엄숙한 것을 이른다."

如淳曰 治行謂莊嚴也

② 大農僦人대농취인

집해 서광이 말했다. "다른 판본에는 '입入'으로 되어 있다. 일설에는

'빈객위대농취인賓客爲大農僦人'이라고 일렀다. 취인僦人은 대개 재물이나 이익으로 삶을 일으켜 지금 바야흐로 마땅하게 하는 것과 같은 것이다." 살펴보니 진작은 "정당시가 대농大農이 되어 그의 빈객을 시켜서 품삯을 도거리하게 한 것이다."라고 했다. 신찬이 이르기를 "임인任人은 추천을 받은 자를 임용해서 지키게 하는 것을 이른다."라고 했다.

徐廣曰 一作入 一云賓客爲大農僦人 僦人蓋興生財利 如今方宜矣 駰案 晉灼曰 當時爲大農 而任使其賓客辜較任僦也 瓚曰 任人謂保任見擧者

색은 僦의 발음은 '취[卽就反]'이다. 辜較의 발음은 '고각姑角'이다. 살펴보니 정당시는 대농大農을 일으켜 빈객을 보증해서 비용의 가치를 취한 것이다. 어떤 이는 외상의 물건으로 관직에 응해서 비용을 취한 것이며, 그러므로 아래에서 '다포부多逋負'(세금을 걷어 내지 않은 것이 많다)라고 이른 것이다. '고각辜較'은 또한 '고각酤榷'(도거리)으로 되어 있다. 각榷은 독점한다는 뜻으로 국가에서 술을 독점해 판매하는 것과 같은 것을 말한다. 이곳에서 '고각辜較'이라고 이른 것은 또한 빈객을 시켜 사람을 보증해 그의 이익을 멋대로 하는 것을 이른다. 그러므로 '고각辜較'이라고 이르는 것이다.

僦音卽就反 辜較音姑角 按 謂當時作大農 任賓客就人取庸直也 或者貰物以應官取庸 故下云多逋負 辜較字亦作酤榷 榷者 獨也 言國家獨榷酤也 此云辜較亦謂令賓客任人專其利 故云辜較也

사마안이 회양태수가 되어 그 일을 적발하자 정장이 이 때문에 죄를 짓게 되었다. 속죄금을 내고 서인이 되었다.
한참을 지나 장사長史[①]가 되었다. 무제는 늙었다고 여기고 정장을 여남汝南 태수로 삼았다. 여러 해가 지나 여남태수의 관직에서 죽었다.
정장과 급암은 처음에 구경九卿의 반열에 올라 청렴하고, 내적으로 고상하고 순결했다. 이 두 사람이 중도에 버려지자 집안이 가난해져서 빈객들이 더욱 흩어졌다.[②] 군郡의 태수가 되었다가 죽은 후에 집안에는 남은 재산이 없었다. 정장의 형제와 아들 손자들은 정장과의 연고로 2,000석二千石 관리에 이른 자가 6~7명이나 되었다.
司馬安爲淮陽太守 發其事 莊以此陷罪 贖爲庶人 頃之 守長史[①] 上以爲老 以莊爲汝南太守 數歲 以官卒 鄭莊汲黯始列爲九卿 廉 內行脩絜 此兩人中廢 家貧 賓客益落[②] 及居郡 卒後家無餘貲財 莊兄弟子孫以莊故 至二千石六七人焉

① 長史장사

집해 여순이 말했다. "승상의 장사長史이다."

如淳曰 丞相長史

② 落락

색은 살펴보니 낙落은 영락零落과 같고 흩어지는 것을 이른다.

按 落猶零落 謂散也

태사공은 말한다.

대저 급암이나 정장의 현명함으로도 권세가 있으면 빈객이 열 배나 불어났고 권세가 없으면 그렇지 않았으니, 하물며 보통 사람에 있어서라! 하규下邽 땅[1]의 적공翟公은 다음과 같은 말을 했다. 처음 적공翟公이 정위廷尉가 되었을 때 빈객들이 문에 가득 차게 드나들었다.[2] 정위에서 물러나자 문밖에는 새그물[3]을 칠 정도였다. 적공이 다시 정위가 되자 빈객들이 왕래하고자 하기에 적공이 그의 대문에 크게 글씨를 써 붙여 말했다.

"한번 죽고 한번 사는 데에서 곧 사귀는 정을 알게 한다. 한번 가난하고 한번 부자가 되는 데에서 곧 사귀는 태도를 알게 된다. 한번 귀하고 한번 천하게 되는 데에서 사귀는 정이 곧 나타난다."

급암과 정장 또한 그렇다고 이르니, 슬픈 일이로다!

太史公曰 夫以汲鄭之賢 有勢則賓客十倍 無勢則否 況衆人乎 下邽[1]翟公有言 始翟公爲廷尉 賓客闐門[2] 及廢 門外可設雀羅[3] 翟公復爲廷尉 賓客欲往 翟公乃大署其門曰 一死一生 乃知交情 一貧一富 乃知交態 一貴一賤 交情乃見 汲鄭亦云 悲夫

① 下邽하규

집해 서광이 말했다. "규邽는 다른 판본에는 '비邳'로 되어 있다."

徐廣曰 邽 一作邳

색은 邽의 발음은 '규圭'이고 하규는 현 이름으로 경조京兆에 속한다. 서광이 말했다. "하규下邽는 '하비下邳'로 되어 있다."

邽音圭 縣名 屬京兆 徐廣曰 下邽作下邳

② 闐門전문

신주 대문에 가득 차다는 뜻이다.

③ 雀羅작라

신주 대문 밖에 새그물을 치다. 곧 손님의 내왕이 없고 참새떼만 있다는 뜻이다.

색은술찬 사마정이 펼쳐서 밝히다.

하남에서 어명을 빌려 구휼하니 예로부터 현명하다고 일컬어졌다. 회남에서 누워서 다스리니 천자가 인정했다. 땔감을 쌓아 놓은 것 같다고 탄식하니 성품은 곧고도 더욱 굳었다. 정장은 사인을 잘 추천하여 천하 사람들이 흡족했다. 교제의 길이 권세와 이권에 달려 있으니 적공은 슬퍼했구나!

河南矯制 自古稱賢 淮南臥理 天子伏焉 積薪興歎 伉直愈堅 鄭莊推士 天下翕然 交道勢利 翟公愴旃

사기 제121권 史記卷一百二十一

유림열전 儒林列傳

사기 제121권 유림열전 제61

史記卷一百二十一 儒林列傳第六十一

정의 요승이 말했다. "유儒는 박사博士를 말하는데, 유가儒家의 무리가 되어 고문古文을 종합해 이치를 깨달아서 옛 학문을 밝게 드러내고, 모든 유자儒者에게 권장해서 왕의 교화를 이루는 자이다."

姚承云 儒謂博士 爲儒雅之林 綜理古文 宣明舊藝 咸勸儒者 以成王化者也

신주 유림儒林은 공자孔子를 숭상하고 그의 학문을 따르는 사람을 통틀어 이르는 말이다. 공자는 도道와 예禮에 바탕을 두고 시詩와 서書를 논하고 예와 음악을 닦아 일으켰다. 또한 그는 사관史官의 기록에 의거해 왕들의 법전《춘추春秋》를 짓고, 많은 제자를 배출함으로써 유가儒家의 종주宗主가 되었다. 공자가 죽은 후 자로子路, 자장子張, 자공子貢 등 70여 제자들이 각지로 흩어져 학문을 전함으로써 후대에 유학이 국교가 되는 데 지대한 역할을 했다.

한나라에 들어와서 문제文帝가 유학에 깊은 관심을 두었고, 무제武帝 때 조관趙綰과 왕장王臧의 무리가 설득해 방정方正, 현량賢良, 문학文學의 선비들을 초청해 국론을 경청해서 오경박사五經博士, 박사좨주博士祭酒 등을 설치함으로써 더욱 유가儒家가 융성하게 되었다. 사마천 또한 당시 대유학자 공안국孔安國과 동중서董仲舒를 스승으로 모시고 유학을 섭렵하였다.

이편에는 유가가 전래해 온 과정과 무제 당시 유학을 계승한 인물들을 열거해 놓았는데, 신배공申培公, 원고생轅固生, 한태부韓太傅, 복생伏生, 고당생高堂生, 전생田生, 호무생胡毋生, 동중서가 이들이다.

이에 한나라가 천하통일 후 유림들의 사승師承의 관계를 계보로 세워 보면 다음과 같다.

1. 신배공申培公은 부구백浮丘伯에게 《시》를 전수傳受하고, 많은 이에게 전수傳授했는데, 박사가 된 자만도 10여 명이고 대부大夫, 낭郎, 장고掌故가 된 자도 수백 명에 이르렀다. 공안국, 주패周霸, 하관夏寬, 탕로碭魯 무생繆生, 서언徐偃, 경기慶忌도 이들에 해당한다.
2. 당시 제나라에서 《시》를 말하는 자는 모두 원고생의 설에 근본을 두었다.
3. 한생은 손자孫子와 비생賁生에게 전수했다. 연나라와 조나라 사이에서 《시》를 말하는 자는 모두 한생에서 말미암았다.
4. 진나라 때 경서를 벽장 안에 숨겨 분서焚書의 화를 면한 복생은 《상서》를 그의 손자, 장생張生, 공안국, 주패周霸, 구양생歐陽生에게 전수傳授하였고, 구양생歐陽生은 다시 예관兒寬에게 가르쳤다.
5. 고당생은 《예》에서 〈사례士禮〉를 능숙하게 설명했다.
6. 서생徐生은 아들에게, 아들은 손자 서연徐延과 서양徐襄에게 전수傳授했고, 손자는 공호만의公戶滿意, 환생桓生, 단차單次, 소분蕭奮 등을

가르쳤다.

7. 공자에게 《역》을 전수한 상구商瞿는 자용子庸, 자궁子弓, 자가子家, 자승子乘을 거쳐 6세인 전하田何가 전수傳受하여 왕동王同에게 전했고, 왕동은 양하楊何에게 전했다. 즉묵성卽墨成, 맹단孟但, 주패周覇, 주보언主父偃 등이 양하의 가법家法에 근본을 두었다.
8. 동중서는 《춘추》를 조나라에서 제자 저대褚大, 은충殷忠, 여보서呂步舒 등에게 전했다. 강생江生 또한 동중서의 설을 수용했다. 대부大夫, 낭郞, 알자謁者, 장고掌故가 된 자들이 수백여 명이었다.
9. 호무생胡毋生은 《춘추》를 제나라에서 전했는데, 여기에서 《춘추》를 말하는 자는 거의 호무생에게 배웠다. 공손홍도 여기에서 전수傳受했다.

제一장

학문의 발흥

태사공은 말한다.

나는 공령功令(學令)[1]을 읽을 적마다 학관學官의 길을 널리 장려해야 한다는 곳에 이르게 되면 일찍이 책을 덮고 탄식하지 않은 적이 없었다.

슬프다! 대저 주나라 왕실이 쇠약해지자 〈관저關雎〉의 시詩가 지어졌고 유왕幽王과 여왕厲王이 미약해지자 예와 음악이 무너졌다. 제후들이 방자하게 행동하고 정사는 강대한 나라에서 말미암았다.

이 때문에 공자께서는 왕도王道가 무너지고 사도邪道가 홍한 것을 민망하게 여겨, 이에 시詩와 서書를 논하여 차례하고 예와 음악을 닦아 일으켰다.

제齊나라에 가서 소韶(순임금의 음악)를 듣고 3개월 동안 고기맛을 알지 못했다. 위衛나라로부터 노魯나라로 돌아온 연후에 음악이 바로 잡혀 아雅와 송頌이 각각 제자리를 잡았다.[2]

太史公曰 余讀功令[1] 至於廣厲學官之路 未嘗不廢書而歎也 曰 嗟乎 夫周室衰而關雎作 幽厲微而禮樂壞 諸侯恣行 政由彊國 故孔子閔王

路廢而邪道興 於是論次詩書 修起禮樂 適齊聞韶 三月不知肉味 自衛返魯 然後樂正 雅頌各得其所②

① 功令공령

색은 살펴보니 학자의 학사 규정을 영令으로 나타내어 말한 것이다. 곧 지금의 학령學令이 이것이다.

案 謂學者課功著之於令 卽今學令是也

② 雅頌各得其所아송각득기소

정의 정현이 말했다. "노애공 11년이다. 이때 도가 쇠약해지고 악樂이 피폐해지니, 공자께서 돌아와 바르게 닦았다. 이 때문에 아雅와 송頌이 각각 알맞은 자리를 얻었다."

鄭玄云 魯哀公十一年 是時道衰樂廢 孔子還 修正之 故雅頌各得其所也

그러나 세상이 혼탁해서 능히 등용해 주는 자가 없자, 이로써 공자는 70여 군주를 찾았으나① 알아 주는 이가 없었다. 이에 말하기를 '진실로 나를 등용하는 자가 있다면 1년만 해도 만족하게 여길 것이다.'라고 했다. 서쪽에서 사냥으로 기린을 잡았다는 소식을 듣고 말하기를 '나의 도道는 다했다.'라고 했다. 그래서 사관史官의 기록에 의거해 《춘추》를 지었는데, 왕의 법전으로 적합했다. 그의 언사는 미묘하고 가리키는 뜻이 넓어 후세의 학자들이 많이

채록했다.②

공자께서 죽은 뒤부터 70여 제자들이 흩어져 제후들에게 유세하여, 그중에 크게는 제후의 스승이나 경卿이나 재상이 되었고,③ 작게는 사대부를 사귀고 가르쳤으며 혹은 숨어서 나타나지 않은 자도 있었다.

이 때문에 자로子路는 위衛나라에 살았고,④ 자장子張은 진陳나라⑤에 살았고, 담대자우澹臺子羽는 초나라⑥에 살았고, 자하子夏는 서하西河⑦에 살았고, 자공子貢은 제나라⑧에서 생을 마쳤다.

世以混濁莫能用 是以仲尼干七十餘君①無所遇 曰 苟有用我者 期月而已矣 西狩獲麟 曰 吾道窮矣 故因史記作春秋 以當王法 其辭微而指博 後世學者多錄②焉 自孔子卒後 七十子之徒散游諸侯 大者爲師傅卿相③ 小者友敎士大夫 或隱而不見 故子路居衛④ 子張居陳⑤ 澹臺子羽居楚⑥ 子夏居西河⑦ 子貢終於齊⑧

① 干七十餘君간칠십여군

색은 살펴보니 뒤에 기록하는 자가 실언을 한 것이다. 《공자가어》 등의 설명을 살펴보니, 공자께서는 여러 나라를 거쳐 빙문했으나 능히 등용되지 못했다고 이른 것은 주周, 정鄭, 제齊, 송宋, 조曹, 위衛, 진陳, 초楚, 기杞, 거莒, 광匡 등을 말한 것이다. 비록 작은 나라를 거쳤다고 해도 또한 70여 국이 될 수 없다.

案 後之記者失辭也 案家語等說 云孔子歷聘諸國 莫能用 謂周鄭齊宋曹衛陳楚杞莒匡等 縱歷小國 亦無七十餘國也

② 錄록

집해 서광이 말했다. "녹錄은 다른 판본에는 '류繆'로 되어 있다."

徐廣曰 錄 一作繆

③ 大者爲師傅卿相대자위사부경상

색은 살펴보니 자하는 위문후魏文侯의 사부師傅가 되었다. 자공은 제齊와 노魯를 위해서 오吳와 월越에 빙문했는데, 대개는 또한 경卿이었다. 재여宰予도 또한 제나라에서 벼슬해 경卿이 되었다. 나머지는 듣지 못했다.

案 子夏爲魏文侯師 子貢爲齊魯聘吳越 蓋亦卿也 而宰予亦仕齊爲卿 餘未聞也

④ 子路居衛자로거위

집해 살펴보니 〈중니제자열전〉에는 자로는 위衛나라에서 죽었는데 당시 공자는 오히려 존재해 있었다.

案 仲尼弟子列傳子路死於衛 時孔子尙存也

⑤ 陳진

정의 지금의 진주陳州이다.

今陳州

⑥ 楚초

정의 지금의 소주蘇州 성城 남쪽 5리에 담대호澹臺湖가 있고 호湖의 북쪽에 담대澹臺가 있다.

今蘇州城南五里有澹臺湖 湖北有澹臺

⑦ 西河서하

정의 지금의 분주汾州이다.

今汾州

⑧ 齊제

정의 지금의 청주青州이다.

今青州

전자방田子方과 단간목段干木과 오기吳起와 금활리禽滑釐의 무리는 모두 자하子夏에게 대륜大倫을 전수받아 왕자王者의 스승이 되었다. 이때는 (왕자王者 중에) 오로지 위문후魏文侯만이 학문을 좋아했다.

그 뒤로 세상은 점점 쇠미해져 진秦나라 시황始皇에 이르기까지 전국戰國이 나란히 천하를 다투면서 유술儒術이 이윽고 배척되었다. 그러나 제나라와 노나라 사이의 학자들만 유독 폐해지지 않았다. 제나라 위왕威王과 선왕宣王 시대에는 맹자孟子와 순경荀卿의 부류가 모두 공자孔子의 학업學業에 따라 윤색潤色하였으니, 학문으로 당세에 알려졌다. 진秦나라 말세에 이르러서는 시詩와 서書를 불사르고 술사術士들을 구덩이에 묻어 죽여[①] 육예六藝(예禮, 악樂, 사射, 어御, 서書, 수數)가 결여되었었다.

진섭陳涉이 왕을 칭하자 노나라의 모든 유자儒者가 공씨의 예기禮器를 가지고 가서 진왕陳王에게 귀의했다. 이에 공갑孔甲[②]은 진섭陳涉의 박사가 되었는데 마침내 진섭과 함께 죽었다. 진섭은 필부匹夫로 일어나 수자리 살러 가는 잡병들을 모아서[3] 한 달 만에 초楚나라 왕이 되어 반년도 못 되어 결국 멸망당했다. 그의 일은 지극히 미천하지만 유학자들이 공자의 예기禮器를 가지고 가서 무릎을 꿇고[4] 신하가 된 것은 무엇 때문이었을까? 진나라에서 그들의 사업을 불태운 것 때문에 원망이 쌓여 진왕陳王에게 분노를 일으킨 것이다.

如田子方段干木吳起禽滑釐之屬 皆受業於子夏之倫 爲王者師 是時獨魏文侯好學 後陵遲以至于始皇 天下竝爭於戰國 儒術旣絀焉 然齊魯之間 學者獨不廢也 於威宣之際 孟子荀卿之列 咸遵夫子之業而潤色之 以學顯於當世 及至秦之季世 焚詩書 阬術士[1] 六蓺從此缺焉 陳涉之王也 而魯諸儒持孔氏之禮器往歸陳王 於是孔甲[2]爲陳涉博士 卒與涉俱死 陳涉起匹夫 驅瓦合適戍[3] 旬月以王楚 不滿半歲竟滅亡 其事至微淺 然而縉紳先生之徒負孔子禮器往委質[4]爲臣者 何也 以秦焚其業 積怨而發憤于陳王也

① 焚詩書 阬術士분시서 갱술사

정의 안사고가 말했다. "지금 신풍현新豐縣 온탕溫湯을 민유향愍儒鄕이라고 부른다. 온탕溫湯에서 서남쪽 3리에 마곡馬谷이 있고, 마곡의 서쪽 언덕에 갱阬이 있는데, 옛날부터 서로 전해서 진나라가 선비들을 묻은 곳이라고 했다. 위굉의 《조정고문상서》의 서문에 '진秦나라가 이미 분서하고서 천하에서 개정한 법을 따르지 않을 것을 두려워하고, 여러 유생 중에 이른 자를 제수해 낭郎으로 삼았는데, 전후로 700명이었다. 이에 비밀리에 오이를 여산驪山의 능곡陵谷 안 따뜻한 곳에 심고 오이가 열매를 맺자 박사博士와 여러 생도에게 조서를 내려 설명하게 했는데, 사람들의 말이 동일하지 않았다. 이에 (관리를) 시켜 나아가 살피게 하여, 몰래 갱을 메울 장치를 숨겨 놓고 제생諸生이나 현유賢儒들이 모두 여기에 이르게 하였는데, 바야흐로 서로 논란만 벌이며 해결하지 못했다. 이로 인해 장치를 풀어 위로부터 흙으로 메워 모두를 압사시키자 마침내 논란이 없어졌다.'라고 했다."

顔云 今新豐縣溫湯之處號愍儒鄕 溫湯西南三里有馬谷 谷之西岸有阬 古相傳以爲秦阬儒處也 衛宏詔定古文尙書序云 秦旣焚書 恐天下不從所改更法 而諸生到者拜爲郎 前後七百人 乃密種瓜於驪山陵谷中溫處 瓜實成 詔博士諸生說之 人言不同 乃令就視 爲伏機 諸生賢儒皆至焉 方相難不決 因發機 從上塡之以土 皆壓 終乃無聲也

② 孔甲공갑

집해 서광이 말했다. "공자의 8세손이고 이름은 부鮒이고 자는 갑甲이다."

徐廣曰 孔子八世孫 名鮒字甲也

③ 瓦合適戍와합적수

색은 適의 발음은 '적[丁革反]'이다.

上音丁革反

신주 와합瓦合은 깨진 기와가 모이듯이 잘 정제되지 않는 것. 곧 무질서하게 모인 것이다. 적수適戍는 죄를 꾸짖어 먼 곳에서 수자리를 살게 하는 것이다.

④ 委質위질

신주 타국의 신하가 상대국의 군주를 접견할 때 무릎을 꿇고 땅에 엎드리는 의식을 말하는 것으로, '귀순한다'는 의미로 쓰인다.

고황제가 항우를 죽이고 군사를 일으켜 노나라를 에워쌌는데도 노나라 안의 여러 유학자는 학문을 강조하고 예악禮樂을 익혀 현악기의 소리가 끊기지 않았으니, 어찌 성인이 남긴 교화로 예악을 즐기는 나라가 아니겠는가?

그래서 공자께서 진陳나라에 있을 때 말하기를 "돌아가리라. 돌아가리라. 내 문하의 젊은 제자들이 뜻은 크나 일에는 소략해서 찬란하게 문장을 이루었을 뿐, 이를 마름질할 줄은 모르는구나." 라고 했던 것이다.

대저 제나라나 노나라 사이에서는 문학에 있어 예부터 그것이 천성이었다. 그러므로 한나라가 일어난 연후에 여러 유학자가 비로소 육경六經으로 수양하고, 대사례大射禮와 향음주례鄉飮酒禮를 강습했다.

이에 숙손통叔孫通은 한나라 예의를 만들고 이에 따라 태상太常이 되었으며, 여러 생도 중, 제자로 함께 제정한 자들도 모두 우선 선발되어 벼슬길에 나아갔으며, 이에 위연히 탄식하고 학문을 일으켰다. 그러나 오히려 전쟁이 있었고 온 천하를 평정하느라[①] 또한 상서庠序(학교)의 일에 신경 쓸 겨를이 없었다.

及高皇帝誅項籍 擧兵圍魯 魯中諸儒尙講誦習禮樂 弦歌之音不絕 豈

非聖人之遺化 好禮樂之國哉 故孔子在陳 曰 歸與歸與 吾黨之小子狂簡 斐然成章 不知所以裁之 夫齊魯之間於文學 自古以來 其天性也 故漢興 然後諸儒始得脩其經埶 講習大射鄉飲之禮 叔孫通作漢禮儀 因爲太常 諸生弟子共定者 咸爲選首 於是喟然歎興於學 然尙有干戈 平定四海[1] 亦未暇遑庠序之事也

① 平定四海평정사해

정의 안사고가 말했다. "진희, 노관, 한신, 경포의 무리가 서로 차례로 반역해서 정벌해 토벌한 것이다."

顔云 陳豨盧綰韓信黥布之徒 相次反叛 征討也

효혜제와 여후呂后 때에는 공경들이 모두 무력으로 공을 쌓은 신하들이었다. 효문제 때에 자못 문학의 선비를 등용[1]했으나 효문제도 본래 법률로 다스리는 말만을 좋아했다. 효경제에 이르러서도 유학자들에게 맡기지 않았고, 또 두태후는 황로黃老의 학술을 좋아했다. 그러므로 여러 박사가 관직의 자리만 메우고 질문을 기다렸을 뿐, 승진한 자들이 있지 않았다.

지금의 주상今上(효무제)이 즉위하여 조관趙綰과 왕장王臧의 무리는 유학을 밝히자 효무제도 또한 유학을 지향했다. 이에 방정方正, 현량賢良, 문학文學의 선비[2]들을 초청했다.

이후로부터 《시詩》를 말한 것은 노魯나라에 신배공申培公,[3]

제齊나라에 원고생轅固生,[4] 연燕나라에 한태부韓太傅[5]였다. 《상서尙書》를 말한 것은 제남濟南의 복생伏生[6]에게서 비롯되었고, 《예禮》를 말한 것은 노나라 고당생高堂生[7]에게서 비롯되었으며, 《역易》을 말한 것은 치천菑川의 전생田生에게서 비롯되었고, 《춘추春秋》를 말한 것은 제노齊魯에 호무생胡毋生,[8] 조趙나라에 동중서董仲舒에게서 비롯되었다.

두태후가 죽음에 이르자 무안후 전분田蚡이 승상이 되어 황로黃老의 학문과 형명刑名의 백가百家의 학설을 내쫓고 문학의 유학자 수백여 명을 등용했는데, 공손홍은 춘추로써 백의白衣의 서생에서 천자의 삼공三公[9]이 되어 평진후平津侯로 봉해지니, 천하의 학사學士들은 바람이 부는 곳으로 쓰러지듯[10] 했다.

孝惠呂后時 公卿皆武力有功之臣 孝文時頗徵用[1] 然孝文帝本好刑名之言 及至孝景 不任儒者 而竇太后又好黃老之術 故諸博士具官待問未有進者 及今上卽位 趙綰王臧之屬明儒學 而上亦鄉之 於是招方正賢良文學之士[2] 自是之後 言詩於魯則申培公[3] 於齊則轅固生[4] 於燕則韓太傅[5] 言尙書自濟南伏生[6] 言禮自魯高堂生[7] 言易自菑川田生 言春秋於齊魯自胡毋生[8] 於趙自董仲舒 及竇太后崩 武安侯田蚡爲丞相 絀黃老刑名百家之言 延文學儒者數百人 而公孫弘以春秋白衣爲天子三公[9] 封以平津侯 天下之學士靡然[10]鄉風矣

① 徵用징용

정의 효문제가 점점 문학의 선비들을 등용해서 지위에 있게 한 것을 말한다.

言孝文稍用文學之士居位

② 方正賢良文學之士방정현량문학지사

신주 한나라는 관리를 선발할 때, 현량한 자를 살펴 천거하는 제도를 두어 책문을 통해 직언과 극간極諫을 잘하는 사람을 뽑았는데, 구체적인 명칭은 정해져 있지 않았으나, 일반적으로 현량방정賢良方正 또는 현량문학賢良文學이라 부른다. 《사기》 〈효문본기〉에 한문제 2년(서기전 178년)에 천거하기 시작한 것으로 기록하고 있다.

③ 申培公신배공

집해 서광이 말했다. "다른 판본에는 '배陪'로 되어 있다." 위소가 말했다. "배培는 신공申公의 이름이다. 培의 발음은 '부[扶尤反]'이다."

徐廣曰 一作陪 韋昭曰 培 申公名 音扶尤反

색은 서광이 말했다. "배培는 다른 판본에는 '배陪'로 되어 있고 培의 발음은 '배裴'이다." 위소가 말했다. "배培는 신공의 이름이고 培의 발음은 '부浮'이다." 추씨는 培의 발음을 '배[普來反]'라고 했다.

徐廣云 培 一作陪 音裴 韋昭曰 培 申公之名 音浮 鄒氏音普來反也

④ 轅固生원고생

정의 신申과 원轅은 성姓이다. 배培와 고固는 이름이다. 공公과 생生은 그의 처한 호칭이다.

申轅 姓 培固 名 公生 其處號也

⑤ 韓太傅한태부

색은 한영韓嬰이다. 상산왕常山王의 태부太傅가 되었다.

韓嬰也 爲常山王太傅也

⑥ 伏生복생

색은 살펴보니 장화張華는 이르기를 이름은 승勝이라 했고,《한기》에 자는 자천子賤이라고 했다.

按 張華云名勝 漢紀云字子賤

⑦ 高堂生고당생

색은 사승謝承이 말했다. "진씨秦氏의 말기, 노나라 사람 고당백高堂伯이 있었다. 곧 '백伯'은 그의 자字가 옳다. 그러나 '생生'이라고 이른 것은 한漢나라 이래로부터 유자儒者는 모두 '생生'이라고 불렀으니, 또한 '선생先生'이라는 글자를 줄여서 불렀을 뿐이다.

謝承云 秦氏季代有魯人高堂伯 則伯是其字 云生者 自漢已來儒者皆號生 亦先生省字呼之耳

⑧ 胡毋生호무생

색은 毋의 발음은 '무毋'이다. 호무胡毋는 성姓이고 자字는 자도子都이다.

毋音無 胡毋 姓 字子都

⑨ 天子三公천자삼공

집해 서광이 말했다. "일설에는 '제나라로부터 천자삼공이 되었다.'고 일렀다."

徐廣曰 一云 自齊爲天子三公

⑩ 靡然미연

신주 붙좇는 모양, 따라오는 모양이다.

공손홍公孫弘은 학관學官이 되어 도道가 막혀 있는 것을 슬퍼하고 이에 (무제에게) 청해서 말했다.

"승상과 어사가 말씀드립니다.① 조명詔命을 내려 이르시기를 '대개 듣자니 백성을 인도하는 데 예로써 하고 교화하는 데 음악으로써 한다고 했다. 혼인이란 집안의 거대한 윤리이다. 지금 예가 폐해지고 음악이 무너져 짐은 매우 근심스럽다. 그러므로 천하에 방정하고 박식한 선비들을 모두 맞아들여 조정에 다 등용登用했다. 예관禮官에게 학문을 권장하고 강의로 학식을 넓히고 예를 일으켜서 천하의 급선무로 삼으려고 한 것이다. 태상이 박사, 제자와 논의해서 향리의 교화를 높이고, 어진 인재들을 넓혀라.'라고 했습니다. 이에 삼가 태상太常 공장孔臧② 과 박사 평平 등과 함께 의논해서 말씀드립니다. 하夏, 은殷, 주周의 삼대三代의 도를 듣자니 향리에는 가르치는 것이 있었는데 하夏나라에서는 교校③라고 했고, 은殷나라에서는 서序④라고 했고, 주周나라에서는 상庠⑤이라고 했다고 합니다. 이곳에서는 그의 선을 권장하여 조정朝廷에 나타나게 했고 그의 악을 징계하여 형벌로써 가했습니다. 그러므로 교화가 행해지려면 먼저 선한 것을 세우는 것을 경사京師로부터 시작해서 안에서 밖으로 미치도록 해야 합니다.

公孫弘爲學官 悼道之鬱滯 乃請曰 丞相御史言① 制曰 蓋聞導民以禮

風之以樂 婚姻者 居室之大倫也 今禮廢樂崩 朕甚愍焉 故詳延天下方正博聞之士 咸登諸朝 其令禮官勸學 講議洽聞興禮 以爲天下先 太常議 與博士弟子 崇鄕里之化 以廣賢材焉 謹與太常臧[2]博士平等議曰 聞三代之道 鄕里有敎 夏曰校[3] 殷曰序[4] 周曰庠[5] 其勸善也 顯之朝廷 其懲惡也 加之刑罰 故敎化之行也 建首善自京師始 由內及外

① 丞相御史言승상어사언

정의 이로부터 아래로는 모두 공손홍이 주청한 말이다.

自此以下 皆弘奏請之辭

② 太常臧태상장

집해 《한서》〈백관표〉에는 공장孔臧으로 되어 있다.

漢書百官表孔臧也

③ 校교

정의 교校는 교敎이다. 도예道藝를 가르치는 것이다.

校 敎也 可敎道藝也

④ 序서

정의 서序는 서舒이다. 예교禮敎를 펴는 것을 말한다.

序 舒也 言舒禮敎

⑤ 庠상

정의 상庠은 상詳이다. 경전經典을 자세히 살피는 것을 말한 것이다.
庠 詳也 言詳審經典

지금 폐하께서 지극한 덕을 밝히고 크게 밝은 것을 열어서 하늘과 땅에 짝하고 인륜에 근본 하여 학문을 권장하고 예의를 닦아 교화를 높이고 어진 이를 권장하여 사방을 가르치는 것은 태평의 근원일 것입니다. 옛날에는 정치와 교화가 두루 하지 못하고 그 예의가 갖추어지지 못했습니다. 청하건대 옛날의 학관에 따라서 일으키고자 합니다. 박사의 관직을 만들어 제자들 50여 명을 두고 그들의 요역을 면제시켜 주십시오. 태상太常은 백성의 나이 18세 이상에서 풍모와 행실이 단정한 자들을 선발해서 박사의 제자들로 보충하십시오. 군국郡國의 현縣이나 도道, 읍邑에 학문을 좋아하고 어른을 공경하며 정치와 교화를 엄숙하게 하고 향리의 질서에 잘 따르며 출입하면서 들은 바를 거역하지 않는 자가 있으면, 영令, 상相, 장長 승丞은 소2,000석을 받는 관리에게 올리고,① 소2,000석을 받는 관리는 쓸 만한 자를 가히 살펴서 계리計吏②와 함께 태상으로 나아가게 하고 수업을 받게 하는 데 제자처럼 해야 합니다. 그리고 매해마다 모두 때에 이르면 시험을 쳐 능히 한 가지 이상 재주에 통달한 자들은 문학과 장고掌故의 빠진 자리를 채우게 하고, 학업성적이 좋아 낭중郎中으로 삼을 만한 자들은 태상이 문서로 아룁니다.
今陛下昭至德 開大明 配天地 本人倫 勸學脩禮 崇化厲賢 以風四方 太

平之原也 古者政教未洽 不備其禮 請因舊官而興焉 爲博士官置弟子五十人 復其身 太常擇民年十八已上 儀狀端正者 補博士弟子 郡國縣道邑有好文學 敬長上 肅政教 順鄕里 出入不悖所聞者 令相長丞上屬所二千石[①] 二千石謹察可者 當與計偕[②] 詣太常 得受業如弟子 一歲皆輒試 能通一藝以上 補文學掌故缺 其高弟可以爲郞中者 太常籍奏

① 相長丞上屬所二千石상장승상촉소이천석

색은 앞 글자 相의 발음은 '샹[時兩反]'이다. 촉屬은 위委(맡기다)이다. 소 2,000석所二千石은 소부所部에서의 군수나 상相을 이른다.

上時兩反 屬音燭 屬 委也 所二千石 謂於所部之郡守相

② 計偕계해

색은 계計는 계리計吏이다. 해偕는 구俱이다. 영令이 계리計吏와 함께 태상에 나아가게 하는 것을 이른다.

計 計吏也 偕 俱也 謂令與計吏俱詣太常也

곧 뛰어난 수재나 특이한 자가 있으면 즉시 이름을 알리게 해야 합니다. 그들이 학문을 일삼지 않고 재능이 떨어지거나 하나의 재주도 능통하지 못할 것 같으면 바로 물러나게 하고, 알맞지 않은 자를 추천한 자는 처벌받게 해야 합니다. 신이 삼가 조서나 율령律令이 내려진 것을 조사해보니, 하늘과 사람이 나뉘는 경계가 분명하고 옛날과 지금의 의義가 통하며, 문장이 단정하고 훈계의 말이 깊고 두터우며① 은혜를 베푸는 것이 매우 아름다웠습니다. 그러나 낮은 관리들은 듣고 본 것이 적어 궁구하여 베푸는 것이 능하지 못해, 분명하게 설명해서 백성들을 깨우쳐 줄 수 없었습니다. 치례治禮, 다음으로 장고掌故를 두어② 문학과 예의로 관리가 되었지만, 승진이 지체되었습니다. 청컨대 그들의 녹봉이 비200석 이상과 100석 이상의 관리로 한 가지 이상 재주를 가진 자를 가려 뽑아 좌우의 내사內史③와 대행大行의 졸사卒史에 보충하며, 비100석 이하는 군郡 태수의 졸사卒史로 보충하는데, 모두 각각 2인씩으로 하고 변방의 군에는 1인을 두십시오. 임용하는 자는 (경서를) 많이 외우는 자를 우선으로 등용하고, 만약 부족하다면 이에 장고掌故에서 선택하여 중2,000석中二千石④의 속관으로 보충하고 문학 장고掌故는 군郡의 속관으로 보충하여⑤ 인원을 갖추게 하십시오. 공령功令에 기록하기를 청합니다. 다른 것들은 율령과 같게 하십시오."

무제는 조서를 내려서 '허락한다.'라고 했다. 이로부터 내려오면서 공경이나 대부나 사士나 관리들은 적절하게 문학을 하는 선비들을 많이 등용했다.

卽有秀才異等 輒以名聞 其不事學若下材及不能通一藝 輒罷之 而請諸不稱者罰 臣謹案詔書律令下者 明天人分際 通古今之義 文章爾雅訓辭深厚① 恩施甚美 小吏淺聞 不能究宣 無以明布諭下 治禮次治掌故② 以文學禮義爲官 遷留滯 請選擇其秩比二百石以上 及吏百石通一藝以上 補左右內史③大行卒史 比百石已下 補郡太守卒史 皆各二人 邊

郡一人 先用誦多者 若不足 乃擇掌故補中二千石屬[4] 文學掌故補郡屬[5] 備員 請著功令 佗如律令 制曰 可 自此以來 則公卿大夫士吏斌斌多文學之士矣

① 訓辭深厚훈사심후

색은 조서의 문장이 아정雅正하고 훈계하는 말이 깊고 두터운 것을 이르는 것이다.

謂詔書文章雅正 訓辭深厚也

② 治禮次治掌故치례차치장고

집해 서광이 말했다. "일설에는 '다음에는 예학장고를 두다.'라고 했다."

徐廣曰 一云次治禮學掌故

신주 치례治禮는 예의 제도와 도덕을 가지고 규칙으로 삼아 백성을 통치하고 국정을 처리했다. 이는 선진先秦 유가의 정치적인 주장이었다.

③ 左右內史좌우내사

정의 살펴보니 좌우내사는 뒤에 고쳐서 좌풍익左馮翊과 우부풍右扶風이 되었다.

案 左右內史後改爲左馮翊右扶風

④ 中二千石屬중이천석속

색은 소림이 말했다. "속屬은 또한 관청의 관리이며 지금 조정의 문서를 해석해보면 '속모갑屬某甲'이라고 일렀다."

蘇林曰 屬亦曹吏 今縣官文書解云屬某甲

⑤ 補郡屬보군속

색은 여순이 말했다. "《한의》에는 제자弟子 중에서 사책射策(관리를 선발하는 방법 중의 하나)해서 갑과甲科의 100명을 낭중郎中으로 보충하고 을과乙科의 200명을 태자사인太子舍人으로 보충하는데 모두 녹봉이 비200석이고, 다음은 군국郡國의 문학이며 녹봉은 100석이라고 한다."
如淳云 漢儀弟子射策 甲科百人補郎中 乙科二百人補太子舍人 皆秩比二百石 次郡國文學 秩百石也

《시경》의 계통

신공申公은 노魯나라 사람이다. 고조高祖가 노魯나라를 지나가는 데 신공申公이 부구백浮丘伯의 제자로서 스승을 따라 들어가[1] 고조高祖를 노魯나라 남궁南宮[2]에서 만나보았다. 여태후呂太后 때 신공이 장안長安에서 유학했는데 유영劉郢과 더불어 같은 스승을 섬겼다.[3] 이윽고 학업을 마치고 유영은 초나라 왕이 되자 신공을 그의 태자인 무戊[4]의 스승으로 삼았다.

태자 무戊는 학문을 좋아하지 않아 신공을 미워했다. 초왕인 영郢이 죽음에 이르자 무戊가 즉위해 초왕楚王이 되었는데 그는 신공에게 부형腐刑[5]을 가했다.

신공이 부끄러워하고 노나라로 돌아가 집안에서 제자들을 가르치며 평생을 문밖으로 나가지 않았다. 또한 빈객들도 사절하고 오로지 노魯나라 공왕恭王이 불렀을 때만[6] 나갔다. 제자들이 먼 곳에서 이르러 수업을 받는 자들이 100여 명에 이르렀다.

신공은 유독 《시경》으로 훈訓을 지어 가르치되 주해註解를 짓지 않았다. 또 의심나는 곳이면 빼버리고 전하지도 않았다.[7]

申公者 魯人也 高祖過魯 申公以弟子從師入見[1]高祖于魯南宮[2] 呂太

后時 申公游學長安 與劉郢同師[③] 已而郢爲楚王 令申公傅其太子戊[④] 戊不好學 疾申公 及王郢卒 戊立爲楚王 胥靡[⑤]申公 申公恥之 歸魯 退居家敎 終身不出門 復謝絶賓客 獨王命召[⑥]之乃往 弟子自遠方至受業者百餘人 申公獨以詩經爲訓以敎 無傳(疑) 疑者則闕不傳[⑦]

① 從師入見종사입견

색은 살펴보니 《한서》에서 말한다. "신공申公이 젊어서 초원왕楚元王과 함께 제齊나라 사람 부구백浮丘伯을 섬기고 《시》를 전수傳受하였다."

按 漢書云 申公少與楚元王俱事齊人浮丘伯 受詩

② 魯南宮노남궁

정의 《괄지지》에서 말한다. "반궁泮宮은 연주兗州 곡부현曲阜縣 서남쪽 200리 노성魯城의 내궁內宮의 안에 있다. 정씨鄭氏는 반泮은 반半을 말하는 것이며, 그 제도의 (규모가) 천자의 벽옹璧雍에 절반이라고 했다."

括地志云 泮宮在兗州曲阜縣西南二百里魯城內宮之內 鄭云泮之言半也 其制半於天子之璧雍

③ 劉郢同師유영동사

색은 살펴보니 《한서》에서 말한다. "여태후呂太侯 때 부구백浮丘伯이 장안에 있어 신공申公과 원왕元王 영郢이 객으로 함께 학업을 마쳤다."

案 漢書云 呂太后時 浮丘伯在長安 申公與元王郢客俱卒學也

④ 戊무

집해 서광이 말했다. "초원왕楚元王 유교劉交는 문제의 원년에 죽었고, 아들 이왕夷王 영郢이 즉위해서 4년 만에 죽어 아들 무戊가 섰다. 유영劉郢은 여후呂后 2년에 상규후上邽侯에 봉해졌으며 문제 원년에 즉위해서 초왕이 되었다."

徐廣曰 楚元王劉交以文帝元年薨 子夷王郢立 四歲薨 子戊立 郢以呂后二年封上邽侯 文帝元年立爲楚王

⑤ 胥靡서미

집해 서광이 말했다. "부형腐刑이다."

徐廣曰 腐刑

신주 궁형宮刑은 성기를 절단하는 형벌로 절단한 부위가 썩어서 냄새가 나기 때문에 부형腐刑이라고도 했다.

⑥ 獨王命召독왕명소

집해 서광이 말했다. "노공왕魯恭王이다."

徐廣曰 魯恭王也

⑦ 疑者闕不傳의자궐부전

색은 신공申公은 《시》의 해설을 짓지 않았고 다만 교수敎授만 하고 의심나는 것이 있으면 빼버린 것을 이른 것이다.

謂申公不作詩傳 但敎授 有疑則闕耳

난릉蘭陵의 왕장王臧은 이미 신공申公에게 《시》를 배우고 효경제를 섬겨 태자소부太子少傅가 되었다가 면직되어 물러났다. 지금의 주상 무제가 막 즉위하자 왕장은 이에 글을 올려서 숙위宿衛에 올랐으며 여러 차례 옮겨 한 해 만에 낭중령郎中令이 되었다.
대代 땅의 조관趙綰도 또한 일찍이 신공에게 《시》를 배웠다. 조관이 어사대부가 되자, 조관과 왕장은 천자에게 명당明堂을 세워 제후들에게 조회 받자고 청했지만, 그 일을 성취할 수 없었다. 그리하여 스승인 신공을 추천했다. 이에 천자께서 사신에게 속백束帛에 옥을 보태고 안거사마安車駟馬를 보내서 신공을 맞이하게 하고 제자 2인이 역마차①를 타고 따르게 했다. 신공이 이르러 천자를 뵈었다. 천자는 잘 다스려지는 세상과 어지러운 세상의 일을 물었는데, 신공은 이때 이미 80여 세 노인이었다. 신공이 대답해 말했다.
"다스리는 자는 말을 많이 하지 않고 힘써 행한 것이 어떠한지를 되돌아볼 뿐입니다."
이때 천자는 바야흐로 문사文詞를 좋아했는데 신공의 대답하는 것을 보고 잠잠해졌다. 그러나 이미 초청해서 이르렀으므로 태중대부로 삼았다. 노魯나라 저택에 머물면서 명당의 일을 의논하게 했다.
蘭陵王臧旣受詩 以事孝景帝爲太子少傅 免去 今上初卽位 臧迺上書宿衛上 累遷 一歲中爲郎中令 及代趙綰亦嘗受詩申公 綰爲御史大夫 綰臧請天子 欲立明堂以朝諸侯 不能就其事 乃言師申公 於是天子使使束帛加璧安車駟馬迎申公 弟子二人乘軺傳①從 至 見天子 天子問治亂之事 申公時已八十餘 老 對曰 爲治者不在多言 顧力行何如耳 是時

天子方好文詞 見申公對 默然 然已招致 則以爲太中大夫 舍魯邸 議明堂事

① 軺傳초전

집해 서광이 말했다. "마차馬車이다."

徐廣曰 馬車

신주 초전軺傳은 역참에 소속되어 있는 경쾌한 수레이다. 말 한 마리가 몰면 '초거軺車'라 하고, 두 마리 말이 몰면 '초전軺傳'이라 한다.

태황太皇 두태후竇太后는 노자老子의 학문을 좋아하고 유술儒術을 좋아하지 않았다. 두태후가 조관과 왕장의 과오를 찾아내어 주상을 꾸짖자, 주상이 이로 인하여 명당의 일을 폐지하고 조관과 왕장을 모두 옥리에게 하옥하게 하니, 뒤에 모두 자살했다. 신공도 또한 질병이 있어서 면직되어 돌아와 여러 해 있다가 죽었다.
제자 중에 박사가 된 자가 10여 명이었다. 공안국孔安國① 은 임회태수臨淮太守에 이르렀고, 주패周霸는 교서왕膠西王의 내사內史가 됨에 이르렀고, 하관夏寬은 성양城陽의 내사가 되는데 이르렀다. 탕碭의 노사魯賜는 동해태수에 이르렀고, 난릉蘭陵의 무생繆生② 은 장사長沙의 내사에 이르렀고, 서언徐偃은 교서膠西의 중위中尉가 되었다. 추鄒 땅 사람 궐문경기闕門慶忌③ 는 교동膠東의 내사가 되었다.

그들은 관리와 백성을 다스리는데 모두 청렴하고 절개가 있었으며 학문을 좋아한다고 일컬어졌다. 신공의 제자로 학관學官에 있는 제자들은 행실이 비록 갖추어지지는 않았지만, 대부와 낭중郎中과 장고掌故에 이르는 자가 진실로 백을 헤아렸다. (그들은) 《시》를 말한 것이 비록 다르기는 했지만, 대다수 신공에게 근본을 두고 있다.

太皇竇太后好老子言 不說儒術 得趙綰王臧之過以讓上 上因廢明堂事 盡下趙綰王臧吏 後皆自殺 申公亦疾免以歸 數年卒 弟子爲博士者十餘人 孔安國①至臨淮太守 周霸至膠西內史 夏寬至城陽內史 碭魯賜至東海太守 蘭陵繆生②至長沙內史 徐偃爲膠西中尉 鄒人闕門慶忌③爲膠東內史 其治官民皆有廉節 稱其好學 學官弟子行雖不備 而至於大夫郎中掌故以百數 言詩雖殊 多本於申公

① 孔安國공안국

집해 서광이 말했다. "공부孔鮒의 제자 양襄이 혜제惠帝의 박사가 되었다가 옮겨서 장사長沙의 태부가 되었으며 충忠을 낳았다. 충忠은 무武와 안국安國을 낳았다. 안국은 박사로 임회태수가 되었다."

徐廣曰 孔鮒之弟子襄爲惠帝博士 遷爲長沙太傅 生忠 忠生武及安國 安國爲博士 臨淮太守

② 繆生무생

색은 繆의 발음은 '무[亡救反]'이다. 무씨繆氏는 난릉蘭陵에서 태어났다. 다른 발음은 '목穆'이다. (목씨라고 하지 않고) 목생穆生이라고 이른 것은 초원왕楚元王이 예우한 것이다.

繆音亡救反 繆氏出蘭陵 一音穆 所謂穆生 爲楚元王所禮也

③ 闕門慶忌궐문경기

집해 《한서음의》에서 말한다. "성姓은 궐문闕門이고 이름은 경기慶忌이다."

漢書音義曰 姓闕門 名慶忌

청하왕淸河王의 태부太傅 원고생轅固生은 제나라 사람이다. 《시》를 익혀서 효경제 때에 박사博士가 되었다. 황생黃生과 함께 효경제 앞에서 《시》를 논쟁했다. 황생이 말했다.

"은나라 탕왕湯王이나 주나라 무왕武王은 천명을 받은 것이 아니라 (걸주桀紂를) 시해한 것입니다."

원고생이 말했다.

"그러하지 않습니다. 대저 걸桀과 주紂는 사납게 어지럽혀 천하의 민심이 모두 탕왕이나 무왕에게 돌아갔습니다. 탕왕이나 무왕은 천하의 마음과 함께 걸桀과 주紂를 처단했습니다. 걸桀과 주紂의 백성은 그를 위해 사역하지 않고 탕왕이나 무왕에게 돌아왔으며, 탕왕이나 무왕이 부득이하게 즉위한 것인데 하늘의 명을 받은 것이 아니고 무엇이겠습니까?"

황생이 말했다.

"관모는 비록 해졌어도 반드시 머리에 쓰고, 신발은 비록 새것이라도 반드시 발에 신습니다. 왜 그랬겠습니까? 상하上下의 구분이 있기 때문입니다. 지금 걸桀이나 주紂가 비록 도를 잃었어도 군주입니다. 탕왕이나 무왕이 비록 성인이라도 신하입니다. 대저 군주가 잘못된 행실이 있는데도 신하가 능히 바른말로 허물을 바로잡아서 천자를 높이지는 않고, 도리어 과실에 의거해 처벌하고 대신 즉위해서 남면하는 지위에 오르는 것이 시해가 아니고 무엇이겠습니까?"

원고생이 말했다.

"반드시 그대의 이르는 바와 같다면 이는 고제高帝께서 진秦나라를 대신하여 천자가 된 것도 잘못이라는 것입니까?"

이에 효경제가 말했다.

"고기를 먹으면서 말의 간을 먹지 않았다고① 고기 맛을 알지 못한다고 하지 않을 것이다. 학문을 말하는 자가 탕왕이나 무왕이 천명을 받았다는 것을 말하지 않는다고 해서 어리석다고 하지는 않는다."

마침내 중지시켰다. 이에 후학자들이 감히 천명을 받은 것이냐 멋대로 살해한 것이냐에 관해서 밝히는 이가 없었다.

清河王太傅轅固生者 齊人也 以治詩 孝景時爲博士 與黃生爭論景帝前 黃生曰 湯武非受命 乃弒也 轅固生曰 不然 夫桀紂虐亂 天下之心皆歸湯武 湯武與天下之心而誅桀紂 桀紂之民不爲之使而歸湯武 湯武不得已而立 非受命爲何 黃生曰 冠雖敝 必加於首 履雖新 必關於足 何者上下之分也 今桀紂雖失道 然君上也 湯武雖聖 臣下也 夫主有失行 臣下不能正言匡過以尊天子 反因過而誅之 代立踐南面 非弒而何也 轅固生曰 必若所云 是高帝代秦卽天子之位 非邪 於是景帝曰 食肉不食

馬肝[1] 不爲不知味 言學者無言湯武受命 不爲愚 遂罷 是後學者莫敢明受命放殺者

① 食肉不食馬肝식육불식마간

정의 《논형》에서 말한다. “기氣에 열이 있으면 독을 담고 있기 때문에 말의 간을 먹으면 사람이 죽게 된다. 또 한여름에 말이 가다가 다갈증多渴症으로 죽게 되면 살기殺氣가 독이 된다.”

論衡云 氣熱而毒盛 故食馬肝殺人 又盛夏馬行多渴死 殺氣爲毒也

두태후는 노자老子의 학설을 좋아해서, 원고생을 불러 《노자》의 글에 관하여 물었다. 원고생이 말했다.

“이것은 한 집안사람의 말일 뿐입니다.[1]”

두태후가 노여워하여 말했다.

“어떻게 하면 사공司空의 성단서城旦書(법령)[2]를 받게 할 수 있을까?”

이에 원고생에게 짐승의 우리에 들어가 멧돼지를 찌르게 했다. 경제는 태후가 노여워하지만 원고생이 곧은 말을 했으며 죄가 없다는 것을 알았다. 이에 원고생에게 예리한 병기를 빌려주어 우리로 내려가서 멧돼지를 찌르게 했는데, 바로 그 심장을 명중시켜 단번에 찌르니 멧돼지는 한 수手에 당하고 거꾸러졌다. 태후는 묵연默然히 있다가 다시 죄 줄 수 없자 그만두게 했다.

얼마 지나서 경제는 원고생이 청렴하고 정직하다고 여겨 제수해

청하왕[3]의 태부로 삼았는데, 오래도록 있다가 질병으로 면직되었다.

무제가 처음 즉위하여 다시 현량賢良으로 원고생을 불렀다. 여러 아첨하는 선비가 원고생을 몹시 미워하며 헐뜯어서 말했다.

"원고생은 늙었습니다."

면직시키고 돌아가게 했다. 당시 원고생의 나이가 이미 90여 세였다. 원고생이 부름을 받았을 때 설薛 땅[4]의 공손홍도 또한 부름을 받고 왔는데 곁눈질로 원고생을 바라보았다. 원고생이 말했다.

"공손자公孫子여! 바른 학문에 힘써서 말해야지 학문을 왜곡해서 세상에 아첨하지 마시오."

이 이후로부터 제나라에서 《시》를 말하는 자는 모두 원고생의 설에 근본을 두었다. 여러 제나라 사람 중 《시》로써 이름이 귀하게 드러난 자들은 모두 원고생의 제자들이었다.

竇太后好老子書 召轅固生問老子書 固曰 此是家人言耳[1] 太后怒曰 安得司空城旦書[2]乎 乃使固入圈刺豕 景帝知太后怒而固直言無罪 乃假固利兵 下圈刺豕 正中其心 一刺 豕應手而倒 太后默然 無以復罪 罷之 居頃之 景帝以固爲廉直 拜爲清河王[3]太傅 久之 病免 今上初卽位 復以賢良徵固 諸諛儒多疾毁固 曰固老 罷歸之 時固已九十餘矣 固之徵也 薛[4]人公孫弘亦徵 側目而視固 固曰 公孫子 務正學以言 無曲學以阿世 自是之後 齊言詩皆本轅固生也 諸齊人以詩顯貴 皆固之弟子也

① 家人言耳가인언이

색은 이는 집안사람의 말일 뿐이다. 복건이 말했다. "집안사람의 말과 같은 것이다." 살펴보니 《노자도덕경》 편篇을 가까이 하고 관찰해보면 국가를 다스리고 자신을 다스릴 뿐이다. 그러므로 이것을 가인家人의 말이라고 말한 것이다.

此家人言耳 服虔云 如家人言也 案 老子道德篇近而觀之 理國理身而已 故言此家人之言也

② 司空城旦書사공성단서

집해 서광이 말했다. "사공司空은 죄수를 주관하는 관직이다." 살펴보니 《한서음의》에서 말한다. "도가道家에서는 유법儒法을 급박한 것으로 여기고 율령律令에 비교했다."

徐廣曰 司空 主刑徒之官也 駰案 漢書音義曰 道家以儒法爲急 比之於律令

신주 성단城旦은 아침 일찍부터 성을 쌓는 일을 하는 것이다.

③ 淸河王청하왕

집해 서광이 말했다. "애왕哀王 유승劉乘이다."

徐廣曰 哀王乘也

④ 薛설

집해 서광이 말했다. "설현薛縣은 치천菑川에 있다."

徐廣曰 薛縣在菑川

한생韓生[1]은 연나라 사람이다. 효문제 때에 박사가 되었고 효경제 때에는 상산왕常山王[2]의 태부가 되었다. 한생은 《시》의 뜻을 미루어 내외전內外傳[3]으로 수만언數萬言을 지었으며 그의 말은 자못 제나라나 노나라 사이에서 시를 논하는 것과는 달랐으나 그러나 귀결되는 곳은 한가지였다.
회남淮南의 비생賁生[4]은 한생에게 《시》를 배웠다. 이 이후로부터 연燕나라와 조趙나라 사이에서 《시》를 말하는 자들은 한생에서 말미암았다. 한생의 손자 한상韓商은 무제 때에 박사가 되었다.
韓生[1]者 燕人也 孝文帝時爲博士 景帝時爲常山王[2]太傅 韓生推詩之意而爲內外傳[3]數萬言 其語頗與齊魯間殊 然其歸一也 淮南賁[4]生受之 自是之後 而燕趙間言詩者由韓生 韓生孫商爲今上博士

① 韓生한생

집해 《한서》에서 말한다. "이름은 영嬰이다."

漢書曰 名嬰

② 常山王상산왕

집해 서광이 말했다. "헌왕 유순憲王劉舜이다."

徐廣曰 憲王舜也

③ 內外傳내외전

신주 《한시내외전》의 저서 이름이다. 한영韓嬰이 지은 것이다.

④ 賁비

색은 賁의 발음은 '비肥'이다.

賁音肥

제삼장

《상서》와 《역》 및 《예》의 계통

복생伏生[①]은 제남濟南 사람이다. 이전 진秦나라 박사博士였다. 효문제 때 《상서》를 익힌 자를 구하고자 했는데 천하에 있지 않았다. 이에 복생이 능히 익혔다는 소문을 듣고 부르고자 했다. 이때 복생의 나이는 90여 세였으므로 늙어서 갈 수가 없었다. 이에 태상太常에 조서를 내려서 장고掌故 조조朝錯에게 가서 받아오게 했다.

진秦나라 때 서적을 불태웠는데, 복생이 벽 속에 감추고 있었다. 그 뒤 전쟁이 크게 일어나 복생은 유랑민이 되었다가 한나라가 안정되자 복생은 (집으로 돌아와) 그 서적을 구했는데 수십 편을 잃고 오직 29권만 얻을 수 있었다. 즉시 이것으로써 노나라와 제나라 사이에서 가르쳤다.

학자들이 이 때문에 자못 《상서》를 말했다. 또 여러 산동의 대학자들이 《상서》를 섭렵하고 가르치지 않는 자가 없었다. 복생은 제남의 장생張生과 구양생歐陽生[②]을 가르쳤다. 구양생은 천승千乘의 예관兒寬을 가르쳤다. 예관은 이미 《상서》를 통달하고 문학으로 군郡의 천거에 응해서 박사의 수업에 나아가 공안국孔安國에게 수업受業했다. 예관은 가난해서 학비의 비용을 마련하지 못하여 늘 제자들의 밥을 해주며,[③] 시간이 나는 대로 틈틈이 노동일을 해서 노임을 받아[4] 의식衣食을 해결했다. 일을 나갈 때는 경서를 몸에 휴대하고 있다가 휴식 시간에 외우고 익혔는데, 등급 시험으로 정위廷尉의 사史에 보임되었다.

伏生[1]者 濟南人也 故爲秦博士 孝文帝時 欲求能治尙書者 天下無有 乃聞伏生能治 欲召之 是時伏生年九十餘 老 不能行 於是乃詔太常使掌故朝錯往受之 秦時焚書 伏生壁藏之 其後兵大起 流亡 漢定 伏生求其書 亡數十篇 獨得二十九篇 卽以敎于齊魯之間 學者由是頗能言尙書 諸山東大師無不涉尙書以敎矣 伏生敎濟南張生及歐陽生[2] 歐陽生敎千乘兒寬 兒寬旣通尙書 以文學應郡擧 詣博士受業 受業孔安國 兒寬貧無資用 常爲弟子都養[3] 及時時間行傭賃[4] 以給衣食 行常帶經 止息則誦習之 以試第次 補廷尉史

① 伏生복생

집해 장안이 말했다. "복생伏生의 이름은 승勝이라고 복씨伏氏의 비석에서 일렀다."

張晏曰 伏生 名勝 伏氏碑云

② 歐陽生구양생

집해 《한서》에서 말한다. "자字는 화백和伯이고 천승天乘 사람이다."

漢書曰 字和伯 千乘人

③ 都養도양

색은 예관倪寬의 집안이 가난해서 제자들을 위해 음식을 만드는 것을 이른다. 하휴何休가 주석한 《공양전》에는 "작팽灼烹이 양養이 된다."라고 했다. 살펴보니 마구간에는 양졸養卒이 있어 마구간의 말을 관장하고 말이 먹을 것을 만들어 기르는 것이다.

謂倪寬家貧 爲弟子造食也 何休注公羊 灼烹爲養 案 有廝養卒 廝掌馬 養造食

④ 傭賃용임

신주 일을 해주고 임금을 받는 것이다.

이때 장탕張湯은 바야흐로 유학을 지향하여 (예관을) 옥사를 판결하여 아뢰는 관리로[①] 삼았는데, 예관은 옛날의 법에 의해 의심스러운 큰 옥사獄事들을 의논하고 판결하여 장탕의 총애를 받았다. 예관은 사람됨이 온순하고 어질며 청렴하고 지혜가 있어 스스로 지켰다. 또 저서著書와 서주書奏를 잘했고 문장은 매끄러웠으나 말은 잘하지 못했다. 그래서 장탕은 예관을 장자長者로 여기고 자주 칭찬했다. 장탕이 어사대부가 됨에 이르자 예관을 연掾으로 삼아 천자에게 추천했다. 천자는 만나보고 질문도 해보고 기뻐했다. 장탕이 죽은 뒤 6년 만에 예관의 지위는 어사대부에 이르렀다.[②] 9년 뒤에 관직에서 죽었다. 예관이 삼공三公의 지위에 있으면서 화락하고 양순함으로써 천자의 뜻을 받들어 종용함을 오래도록 유지했다. 그러나 잘못을 바로잡기 위해 간하는 바는 없었다. 또 관청에서의 관리들도 평이하게 여겨져 있는 능력을 다하지 않았다. 제남의 장생張生도 또한 박사가 되었다. 복생의 손자도 《상서》를 익혀 조정에서 불렀으나 아주 밝지는 못했다.

이후로부터 노魯나라 주패周霸와 공안국孔安國, 낙양雒陽의 가가賈嘉가 자못 《상서》의 일을 말할 수 있었다. 공씨孔氏에게 《고문상서》[③]가 있었는데 공안국은 그것을 금문今文으로 읽었다. 이로 인하여 그의 집안을 일으켰다. 또 없어진 서書[④] 10여 편을 얻었는데, 대체로 《상서》는 이 때문에 불어나 더 많아지게 되었다.

是時張湯方鄕學 以爲奏讞掾[①] 以古法議決疑大獄 而愛幸寬 寬爲人溫良 有廉智 自持 而善著書書奏 敏於文 口不能發明也 湯以爲長者 數稱譽之 及湯爲御史大夫 以兒寬爲掾 薦之天子 天子見問 說之 張湯死後六年 兒寬位至御史大夫[②] 九年而以官卒 寬在三公位 以和良承意從容得久 然無有所匡諫 於官 官屬易之 不爲盡力 張生亦爲博士 而伏生孫以治尙書徵 不能明也 自此之後 魯周霸孔安國 雒陽賈嘉 頗能言尙書事 孔氏有古文[③]尙書 而安國以今文讀之 因以起其家 逸書[④]得十餘篇 蓋尙書滋多於是矣

① 奏讞掾주얼연

신주 재판을 평의한 것을 서류로 정리하여 보고하는 관리이다.

② 至御史大夫지어사대부

집해 서광이 말했다. "무제 원봉元封 원년이다."

徐廣曰 元封元年

③ 古文고문

신주 과두문자蝌蚪文字로 쓰인 상서尙書이다.

④ 逸書일서

색은 살펴보니 공장孔臧이 공안국에게 보낸 서書에 이르기를 "옛 서적이 벽실壁室에 숨겨졌다 갑자기 다시 나와 옛날의 훈訓이 다시 펴졌다. 오직 듣자니 《상서》 28편은 28수二十八宿를 본떠 취했다고 하는데, 어떤 의도에서 100편이 있게 되었는가? 곧 지금의 것으로 옛것을 비교하고 예서隸書, 전서篆書로 과두科斗를 미루어 50여 편으로 정해서 나란히 전傳으로 삼았음을 알았다."라고 했다. 《예문지》에서는 29편이라 해서 얻은 것이 16편이나 많았다. 기起는 계발啓發해서 나왔음을 이른다.
案 孔臧與安國書云 舊書潛于壁室 欻爾復出 古訓復申 唯聞尙書二十八篇取象二十八宿 何圖乃有百篇 卽知以今讐古 隸篆推科斗 以定五十餘篇 竝爲之傳也 藝文志曰二十九篇 得多十六篇 起者 謂起發以出也

> 여러 학자學者가 많이 《예》를 말하는데 《예》는 노나라 고당생高堂生이 제일 먼저다. 《예》는 본래 공자 때부터 그 경전이 갖추어지지 않았는데, 진秦나라에서 서적을 불태움에 이르러 흩어져 없어진 예서禮書가 더욱 많았다. 지금은 '사례士禮'만 유독 존재했는데, 고당생高堂生은 그것을 능숙하게 설명했다.
> 노나라 서생徐生은 의식을 꾸미는 예를① 잘 알고 있었다. 효문제 때 서생이 용의容儀로써 예관대부禮官大夫가 되었다. 아들에게 전하여 손자인 서연徐延과 서양徐襄에 이르렀다. 서양은 타고난

천품天品으로 자태가 좋아서 용의容儀를 잘했으나 《예경》에는 능통하지 못했다. 서연은 자못 능했으나 잘하지는 못했다. 서양은 용의容儀로 한나라에서 예관대부가 되었다가 광릉廣陵의 내사內史에 이르렀다. 서연과 서씨들의 제자인 공호만의公戶滿意[②]와 환생桓生과 선차單次[③]는 모두 일찍이 한나라 예관대부가 되었다.
하구瑕丘[④]의 소분蕭奮은 《예》로써 회양태수가 되었다. 이후 《예》를 말하고 용의容儀를 잘하는 자는 서씨徐氏들로부터 말미암았다.
諸學者多言禮 而魯高堂生最本 禮固自孔子時而其經不具 及至秦焚書書散亡益多 於今獨有士禮 高堂生能言之 而魯徐生善爲容[①] 孝文帝時徐生以容爲禮官大夫 傳子至孫徐延徐襄 襄 其天姿善爲容 不能通禮經 延頗能 未善也 襄以容爲漢禮官大夫 至廣陵內史 延及徐氏弟子公戶滿意[②]桓生單次[③] 皆嘗爲漢禮官大夫 而瑕丘[④]蕭奮以禮爲淮陽太守 是後能言禮爲容者 由徐氏焉

① 容용

색은 《한서》에는 '용頌' 자로 되어 있는데 또한 발음은 '용容'이다.
漢書作頌 亦音容也

신주 용의容儀이다. 곧 예로써 복식으로 치장하는 일이다. 꾸미는 일이다.

② 公戶滿意공호만의

색은 공호公戶는 성姓이고 만의滿意는 이름이다. 살펴보니 등전鄧展은 두 사람의 성姓과 자字라고 했는데 잘못이다.
公戶 姓 滿意 名也 案 鄧展云二人姓字 非也

③ 單次선차

색은 앞 글자 單의 발음은 '선善'이다. 선單은 성姓이고 차次는 이름이다.

上音善 單姓 次名也

④ 瑕丘하구

집해 서광이 말했다. "산양山陽에 속한다."

徐廣曰 屬山陽也

노魯나라 상구商瞿[①]는 공자孔子로부터 《역》을 배웠다. 공자께서 죽은 후 상구는 《역》을 전해 6대에 제나라 사람 전하田何에 이르렀는데, 전하의 자字는 자장子莊[②]이었으며, 한나라가 부흥했을 때다. 전하는 동무東武 사람 자중子仲 왕동王同에게 전했다. 자중은 치천菑川 사람 양하楊何[③]에게 전했다. 양하는 《역》으로 무제 원광元光 원년에 부름을 받아 관직이 중대부中大夫에 이르렀다. 제齊나라 사람 즉묵성卽墨成이 《역》으로 성양城陽의 재상에 이르렀다. 광천廣川 사람 맹단孟但이 《역》으로 태자문대부太子門大夫가 되었다. 노나라 사람 주패周霸와 거莒 땅[④] 사람 형호衡胡와 임치臨菑 사람 주보언主父偃이 모두 《역》으로 2,000석石의 벼슬에 이르렀다. 그러나 요컨대 《역》을 말하는 자들은 양하楊何의 가법家法에 근본하고 있다.

自魯商瞿[①]受易孔子 孔子卒 商瞿傳易 六世至齊人田何[②] 字子莊 而漢

興 田何傳東武人王同子仲 子仲傳菑川人楊何[3] 何以易 元光元年徵 官至中大夫 齊人卽墨成以易至城陽相 廣川人孟但以易爲太子門大夫 魯人周霸 莒[4]人衡胡 臨菑人主父偃 皆以易至二千石 然要言易者本於楊何之家

① 商瞿상구

색은 살펴보니 상商은 성姓이고 구瞿는 이름이며 자字는 자목子木이다. 瞿의 발음은 '구劬'이다.

案 商姓 瞿名 字子木 瞿音劬

② 田何전하

색은 살펴보니 《한서》에서 말한다. "상구商瞿는 동쪽 노나라 사람 교비橋庇 자용子庸에게 주었다. 자용은 강동 사람 한비馯臂 자궁子弓에게 주었다. 자궁은 연날라 주추周醜 자가子家에게 주었다. 자가는 동무 사람 손우孫虞 자승子乘에게 주었다." 〈중니제자열전〉에는 "순우 사람 광우자승光羽子乘"으로 되어 있어 동일하지 않다. 자승子乘은 전하田何 자장子裝에게 주었으니 이것이 6대손이다.

案 漢書云 商瞿授東魯橋庇子庸 子庸授江東馯臂子弓 子弓授燕周醜子家 子家授東武孫虞子乘 仲尼弟子傳作淳于人光羽子乘 不同也 子乘授田何子裝 是六代孫也

③ 楊何양하

색은 살펴보니 전하田何는 동무 사람 왕동王同에게 전했고, 왕동은 치천 사람 양하楊何에게 전했다.

案 田何傳東武王同 同傳菑川楊何

④ 莒거

집해 서광이 말했다. "거莒는 다른 판본에는 '여呂'로 되어 있다."

徐廣曰 莒一作呂

《춘추》의 계통

동중서董仲舒는 광천光川 사람이다. 《춘추》를 익혀서 효경제 때 박사가 되었다. 그는 장막을 치고 그 장막 안에서 《춘추》를 강의했다. 제자 중, 전수를 받은 지가 오래 된 제자가 차례로 서로 학업學業 전수하니, 이 때문에 어떤 제자들은 동중서의 얼굴을 보지도 못했고, 거의 3년 동안이나 (장막 안에 들어앉은) 동중서는 자신의 정원을 구경하지 않았으니, 그 정진함이 이와 같았다. 나아가고 물러나고 하는 행동거지는 예禮가 아니면 행하지 않았고, 학사學士들은 모두 스승으로 존경했다.

지금의 주상 무제가 즉위하자 강도왕江都王의 재상이① 되었다. 《춘추》의 천재天災와 지이地異의 변화를 이용해서 음과 양이 뒤섞여 행하는 바를 미루어 헤아렸다. 이 때문에 비를 구할 때는 모든 양기를 닫고 모든 음기를 풀어놓았으며, 그 비를 그치게 할 때는 이와 반대로 했다. 한 나라에 이것을 행해서 일찍이 하고자 하는 바를 얻지 못하는 것이 없었다.

중도에 벼슬에서 파직되어 중대부中大夫가 되었으나 집에 머물러서 《재이지기》를 저술했다.

이때 요동遼東의 고묘高廟에 화재가 있었는데, 주보언이 동중서를 미워하여 그의 저서를 훔쳐서 무제에게 아뢰었다.② 무제가 여러 생도를 불러서 그의 글을 보여주자 풍자하고 기롱하는 것이었다. 동중서의 제자 여보서呂步舒③가 그것이 스승의 글인지를 알지 못하고 대단히 어리석은 짓이라고 했다. 이에 동중서를 옥리에게 하옥하도록 했는데 죽음에 해당했으나 조명詔命을 내려 사면되었다. 이에 동중서는 끝내 감히 다시는 천재天災와 지이地異의 설을 말하지 않았다.

董仲舒 廣川人也 以治春秋 孝景時爲博士 下帷講誦 弟子傳以久次相受業 或莫見其面 蓋三年董仲舒不觀於舍園 其精如此 進退容止 非禮不行 學士皆師尊之 今上即位 爲江都相① 以春秋災異之變推陰陽所以錯行 故求雨閉諸陽 縱諸陰 其止雨反是 行之一國 未嘗不得所欲 中廢爲中大夫 居舍 著災異之記 是時遼東高廟災 主父偃疾之 取其書奏之天子② 天子召諸生示其書 有刺譏 董仲舒弟子呂步舒③不知其師書 以爲下愚 於是下董仲舒吏 當死 詔赦之 於是董仲舒竟不敢復言災異

① 江都相강도상

색은 살펴보니 동중서는 이왕易王을 섬겼다. 이왕은 무제武帝의 형이다.

案 仲舒事易王 王 武帝兄也

② 取其書奏之天子취기서주지천자

집해 서광이 말했다. "건원建元 6년이다."

徐廣曰 建元六年

색은 살펴보니 《한서》에는 요동의 고묘高廟와 장릉長陵의 원전園殿에 화재가 있었다고 한다. 동중서는 《재이기》를 만들어 초록하고 아뢰지 않았는데 주보언이 몰래 아뢰었다.

案 漢書以爲遼東高廟及長陵園殿災也 仲舒爲災異記 草而未奏 主父偃竊而奏之

③ 舒서

집해 서광이 말했다. "다른 판본에는 '荼'로 되어있는데 또한 발음은 '서舒'이다."

徐廣曰 一作荼 亦音舒

동중서는 사람됨이 청렴하고 강직했다. 당시 한나라는 바야흐로 사방의 오랑캐들을 나라 밖으로 물리치고 있었다. 승상인 공손홍은 《춘추》를 익혔는데 동중서만 같지 못했다. 공손홍은 세상에 아부하며 세속에만 따르는 정치를 해서 지위는 공경에 이르렀다. 동중서는 공손홍을 아첨만을 따르는 사람이라고 했다. 공손홍도 동중서를 미워하고 이에 글을 올려서 말했다.

"유독 동중서만이 교서왕의 재상이 될 만합니다."

교서왕은 평소 동중서가 덕행이 있다는 소문을 듣고 또한 잘 대우했다. 동중서는 오래도록 죄를 얻을까 두려워하고 병으로 관직을 벗어나서 집에서 거처했다. 그 뒤로 죽음에 이를 때까지 가산을 돌보지 않았고 학문만을 닦으며 저술하는 데 힘을 다했다. 그러므로 한나라가 발흥해서 5대五代에 이르는 사이 오직 동중서만이

《춘추》에 통달했으며 그는 공양씨公羊氏[①]를 전傳했다.

董仲舒爲人廉直 是時方外攘四夷 公孫弘治春秋不如董仲舒 而弘希世用事 位至公卿 董仲舒以弘爲從諛 弘疾之 乃言上曰 獨董仲舒可使相膠西王 膠西王素聞董仲舒有行 亦善待之 董仲舒恐久獲罪 疾免居家至卒 終不治産業 以脩學著書爲事 故漢興至于五世之間 唯董仲舒名爲明於春秋 其傳公羊氏[①]也

① 公羊氏공양씨

신주 《공양전》을 뜻한다.

호무생胡毋生[①]은 제나라 사람이다. 효경제 때 박사가 되었다. 늙어서는 고향으로 돌아가 글을 가르쳤다.

제나라에서 《춘추》를 말하는 자들은 대부분 호무생에게서 배웠다. 공손홍 또한 자못 여기에서 전수傳受했다. 하구瑕丘의 강생江生은 곡량적穀梁赤의 《춘추전》를 공부했다. 공손홍으로부터 등용되어서 일찍이 그 뜻을 모아 비교했는데, 마침내는 동중서의 학설을 수용했다.[②]

동중서의 제자로 학문을 성취한 자는 난릉蘭陵의 저대褚大와 광천廣川의 은충殷忠[③]과 온溫 땅의 여보서呂步舒였다. 저대는 양梁나라 재상에 이르렀다. 여보서는 장사長史에 이르렀으며 지절사持節使[④]로 가서 회남왕의 옥사를 판결했는데, 제후가 제멋대로 판결하고[5] 보고하지 않는 것들을 《춘추》의 의義로 바로잡았다. 이에 천자(무제)는 모두 옳게 여겼다.

제자 중 통달한 자는 대부大夫에 임명되기에 이르렀다. 또 낭郎이 되고 알자謁者가 되고 장고掌故가 된 자들이 수백여 명이었다. 동중서의 아들과 손자들도 모두 학문으로써 큰 관직에 이르렀다.

胡毋生[1] 齊人也 孝景時爲博士 以老歸教授 齊之言春秋者多受胡毋生 公孫弘亦頗受焉 瑕丘江生爲穀梁 春秋 自公孫弘得用 嘗集比其義 卒用董仲舒[2] 仲舒弟子遂者 蘭陵褚大 廣川殷忠[3] 溫呂步舒 褚大至梁相 步舒至長史 持節使[4]決淮南獄 於諸侯擅專斷[5] 不報 以春秋之義正之 天子皆以爲是 弟子通者 至於命大夫 爲郎謁者掌故者以百數 而董仲舒子及孫皆以學至大官

① 胡毋生호무생

집해 《한서》에서 말한다. "자字는 자도子都이다."

漢書曰 字子都

② 嘗集比其義 卒用董仲舒상집비기의 졸용동중서

신주 강생江生이 《곡량전》과 《공양전》의 뜻을 모아 비교 연구했는데, 결국 동중서의 《공양전》의 뜻을 따랐다는 말이다.

③ 殷忠은충

집해 서광이 말했다. "은殷은 다른 판본에는 '단段' 또는 '하瑕'로 되어 있다."

徐廣曰 殷 一作段 又作瑕也

④ 持節使지절사

신주 천자에게 부절을 받아 파견되는 사신이다.

⑤ 擅專斷전전단

신주 자신이 하고 싶은 대로 판단한 것이다.

색은술찬 사마정이 펼쳐서 밝히다.

공자가 노쇠해지자 경서의 실마리가 어지러워졌다. 모든 6학을 말한 것은 한나라에서 비롯되었다. 공령功令이 내려지고 학관이 세워지자 사방에서 주먹을 불끈 쥐고 팔을 걷었다. 곡부曲阜의 대에서 벽이 헐자 《상서》와 《예》는 으뜸이 되었다. 《역》을 전하고 《시》를 말하니 구름이 오르고 안개가 흩어졌다. 변화가 일어 이치를 다하니 커다란 도리가 지극히 밝아졌구나!

孔氏之衰 經書緒亂 言諸六學 始自炎漢 著令立官 四方扼腕 曲臺壞壁 書禮之冠 傳易言詩 雲蒸霧散 興化致理 鴻猷克贊

사기 제122권 史記卷一百二十二

혹리열전 酷吏列傳

사기 제122권 혹리열전 제62

史記卷一百二十二 酷吏列傳第六十二

신주 사마천은 순리循吏에 상대되는 관념을 혹리酷吏로 규정하고 있는듯하다. 민의에 의한 공정公正성에 바탕을 두고 통치행위를 하는 것을 순리의 관념이라고 한다면, 제도에 의한 계합契合성에 바탕을 두고 통치행위를 하는 것을 혹리의 관념으로 보고 있기 때문이다.

그러나 사마천은 혹리를 비판의 대상으로 삼지는 않았다. 혹리란 통치행위에 있어 냉혹하거나 법을 왜곡 적용하는 관리로 인식하기보다는 원칙적이고 강직하게 임무를 수행하는 관리라는 인식으로 "관리들이 다스리는데, 불에 타고 있는 자를 구하려고 끓고 있는 물을 퍼 올리는 것과 같았으니, 용맹하고 건장하고 엄하고 혹독한 자가 아니라면 어찌 능히 그의 소임을 이겨내고 뜻을 흔쾌히 할 수 있었겠는가."라고 말하고 있는 것에서 이를 짐작할 수 있다. 즉 때로는 혹리도 필요하다고 역설한 것이다. 이로써 무제 때의 혹리 10인을 선정해서 그 사례를 거론하고 있다.

첫 번째 인물로 질도郅都를 꼽았다. 그는 낭郎으로서 효문제를 섬기고, 효경제 때 중랑장中郎將이 되어 권력자라 하더라도 피하지 않고 법조문대로 집행했다. 이에 열후와 종실들도 그를 '창응蒼鷹'이라고 부르며 눈치를 살폈다고 한다.

두 번째 인물로 영성寧成을 꼽았다. 경제 때 제남도위가 되었다가 중위로 옮겼는데, 법 집행이 엄격하여 질도를 두려워하는 것만큼이나 그를 두려워했다. 종실의 호걸들도 모두 이와 같았다.

세 번째 인물로 주양유周陽由를 꼽았다. 그는 왕의 종가宗家로서 낭郎이 되어 문제와 경제를 섬겼다. 무제가 즉위할 무렵에는 법에 따라 신중하게 다스리는 것을 숭상했으나 그 이후 좋아하는 자는 법을 어겨서라도 살려주고, 미워하는 자는 법을 왜곡시켜서라도 죽일 정도로 편견이 심했다. 냉혹하기로는 급암에 비길 만했다는 평이다.

네 번째 인물로 조우趙禹를 꼽았다. 무제 때 태중대부에 이르렀다. 청렴한 것으로 등용하여 공평하긴 했으나, 법을 적용하는데 지극히 엄격했던 관리였다.

다섯 번째 인물로 장탕張湯을 꼽았다. 그가 형옥刑獄을 맡아 진황후의 무고옥巫蠱獄과 회남왕淮南王 모반사건 등을 치죄할 때, 법조문을 왜곡하거나 엄격하게 적용해서 혹리의 대명사로 불릴 정도였다.

그 외에도 여섯 번째 인물로 의종義縱, 일곱 번째 인물로 왕온서王溫舒, 여덟 번째 인물로 윤제尹齊, 아홉 번째 인물로 감선減宣, 마지막 인물로 두주杜周의 사례를 거론해서 기술하고 있다.

이에 사마천이 평설評說하기를 "이 10여 명 가운데 그 청렴한 자들은 족히 의표儀表로 삼을 만하고, 그 더러운 자들은 족히 경계로 삼을 만하다."라고 했다. 이러한 차원에서 이를 통해 순리와 혹리 간 어떠한 차이가 있는지 비교해 볼 직하다.

제一장

보라매 질도의 무리

공자가 말했다.

"정치로써 인도하고 형벌로써 똑같게 해준다면 백성이 (형벌을) 면할 수는 있으나[①] 부끄러워함은 없을 것이다. 덕으로 인도하고 예로써 똑같게 해 준다면 백성은 부끄러워하고 또한 바르게 될 것이다.[②]"

노자가 말했다.

"최상의 덕은 덕스럽지 않으니 이 때문에 덕이 있는 것이다. 최하의 덕은 덕을 잃지 않으니 이 때문에 덕이 없는 것이다. 법령이 더 많아지면 도적들도 많아지게 된다.[③]"

孔子曰 導之以政 齊之以刑 民免[①]而無恥 導之以德 齊之以禮 有恥且格[②] 老氏稱 上德不德 是以有德 下德不失德 是以無德 法令滋章 盜賊多有[③]

① 免면

집해 공안국이 말했다. "면免은 구차하게 면하는 것이다."

孔安國曰 免 苟免也

② 孔子曰～有恥且格공자왈～유치차격

집해 하안何晏이 말했다. "격格은 정正이다."

何晏曰 格 正也

신주 《논어》〈위정〉 문장이다.

③ 老氏稱～盜賊多有노씨칭～도적다유

신주 《노자》 제38장에 있는 문장이다.

태사공은 말한다. 진실하도다! 이러한 말씀들이여! 법령이란 다스리는 것의 도구이기는 하지만 청탁淸濁을 제재하여 다스리는 근원은 아니다. 옛날 천하의 법망은 일찍이 촘촘했었다.[①] 그러나 간사하고 거짓된 것들이 싹터서 그 극에 이르러서는 상하가 서로 숨어 떨쳐 일어나지 못하는 데에 이르렀다.

이때 관리들이 다스리는데, 불에 타고 있는 자를 구하려고 끓고 있는 물을 퍼올리는 것[②]과 같았으니, 용맹하고 건장하고 엄하고 혹독한 자가 아니었다면 어찌 능히 그의 소임을 이겨내고 뜻을 흔쾌히 할 수 있었겠는가. 도덕을 말하는 자들도 그의 직무에 함익浛溺 있을 뿐이다. 그러므로 공자께서 "송사를 듣는 것은 나도 남과 같겠지만 나는 반드시 송사 자체가 없도록 할 것이다.[③]"라고 하고 또 "하사下士는 도道를 들으면 크게 비웃는다.[④]"라고 했다. 이 말은 빈말이 아니다.

太史公曰信哉是言也 法令者治之具 而非制治淸濁之源也 昔天下之網

嘗密矣[①] 然姦僞萌起 其極也 上下相遁 至於不振 當是之時 吏治若救火揚沸[②] 非武健嚴酷 惡能勝其任而愉快乎 言道德者 溺其職矣 故曰聽訟 吾猶人也 必也使無訟乎[③] 下士聞道大笑之[④] 非虛言也

① 天下之網嘗密矣 천하지망상밀의

색은 옛날 천하의 그물(법망)은 일찍이 조밀했다. 살펴보니 《염철론》에서 말한다. "진秦나라 법은 엉기어 굳어 있는 지방脂肪보다 조밀하다."

昔天下之罔嘗密矣 案 鹽鐵論云 秦法密於凝脂

② 救火揚沸 구화양불

색은 근본의 폐단이 없어지지 않게 되면 그 끝을 중지시키기가 어렵다는 것을 말한 것이다.

言本弊不除 則其末難止

신주 불에 타는 사람을 구한다고 끓는 물을 퍼 올리는 격을 말한다.

③ 故曰~必也使無訟乎 고왈필야사무송호

신주 《논어》 〈안연〉의 문장이다.

④ 下士聞道大笑之 하사문도대소지

신주 《노자》 제41장의 문장이다.

한나라가 발흥하여 모난 것을 깨뜨려 둥근 것으로 만들고[①] 아로 새긴 것들을 깎아서 소박하게 만들었다.[②] 배를 삼킬 만한 물고기도 그물에서 샐 정도였지만, 관리의 다스림이 홍성해져 간사함에 이르지 않았고 백성은 잘 다스려지고 안정되었다. 이로 말미암아 살펴본다면 저 도덕에 있는 것이지 이 형벌에 있지 않았다.[③]
고후高后(呂后) 때 혹독한 관리는 오직 후봉侯封뿐이었는데, 종실을 심각하게 짓밟고 공신들을 침범하고 욕보였다. 여씨들이 이울고 무너지자 마침내 후봉의 집안은 멸족되었다.
효경제 때 조조鼂錯는 가혹하고 엄격한 것으로써 자못 술수를 부려서 자질을 발휘했다. 이에 7국의 반란을 일어나 조조에게 분노하니 조조는 마침내 죽임을 당했다. 그 후에 질도郅都와 영성寧成의 무리가 있었다.
漢興 破觚而爲圜[①] 斲雕而爲朴[②] 網漏於呑舟之魚 而吏治烝烝 不至於姦 黎民艾安 由是觀之 在彼不在此[③] 高后時 酷吏獨有侯封 刻轢宗室 侵辱功臣 呂氏已敗 遂(禽)〔夷〕侯封之家 孝景時 鼂錯以刻深頗用術輔其資 而七國之亂 發怒於錯 錯卒以被戮 其後有郅都寧成之屬

① 破觚而爲圜파고이위환

집해 《한서음의》에서 말한다. "고觚는 방方(모서리)이다."

漢書音義曰 觚 方

색은 응소가 말했다. "고觚는 8개의 모서리에 우隅(모퉁이)가 있는 것이다. 고조高祖가 진秦나라 정치에 반대하고 팔각八角진 것을 부수고 원형을 만들 듯, 그 엄격한 법을 없애고 3장三章의 약법으로 제정했을 뿐이다."

應劭云 觚 八棱有隅者 高祖反秦之政 破觚爲圜 謂除其嚴法 約三章耳

② 斲雕而爲朴착조이위박

색은 응소가 말했다. "깎아서 아로새긴 것으로 박璞을 만든 것이다." 진작이 말했다 "조凋는 폐弊이다. 조폐凋弊한 풍속을 단절시키고 다스려 도리어 질박하게 한 것이다."

應劭云 削琱爲璞也 晉灼云 凋 弊也 斲理凋弊之俗 使反質樸

③ 在彼不在此재피부재차

집해 위소가 말했다. "도덕에 있고 엄혹한 데 있지 않은 것이다."

韋昭曰 在道德 不在嚴酷

질도郅都는[1] 양楊 땅[2]에 사는 사람이다. 낭郎으로서 효문제를 섬겼다. 효경제 때 질도는 중랑장中郎將이 되어서 감히 직간으로 얼굴을 맞대고 조정에서 대신들을 꺾었다. 일찍이 주상을 따라 상림원上林苑에 간 적이 있었다. 그때 가희賈姬[3]가 변소에 갔는데 멧돼지가 갑자기 변소로 뛰어들었다. 주상이 질도에게 눈짓을 했지만 질도는 가지 않았다. 주상이 스스로 병기를 가지고 가희를 구하려고 하자 질도가 주상 앞에 엎드려 말했다.

"한 사람의 희姬를 잃게 되면 다시 한 사람의 희姬가 추천될 것입니다. 천하에 어찌 가희와 같은 여인이 적겠습니까? 폐하께서 스스로 가볍게 하시면 종묘와 태후는 어찌할 것입니까?"

郅都者[①] 楊[②]人也 以郎事孝文帝 孝景時 都爲中郎將 敢直諫 面折大臣於朝 嘗從入上林 賈姬[③] 如廁 野彘卒入廁 上目都 都不行 上欲自持兵救賈姬 都伏上前曰 亡一姬復一姬進 天下所少寧賈姬等乎 陛下縱自輕 柰宗廟太后何 上還 彘亦去 太后聞之 賜都金百斤 由此重郅都

① 郅都者질도자

색은 郅의 발음은 '질質'이다.

郅音質

② 楊양

집해 서광이 말했다. "하동河東에 속한다."

徐廣曰 屬河東

색은 《한서》에서 말한다. "하동河東의 대양大陽 사람이다."

漢書云 河東大陽人

정의 《괄지지》에서 말한다. "옛 양성楊城은 본래 진秦나라 때의 양국楊國이고, 한나라 양현성楊縣城이며, 지금의 진주晉州 홍동현洪洞縣이다. 수隋나라에 이르러 양楊이 되었고, 당唐나라 초기에는 고쳐 홍동洪洞으로 삼았으며 옛 홍동진洪洞鎭으로 이름을 삼았다. 진秦나라와 한나라에서는 모두 하동군에 속했다. 질도의 묘는 홍동현 동남쪽 20리에 있다." 《한서》에서 "질도는 하동의 대양大陽 사람이다."라고 했는데, 반고班固의 잘못이 심하다. 대양大陽은 지금의 섬주陝州 하북현河北縣이 이곳이고 또 하동군에 속하기도 한다.

括地志云 故楊城本秦時楊國 漢楊縣城也 今晉州洪洞縣也 至隋爲楊 唐初改爲

洪洞 以故洪洞鎭爲名也 秦及漢皆屬河東郡 郅都墓在洪洞縣東南二十里 漢書云 郅都 河東大陽人 班固失之甚也 大陽 今陜州河北縣是 亦屬河東郡也

③ 賈姬가희

색은 살펴보니 희姬는 조왕趙王 팽조彭祖를 낳았다.

案 姬生趙王彭祖也

제남濟南의 한씨瞯氏[①] 들은 종인宗人들이 300여 가家나 되는데 오만하고 교활해서 2,000석二千石의 관리가 제지할 수 없었다. 이에 경제가 실노를 제수하여 제남태수로 삼았다. 질도가 제남에 이르러 즉시 한씨 집안의 우두머리 일가족을 멸하자 나머지는 무서워서 덜덜 다리를 떨었다.[②]

한 해 남짓 만에 군 안에는 길에 떨어진 물건도 주워가지 않았다. 곁의 10여 명의 군수들은 질도를 두려워하기를 관청의 상관 대하듯 했다. 질도는 사람됨이 용맹하고 기력氣力이 있었으며, 공정하고 청렴해서 (질도 개인 앞으로 오는) 사사로운 편지는 열어 보지 않았다. 문안 인사나 보내오는 것은 받지도 않았으며, 사사로운 청탁을 들어주는 일이 없었다.

항상 자신을 저울질하여 말하기를 "이미 어버이에게서 멀리 떠나 벼슬을 하니, 이 몸은 굳게 직분을 받들며 관직 아래에서 순절할 것이다."라고 하고 마침내 처자들도 돌아보지 않았다.

濟南瞯氏[①]宗人三百餘家 豪猾 二千石莫能制 於是景帝乃拜都爲濟南

太守 至則族滅瞯氏首惡 餘皆股栗[2] 居歲餘 郡中不拾遺 旁十餘郡守畏都如大府 都爲人勇 有氣力 公廉 不發私書 問遺無所受 請寄無所聽 常自稱曰 已倍親而仕 身固當奉職死節官下 終不顧妻子矣

① 瞯氏한씨

집해 《한서음의》에서 말한다. "瞯의 발음은 '한閒'이고 어린아이의 경풍이다."

漢書音義曰 瞯音閒 小兒癇病也

색은 순열荀悅은 瞯의 발음을 '한閑'이라고 하고, 추씨와 유씨도 모두 동일한 발음이라고 했다.

荀悅音閑 鄒氏劉氏音竝同也

② 股栗고율

집해 서광이 말했다. "넓적다리가 떨려 요동하는 것이다."

徐廣曰 髀腳戰搖也

질도는 옮겨서 중위中尉가 되었다. 승상 조후條侯(周亞夫)는 지극히 귀하고 거만하게 행했는데, 질도는 승상에게도 읍揖만 하고 절을 하지 않았다. 이때의 백성은 소박해서 죄를 두려워하고 스스로 자중했다. 그러나 질도만 유독 엄혹嚴酷함을 우선으로 삼고 법을 집행함에 이르러서는 귀한 종실의 친척들이라도 피하지 않았다.

이에 열후와 종실이 질도를 보면 곁눈질로 보며 '창응蒼鷹(보라매)'이라고 불렀다.
임강왕臨江王이 조정으로 소환되어 중위부中尉府에 나아가서 장부를 대조하여 조사를 받았다. 임강왕은 도필刀筆(붓)을 얻어서 글을 써 주상에게 사죄하려 했으나, 질도는 관리에게 주는 것을 금지했다. 위기후魏其侯가 사람을 보내 몰래 임강왕에게 붓을 주었다. 임강왕이 이윽고 글을 써서 주상에게 사죄하고 이어서 자살했다. 두태후가 듣고 노여워하며 엄한 법으로 질도에 적용함으로써[①] 질도는 면직되어 집으로 돌아갔다.
郅都遷爲中尉 丞相條侯至貴倨也 而都揖丞相 是時民朴 畏罪自重 而都獨先嚴酷 致行法不避貴戚 列侯宗室見都側目而視 號曰 蒼鷹 臨江王徵詣中尉府對簿 臨江王欲得刀筆爲書謝上 而都禁吏不予 魏其侯使人以間與臨江王 臨江王旣爲書謝上 因自殺 竇太后聞之 怒 以危法中[①]都 都免歸家

① 中중

색은 살펴보니 중中은 통상적인 음으로 읽는다. 법에 적중되어 손상되는 것을 이른 것이다.
案 中 如字 謂以法中傷之

효경제는 이에 사신에게 절부節符를 지니고 가서 질도를 제수해서 안문鴈門 태수로 삼게 하고, 곧 그 길로 관직에 임하게 하고 편의대로 일을 처리할 수 있도록 했다. 흉노는 평소 질도의 절의節義를 듣고서 변방에 거처하다가 군사들을 이끌고 떠나가서 끝내 질도가 죽을 때까지 안문에 가까이하지 않았다. 흉노는 (질도에 대한 두려움을 없애려고) 심지어 허수아비① 로 질도의 형상을 만들어 세워 놓고 기병들에게 치달리며 쏘도록 했으나 아무도 적중시키지 못했다. 질도를 꺼리는 것이 이와 같았으니 흉노에게는 그것이 우환거리였다. 이에 두태후는 마침내 질도를 한나라 법을 적용하여 (죽이게) 하니 경제가 말했다.

"질도는 충신입니다."

(질도를) 석방시키려 하자 두태후가 말했다.

"임강왕은 충신이 아니었던가요?"

이에 마침내 질도를 참수했다.

孝景帝乃使使持節拜都爲鴈門太守 而便道之官 得以便宜從事 匈奴素聞郅都節 居邊 爲引兵去 竟郅都死不近鴈門 匈奴至爲偶人①象郅都 令騎馳射莫能中 見憚如此 匈奴患之 竇太后乃竟中都以漢法 景帝曰 都忠臣 欲釋之 竇太后曰 臨江王獨非忠臣邪 於是遂斬郅都

① 寓人우인

색은 《한서》에는 "우인상寓人象"으로 되어 있다. 살펴보니 우寓는 곧 우偶이고 나무로 우상을 새긴 것이 사람의 형상과 비슷한 것을 이른다. 일설에는 사람의 형상을 나무에 붙인 것이라고 했다.

漢書作寓人象 案 寓卽偶也 謂刻木偶類人形也 一云寄人形於木也

영성寧成[1]은 양穰 땅[2] 사람이다. 낭郎과 알자謁者로서 경제를 섬겼다. 기개를 좋아하여 남의 낮은 관리가 되어서는 반드시 그 상관을 능멸하고, 남의 윗사람이 되어서도 부하를 다루는 것을[3] 젖은 장작을 묶듯 하였다.[4] 교활하고 잔인했으며 멋대로 위엄을 부렸다.

차츰 옮겨서 제남濟南 도위都尉[5]에 이르렀는데, 당시에 질도가 제남태수로 있었다. 처음에 전의 여러[6] 도위는 모두 걸어서 태수의 부府로 들어가 부의 관리를 따라 태수를 뵈었는데, 마치 현령을 배알하는 것처럼 했으니, 그들이 질도를 두려워 한 것이 이와 같았다.

영성이 이르러서 곧바로 질도를 능멸하고 그 위에 있었다. 질도는 평소 영성에 대한 소문을 들었으므로 이에 잘 대우하고 함께 좋은 관계로 지냈다. 한참 지나서 질도가 죽고 그 뒤로 장안의 좌우에 있는 종친들이 마구 범법행위를 드러내자, 이에 주상이 영성을 불러서 중위[7]로 삼았다. 그의 다스림은 질도를 본받았는데, 그 청렴함은 그와 같지 못했다. 그러나 종실 사람들이나 호걸들도 모두 떨며 두려워했다.

寧[1]成者 穰[2]人也 以郎謁者事景帝 好氣 爲人小吏 必陵其長吏 爲人上操[3]下如束濕薪[4] 滑賊任威 稍遷至濟南都尉[5] 而郅都爲守 始前數[6]都尉皆步入府 因吏謁守如縣令 其畏郅都如此 及成往 直陵都出其上 都

素聞其聲 於是善遇 與結驩 久之 郅都死 後長安左右宗室多暴犯法 於是上召寧成爲中尉⑦ 其治效郅都 其廉弗如 然宗室豪桀皆人人惴恐

① 寧녕

집해 서광이 말했다. "영寧은 다른 판본에는 '영甯'으로 되어 있다."

徐廣曰 寧 一作甯

② 穰양

집해 서광이 말했다. "남양군에 속한다."

徐廣曰 屬南陽

③ 操조

색은 操의 발음은 '초[七刀反]'이다. 조操는 집執이다.

操音七刀反 操 執也

④ 如束溼薪여속습신

집해 서광이 말했다. "어떤 판본에는 이 글자가 없다." 살펴보니 위소는 "급한 것을 말한다."라고 했다.

徐廣曰 一無此字 駰案 韋昭曰 言急也

신주 젖은 나무를 묶듯이 하는 것은 곧 급한 것을 이른다.

⑤ 都尉도위

정의 〈백관표〉에는 "군郡의 위尉는 진秦나라 관직이며 태수의 무직武

職의 갑졸甲卒들을 관장하고 보좌하며 녹봉은 2,000석에 견주고, 승丞이 있으며 녹봉은 모두 600석이고 경제의 중원中元 2년에 이름을 고쳐 도위라고 하다."라고 했다. 주周나라 사마司馬와 같다.

百官表云 (都)〔郡〕尉 秦官 掌佐守典武職甲卒 秩比二千石 有丞 秩皆六百石 景帝中二年更名都尉 若周之司馬

⑥ 數수

색은 數의 발음은 '수[所注反]'이다.

數音所注反

⑦ 中尉중위

정의 〈백관표〉에서 말한다. "중위中尉는 진秦나라 관직이고 경사京師의 순찰을 관장했으며, 무제 태초太初 원년에 이름을 고쳐 집금오執金吾라고 하다." 안사고가 말했다. "금오金吾는 새의 이름이며 상서롭지 못한 것을 주관해서 다스린다. 천자가 출행出行하면 직분으로 선도先道를 주관하고 비상非常을 막는다. 이 때문에 이 새의 상象을 잡고 간다. 이에 따라 관직의 이름으로 한 것이다."

百官表云 中尉 秦官 掌徼循京師 武帝太初元年更名執金吾 顔云 金吾 鳥名也 主辟不祥 天子出行 職主先道 以禦非常 故執此鳥之象 因以名官

무제가 즉위하자 옮겨 내사內史가 되었다. 외척들이 영성의 단점들을 많이 헐뜯었는데, 죄에 저촉되어 머리를 깎고 목에 항쇄項鎖가 채워졌다. 이 당시에 구경九卿의 벼슬에 있는 자들은 죽을 죄에 해당하면 즉시 자살해서 형을 받는 경우는 아주 적었다.

영성은 극형이 이루어지면 스스로 다시 거두어 주지 않을 것으로 여겼다. 이에 항쇄를 벗어 버리고① 거짓으로 전傳을 새겨 만들어서② 관문을 나가 집으로 돌아갔다. 집으로 돌아와 말했다.

"벼슬해서 2,000석에 이르지도 못하고 장사를 해서 1,000만 금을 쌓지 못한다면 어찌 남들과 비교할 수 있겠는가?"

이에 돈을 빌려서③ 비탈진 곳의 밭 1,000여 경頃을 구매하고 가난한 백성에게 빌려주어 수천 명의 소작인을 부렸다. 여러 해가 지나서야 사면을 받았다.

가산을 수천 금으로 늘리고 협객이 되어 관리들의 장단점을 파악하고, 출동할 때면 수십여 명의 기병이 따르게 했다. 영성은 백성을 부리는 위엄이 군수보다 높았다.

武帝卽位 徙爲內史 外戚多毁成之短 抵罪髡鉗 是時九卿罪死卽死 少被刑 而成極刑 自以爲不復收 於是解脫① 詐刻傳②出關歸家 稱曰 仕不至二千石 賈不至千萬 安可比人乎 乃貰貸③買陂田千餘頃 假貧民 役使數千家 數年 會赦 致産數千金 爲任俠 持吏長短 出從數十騎 其使民威重於郡守

① 解脫해탈

색은 앞 글자 解의 발음은 '개[紀買反]'이고 뒷 글자 脫의 발음은 '탈[他

活反]'이다. 차꼬를 벗어 버린 것을 이른다.

上音紀買反 下音他活反 謂脫鉗釱

② 刻傳각전

신주 전傳은 관문을 통행하는 문서이다. 나무 판위에 문자를 새겨놓은 것인데, 궐문을 출입할 때 일종의 통행증 역할을 했다.

③ 貰貸세대

색은 앞 글자 貰의 발음은 '샤[食夜反]'이다. 세貰는 사賖(외상거래)이고 또 貰의 발음은 '세勢'이다. 뒷 글자 貸의 발음은 '특[天得反]'이다.

上音食夜反 貰 賖也 又音勢 下音天得反

신주 외상으로 거래함을 뜻한다.

주양유周陽由는 그의 아버지가 조겸趙兼이다. 조겸은 회남왕淮南王의 외삼촌으로 주양周陽의 제후가① 되었다. 그러므로 이에 따라 주양씨周陽氏가 되었다. 주양유는 왕의 종가宗家②로서 낭郎이 되어 효문제와 효경제를 섬겼다. 경제 때에는 주양유는 군郡의 태수가 되었다.

무제가 즉위하자 관리들의 다스림은 순리를 따르면서 매우 조심하는 것을 숭상했다. 그러나 주양유는 2,000석二千石의 관리 가운데서도 가장 포악하고 잔인하며 거만하고 방자했다. 자신이 사랑하는 자들은 법을 굽혀서라도 살려주었고, 미워하는 자들은 법을 왜곡시키면서까지 처벌하여 없앴다. 거처하는 군郡에는 반드시 그곳의 호걸들을 멸족시켰다. 태수가 되어서는 도위都尉를 보고 현령縣令 대하듯 했고, 도위가 되어서는 반드시 태수를 능멸하고 권리를 빼앗아 다스렸다.

周陽由者 其父趙兼以淮南王舅父侯周陽① 故因姓周陽氏 由以宗家② 任爲郞 事孝文及景帝 景帝時 由爲郡守 武帝卽位 吏治尙循謹甚 然由居二千石中 最爲暴酷驕恣 所愛者 撓法活之 所憎者 曲法誅滅之 所居郡 必夷其豪 爲守 視都尉如令 爲都尉 必陵太守 奪之治

① 侯周陽후주양

집해 서광이 말했다. "주양후周陽侯가 된 5년, 효문제 6년에 나라가 없어졌다."

徐廣曰 侯五年 孝文六年國除

정의 주양周陽의 고성故城은 강주絳州 문희현聞喜縣 동쪽 29리에 있다.

周陽故城在絳州聞〔喜〕縣東二十九里

② 宗家종가

색은 살펴보니 국가의 외척外戚의 인속姻屬(혼인)과 함께 종실宗室에 비견된다. 이 때문에 "종가宗家"라고 한 것이다.

案 與國家有外戚姻屬 比於宗室 故曰 宗家也

(주양유는) 급암과 함께 모두 고집스러웠고① 사마안司馬安은 문법文法으로 (남을) 해쳤는데,② 모두 2,000석의 반열에 있었으나, 함께 수레를 타면 일찍이 감히 같은 자리에 앉은 적이 없었다.③

주양유는 뒤에 하동의 도위가 되어 당시의 하동태수인 승도공勝屠公④과 더불어 권세를 다투는데 서로가 상대방의 죄를 말해 고발했다. 승도공은 죄에 저촉되자 의로써 형벌을 받지 않고 자살했으며 주양유는 기시棄市되었다.

영성과 주양유 이후 사건이 더욱 많아졌고 백성도 법을 교묘하게 피해 나가자, 대체로 관리들은 다스리는 유형이 영성이나 주양유와 같은 방법을 많이 이용했다.

與汲黯俱爲忮① 司馬安之文惡② 俱在二千石列 同車未嘗敢均茵伏③ 由後爲河東都尉 時與其守勝屠公④爭權 相告言罪 勝屠公當抵罪 義不受刑 自殺 而由棄市 自寧成周陽由之後 事益多 民巧法 大抵吏之治類多成由等矣

① 忮기

집해 《한서음의》에서 말한다. "굳게 해치는 것이다."

漢書音義曰 堅忮也

② 文惡문악

집해 《한서음의》에서 말한다. "문법文法으로써 남을 해치는 것이다."

漢書音義曰 以文法傷害人

③ 均茵伏균인복

집해 서광이 말했다. "《한서》에는 복伏은 '빙馮' 자로 되어 있다. 복伏은 식軾(수레 앞턱 가로막대)이다."

徐廣曰 漢書作馮 伏者 軾

색은 살펴보니 균均은 등等이다. 인茵은 수레의 깔개이다. 복伏은 거식車軾(伏軾)이다. 두 사람이 주양유와 함께 한 대의 수레에 타고 가는 것을 말한다. 오히려 감히 동등하게 수레의 깔개를 수레 앞턱의 가로막대에서 함께하지 않고 아래에 자리하는 것을 이른다. 《한서》에는 '복伏'은 '빙憑' 자로 되어 있다.

案 均 等也 茵 車蓐也 伏 車軾也 言二人與由同載一車 尙不敢與之均茵軾也 謂下之也 漢書 伏作憑也

④ 勝屠公승도공

색은 《풍속통》에서 말한다. "승도勝屠는 곧 신도申屠이다."

風俗通云 勝屠卽申屠

조우趙禹는 태漦 땅[1] 사람이다. 좌사佐史로서 중도관中都官[2]에 보임되었다. 청렴함으로 등용되었고, 영사令史가 되어 태위太尉인 주아부周亞夫를 모셨다. 주아부가 승상이 되자 조우는 승상사가 되었는데, 승상부 안에서 모두 그가 청렴하고 공평하다고 했다. 그러나 주아부는 신임하지 않고 말했다.

"지극히 조우가 (법을) 해치는 일이 없는 것을[3] 알고는 있으나 문법을 적용함이 심각해서④ 높은 부서에 있는 것은 불가하다."
지금의 주상 때, 조우는 도필리刀筆吏(말단관리)로서 공로를 쌓아 차츰 승진해 어사御史가 되었고, 무제가 능력이 있다고 여겨서 태중대부에 이르렀다.
장탕과 함께 여러 법령을 논하여⑤ 정하고 견지법見知法을 만들어 관리들이 전하여 서로를 감찰하게 했다. 법을 적용하는 것들이 더욱 심각해졌는데 대개가 조우로부터 시작되었다.
趙禹者 斄①人 以佐史補中都官② 用廉爲令史 事太尉亞夫 亞夫爲丞相 禹爲丞相史 府中皆稱其廉平 然亞夫弗任 曰 極知禹無害③ 然文深④ 不可以居大府 今上時 禹以刀筆吏積勞 稍遷爲御史 上以爲能 至太中大夫 與張湯論⑤定諸律令 作見知 吏傳得相監司 用法益刻 蓋自此始

① 斄태

집해 서광이 말했다. "부풍扶風에 속한다. 斄의 발음은 '태台'이다."
徐廣曰 屬扶風 音台

색은 斄의 발음은 '태胎'이다. 태현斄縣은 부풍에 속한다.
音胎 斄縣屬扶風

정의 斄의 발음은 '태胎'이다. 옛 태성斄城은 옹雍의 무공현武功縣 서남쪽 22리에 있다. 옛 태국邰國이고 후직后稷을 봉한 곳이며 한나라 태현斄縣이다.
音胎 故斄城在雍武功縣西南二十二里 古邰國 后稷所封 漢斄縣也

② 中都官중도관

색은 살펴보니 경사京師의 여러 관부의 관리를 이른다.

案 謂京師諸官府吏

정의 경도京都의 부사府史와 같다.

若京都府史

③ 無害무해

색은 소림이 말했다. "편당함이 없음을 말한 것이니 대개는 그가 공평하다는 것을 이른 것이다."

蘇林云 言若無比也 蓋云其公平也

④ 文深문심

집해 《한서음의》에서 말한다. "조우趙禹가 문법文法을 가지고 심각하게 했다."

漢書音義曰 禹持文法深刻

⑤ 論론

집해 서광이 말했다. "논論은 다른 판본에는 '편編'으로 되어 있다."

徐廣曰 論 一作編

제二장

무제가 아낀 장탕

장탕張湯은 두杜 땅[1] 사람이다. 그의 아버지는 장안長安의 승丞이었다. 아버지가 외출하자 장탕이 아이로서 집을 지켰다. 그의 아버지가 집에 돌아왔는데, 집 안에 있는 고기를 쥐가 훔쳐 갔다. 장탕의 아버지가 노여워하고 장탕을 매질하니, 장탕은 쥐가 들어간 굴을 파고 도둑질한 쥐와 나머지 고기를 찾아냈다. 쥐가 훔친 죄를 조사해서 이에 문서를 증거로 삼고, 국문하여 논한 죄를 보고하며[2] 아울러 쥐와 훔쳐 간 고기를 취하여 죄목을 갖추고 당하堂下에서 책형磔刑에 처했다.[3]
장탕의 아버지는 그가 하는 행동을 보고, 또한 그의 아들이 꾸민 조서가 노련한 옥리가 만든 것과 같은 것을 보고, 매우 놀라서 마침내 장탕에게 옥사의 판결문[4]을 쓰게 했다. 아버지가 죽은 뒤에 장탕은 장안의 관리가 되어 오랫동안 있었다.
張湯者 杜[1]人也 其父爲長安丞 出 湯爲兒守舍 還而鼠盜肉 其父怒 笞湯 湯掘窟得盜鼠及餘肉 劾鼠掠治 傳爰書 訊鞫論報[2] 幷取鼠與肉 具獄磔堂下[3] 其父見之 視其文辭如老獄吏 大驚 遂使書獄[4] 父死後 湯爲長安吏 久之

① 杜두

집해 서광이 말했다. "이때에는 능陵을 만들지 않았다."

徐廣曰 爾時未爲陵

② 傳爰書 訊鞫論報전원서 신국론보

집해 소림이 말했다. "죄수를 취조해서 증명하는 것을 이른다. 원爰은 역易(바꾸다)이다. 이 문서를 가지고 진술하는 곳을 바꾸는 것이다. 국鞫은 궁窮(다하다)이다." 장안이 말했다. "전傳은 취조해서 증명하는 것이다. 문서를 바꾸어서 이 말과 같지 않은지를 스스로 증명하여 어긋나면 그 죄 받게 된다. 신문하고 취조한 것을 3일 만에 다시 이를 물어서 전에 한 말과 같은지 같지 않은지를 알아내는 것이다. 국鞫은 한 관리가 장계를 읽게 되면 논하여 그 행실을 알리는 것이다."

蘇林曰 謂傳囚也 爰 易也 以此書易其辭處 鞫 窮也 張晏曰 傳 考證驗也 爰書自證不如此言 反受其罪 訊考三日復問之 知與前辭同不也 鞫 一吏爲讀狀 論其報行也

색은 위소가 말했다. "원爰은 환換이다. 옛날에는 무거운 형벌일 경우 (피고를) 아끼는지, 미워함이 있는지를 의심하여, 이 때문에 옥獄의 송장을 바꾸어 다른 관리에게 실질을 조사하게 하는 것이다. 그러므로 '전원서傳爰書'(취조해 증명한 문서를 서로 바꾼다)라고 한다."

韋昭云 爰 換也 古者重刑 嫌有愛惡 故移換獄書 使他官考實之 故曰傳爰書也

③ 獄磔堂下옥책당하

집해 등전이 말했다. "죄가 갖추어진 것이다."

鄧展曰 罪備具

④ 書獄서옥

집해 여순이 말했다. "옥사를 결정하는 문서이다. 율령律令을 이른다."
如淳曰 決獄之書 謂律令也

주양후[1] 전승田勝(왕태후의 동생)이 처음으로 제경諸卿이 되었을 때 (그는) 일찍이 장안의 감옥에 갇혀 있었는데, 장탕은 자신의 온 힘을 쏟아 그를 위했다.[2] 출옥하여 나가 후작이 됨에 이르러서 크게 장탕과 친교를 맺고, 두루 장탕을 귀인들과 만나 보게 했다. 장탕이 내사內史에서 일하게 되어 영성寧成의 아전이 되었다. 그는 장탕이 해를 끼치는 일이 없다고 여기고 대부大府에 말해 주었다. 승상부에서 그를 골라 뽑아서 무릉위茂陵尉로 삼아 방중方中[3]을 다스리게 했다.
무안후武安侯 전분田蚡이 승상이 되자 장탕을 불러서 사史로 삼고, 때마다 천자에게 추천하여 어사御史를 보필하며 일을 살피도록 했다. 진황후陳皇后의 무고巫蠱(저주) 옥사를 치죄하게 했는데,[4] 그 일당들을 깊숙이 살펴서 찾았다. 이에 무제가 능력이 있다고 여기고 점점 옮겨서 태중대부에 이르게 했다.
周陽侯[1]始爲諸卿時 嘗繫長安 湯傾身爲之[2] 及出爲侯 大與湯交 徧見湯貴人 湯給事內史 爲寧成掾 以湯爲無害 言大府 調爲茂陵尉 治方中[3] 武安侯爲丞相 徵湯爲史 時薦言之天子 補御史 使案事 治陳皇后蠱獄[4] 深竟黨與 於是上以爲能 稍遷至太中大夫

① 周陽侯주양후

집해 서광이 말했다. "전승田勝이다. 무제 어머니인 왕태후王太后의 동모제同母弟이다. 무제가 처음으로 제위에 오르자 봉해서 주양후周陽侯로 삼았다."

徐廣曰 田勝也 武帝母王太后之同母弟也 武帝始立而封爲周陽侯

② 傾身爲之경신위지

집해 위소가 말했다. "앞서거니 뒤서거니 그를 위한 것이다."

韋昭曰 爲之先後

③ 方中방중

집해 《한서음의》에서 말한다. "방중方中은 능陵 위에 흙으로 모나게 만든 것이다. 장탕이 주관해서 다스렸다." 소림이 말했다. "천자가 즉위하면 미리 능陵을 만들고 휘諱하는 것이다. 그러므로 '방중方中'이라고 말했다." 여순이 말했다. "대부大府는 막부幕府이다. 무릉위茂陵尉는 능陵 만드는 것을 주관하는 위관尉官이다." 위소가 말했다. "태부太府는 공부公府이다."

漢書音義曰 方中 陵上土作方也 湯主治之 蘇林曰 天子即位 豫作陵 諱之 故言方中 如淳曰 大府 幕府也 茂陵尉 主作陵之尉也 韋昭曰 太府 公府

④ 治陳皇后蠱獄치진황후고옥

신주 무제 원광元光 5년(서기전 130년), 진황후陳皇后 무고 사건을 말한다. 경제景帝 때, 그의 누나 장공주長公主가 딸 진아교陳阿嬌를 태자비妃로 삼으려 했다. 그러나 태자의 모친 율희栗姬의 반대하자 장공주가 자신의 신분을 이용해 경제에게 이간질로 태자를 폐하게 하고, 교동왕을 태자로 삼게 하여 진아교와 결혼시켰다. 무제가 즉위하자 진황후로 봉해졌고, 혼인 후 10여 년이 지나도록 자식이 없었으며, 다른 비빈妃嬪들도 후손이 없었다. 그런데 어느 날 무제가 여동생인 평양후平陽侯에 들렀다가 평양후의 집에 있는 가녀歌女 위자부衛子夫에게 마음을 빼기게 되었고, 위자부는 성은聖恩을 입어 아들 유거劉據를 낳는다. 이로써 진황후의 질투가 시작되는데, 그녀는 황후 자리를 보전하기 위해 무당 초복楚服 등을 불러 '무고巫蠱'를 벌였다. 이에 발각되어 무당 초복은 효수에 처해지고, 이와 연루되어 처형된 사람만도 300여 명이나 되었고, 진황후는 연금되었다.

조우와 함께 여러가지 율령律令을 제정했는데 법률의 조문을 세밀하게 하여 직분을 지키는 관리들을 얽어매었다.① 이윽고 조우는 옮겨서 중위中尉가 되었다가 다시 옮겨서 소부少府가 되었다. 장탕은 정위廷尉가 되어 두 사람이 서로 친교를 맺고 형으로 조우를 섬겼다.
조우는 사람됨이 청렴하면서도 거만했다. 관리가 된 이래로 그의 관사에는 식객食客이 없었다. 또 공경公卿들이 서로 조우를 만나려고 청해도 조우는 끝내 보답하거나 사례하지 않았다. 아는 친구나 빈객들의 청을 거절하여 홀로 뜻을 한결같이 행하는 데 힘쓸 뿐이었다. 법조문을 보면 바로 취하고 또한 다시 조사하지 않았으며, 관속들의 알려지지 않은 죄를 찾아냈다.
與趙禹共定諸律令 務在深文 拘守職之吏① 已而趙禹遷爲中尉 徙爲少

府 而張湯爲廷尉 兩人交驩 而兄事禹 禹爲人廉倨 爲吏以來 舍毋食客 公卿相造請禹 禹終不報謝 務在絶知友賓客之請 孤立行一意而已 見文法輒取 亦不覆案 求官屬陰罪

① 拘守織之吏구수직지리

집해 소림이 말했다. "직분을 지키는 관리를 체포해서 해치는 것이다."
蘇林曰 拘刻於守職之吏

장탕은 사람됨이 거짓이 많았고 잔꾀로① 사람들을 부렸다.② 처음 말단 관리가 되어 이익을 도모해서③ 그때 장안의 부자상인 전갑田甲, 어옹숙魚翁叔④의 무리와 사사로운 교제를 했다.
장탕이 구경九卿의 반열에 이르자 천하의 이름 있는 사대부들을 거두어 접대하고 자신의 마음에 들지 않을지라도 겉으로는 사모하는 척했다. 이때 무제가 한창 문학을 지향하고 있었는데, 장탕이 큰 옥사를 판결하며 옛날의 뜻에 부합⑤하고자 했다. 이에 박사의 제자 중 《상서》와 《춘추》를 익힌 자들을 청해서 정위의 사史로 보임하고 의심스러운 법을 공평하게⑥ 하도록 했다.
湯爲人多詐 舞智①以御人② 始爲小吏 乾沒③ 與長安富賈田甲魚翁叔④之屬交私 及列九卿 收接天下名士大夫 己心內雖不合 然陽浮慕之 是時上方鄉文學 湯決大獄 欲傅⑤古義 乃請博士弟子治尙書春秋補廷尉史 亭⑥疑法

① 舞智무지

신주 잔꾀를 이른다.

② 御人어인

집해 위소가 말했다. "남을 제어制御하는 것이다."

韋昭曰 制御人

③ 乾沒건몰

집해 서광이 말했다. "세력을 따라 출세하기도 하고 부침하기도 한다." 살펴보니 복건이 말했다. "성공과 실패를 맞추는 것이다." 여순이 말했다. "이익을 얻는 것은 건乾이라고 하고 이익을 잃는 것을 몰沒이라고 한다."

徐廣日 隨勢沈浮也 駰案 服虔曰 射成敗也 如淳曰 得利爲乾 失利爲沒

색은 여순이 말했다. "이익을 얻는 것을 건乾이라고 하고, 이익을 잃는 것을 몰沒이라 한다."

如淳曰 得利爲乾 失利爲沒

정의 이 두 사람의 설명은 틀린 것이다. 살펴보니 건몰乾沒은 윤택하게 이르는 것이 없어 타인의 것을 취하는 것을 이른다. 또 이르기를 겉으로 떠받드는 체하는 것이 건乾이 되고 내심內心으로 합당하지 않은 것이 몰沒이 된다.

此二說非也 按 乾沒謂無潤及之而取他人也 又云陽浮慕爲乾 心內不合爲沒也

④ 魚翁叔어옹숙

집해 서광이 말했다. "성姓이 어魚이다."

徐廣曰 姓魚也

⑤ 傅부

색은 傅의 발음은 '부附'이다.

傅音附

⑥ 亭정

집해 이기가 말했다. "정亭은 평平이며 균均이다."

李奇曰 亭 平也 均也

색은 정사廷史는 정위廷尉의 관리이다. 정亭은 평平이다. 의문스러운 일을 공평하게 하라고 시킨 것이다.

廷史 廷尉之吏也 亭 平也 使之平疑事也

> 의심스러운 옥사를 평의해서 아뢸 때는 반드시 미리 먼저 주상을 위해 그의 근원을 분별했다. 주상께서 옳다고 한 것을 받아서 판결을 적어 정위에게 본받아 판결하게 하고,① 널빤지에 기록해 놓아 황제의 현명함을 드러나게 했다.
> 일을 아뢰다 곧 꾸짖음을 당하면 장탕은 응하여 사죄하고② 황제의 의향에 편리한 대로 했다. 이때는 반드시 정正과 감監과 연사掾史들 중 어진 자들을③ 이끌고 가서 말했다.
> "진실로 신의 의논이 주상께서 신에게 요구한 것과 같아야 했는데, 신이 쓰지 않아 어리석음이 여기에 이른 것입니다.④"

이에 그의 죄는 항상 용서를 받았다. 제制을 받고 일을 아뢰어서,⑤ 황제가 칭찬하면 그는 말했다.
"신이 이렇게 아뢸 줄 알지 못합니다. 이는 바로 정正과 감監과 연사掾史 중에 아무개가 만든 것입니다."
그는 관리들을 추천하며 남의 좋은 것을 드러내고, 남의 과실을 가려주고자 하는 것이 이와 같았다.
奏讞疑事 必豫先爲上分別其原 上所是 受而著讞決法廷尉 絜令①揚主之明 奏事卽譴 湯應②謝 鄕上意所便 必引正監掾史賢者③ 曰 固爲臣議如上責臣 臣弗用 愚抵於此④ 罪常釋(聞)⑤〔閒〕卽奏事 上善之 曰 臣非知爲此奏 乃正監掾史某爲之 其欲薦吏 揚人之善蔽人之過如此

① 廷尉 絜令정위 결령

집해 위소가 말했다. "직첩을 깨끗이 하는 데 있다."
韋昭曰 在板絜

정의 살펴보니 율령律令을 이른다. 옛날에는 판板에 글을 썼다. 주상이 옳게 여기는 바를 드러내어 바른 옥송으로 삼아 정위에서 법령을 공평하게 판결하게 하여 임금의 밝은 감식안을 드러냈음을 말한 것이다.
按 謂律令也 古以板書之 言上所是 著之爲正獄 以廷尉法令決平之 揚主之明監也

② 應응

집해 서광이 말했다. "응應은 다른 판본에는 '권權'으로 되어 있다."
徐廣曰 應 一作權

③ 正監掾史賢者정감연사현자

정의 〈백관표〉에서 말한다. "정위는 진나라 관직이다. 정감正監, 좌감左監, 우감右監이 있고 모두 녹봉이 1,000석이다." 살펴보니 주상이 곧 꾸짖으면 장탕이 응대하고 사죄해서 주상의 뜻과 같이해서 반드시 정正, 감監 등의 현명한 자를 이끌어 (이들이) 본래 신에게 건의한 것은 주상의 뜻과 같았는데 신이 수용하지 않아 우매하게 따르지 않아 이에 이르렀다는 것이다.

百官表云 廷尉 秦官 有正左右監 皆秩千石也 按 上即責 湯應對謝之如上意 必引正監等賢者本爲臣建議如上意 臣不用 愚昧不從至此也

④ 抵於此저어차

집해 소림이 말했다. "군주가 여러 연掾의 말을 사용하지 않은 까닭에 그러므로 이에 이르렀다."

蘇林曰 主坐不用諸掾語 故至於此

⑤ 聞문

집해 서광이 말했다. "조詔는 대답하고 듣는 것이며 지금의 제制를 '문聞'이라고 하는 것과 같다." 살펴보니 신찬이 말했다. "항상 근원을 보는 것을 이른다."

徐廣曰 詔 答聞也 如今制曰聞矣 駰案 瓚曰謂常見原

치죄함에 곧 주상의 뜻이 죄를 주고 싶어 하면 감監이나 사史 중에 엄격하고 모진 자에게 넘겨주고, 주상의 뜻이 죄를 주지 않고 풀어주고 싶어 하면 감監과 사史 중에 가볍고 공평하게 평결하는 자에게 넘겨주었다. 치죄함에 호족들에게 이르면 반드시 법을 교묘하게 해 죄에 이르게 했고, 곧 가난한 사람이나 허약한 자에게는 때때로 입으로 말을 해 "비록 법에 죄가 되기는 하지만 주상께서는 헤아려 살펴주십시오.[①]"라고 했다.
이에 이따금 장탕이 말한 사람들은 석방되었다.[②] 장탕이 대리大吏(대관)에 이르자 안으로 행동을 닦았다. 빈객들과 음식도 나누며 언어를 통했다. 옛 친구의 자제들이 관리가 되거나 가난한 형제들에 이르기까지 골고루 보살피는 것을 너욱 두텁게 했다. 또 여러 공公을 초청하고 방문할 적에는 추위와 더위를 피하지 않았다. 이 때문에 장탕이 비록 법을 가혹하게 집행하고 사람을 의심하고 꺼리어 불공평하게 사건을 처리한 적이 있었으나, 그래도 이 같은 좋은 명성을 얻을 수 있었다. 그리고 가혹하게 법 집행을 하였던 관리 중에 그의 손발이 되었던 대부분의 사람들은 모두 유학에 의지하는 선비들이었다. 승상 공손홍도 누차 장탕의 훌륭함을 칭찬하였다.

所治卽上意所欲罪 予監史深禍者 卽上意所欲釋 與監史輕平者 所治卽豪 必舞文巧詆卽下戶羸弱 時口言 雖文致法 上財察[①] 於是往往釋湯所言[②] 湯至於大吏 內行脩也 通賓客飮食 於故人子弟爲吏及貧昆弟 調護之尤厚 其造請諸公 不避寒暑 是以湯雖文深意忌不專平 然得此聲譽 而刻深吏多爲爪牙用者 依於文學之士 丞相弘數稱其美

① 上財察상재찰

집해 이기가 말했다. "먼저 주상을 뵙고 입으로 말을 하고 가볍게 평결하고자 한 것이다."

李奇曰 先見上 口言之 欲與輕平也

② 釋湯所言석탕소언

집해 이기가 말했다. "장탕이 입으로 먼저 말한 바는 모두 용서하여 풀어주었다."

李奇曰 湯口所先言皆見原釋

회남왕, 형산왕, 강도왕의 역모한 옥사를 치죄할 적에는 모두 그 근본을 파헤쳤다. 엄조嚴助, 오피伍被를 무제가 석방하려고 하자 이에 장탕이 간언해서 말했다.

"오피는 본래 모반을 획책했고, 엄조는 친히 총애를 받고 궁중을 마음대로 출입하는 손발과 같은 신하인데, 도리어 제후와 사사로이 내통한 것이 이와 같으니, 처벌하지 않는다면 뒤에는 다스릴 수 없을 것입니다."

이에 무제가 논죄하라고 했다. 그가 옥사를 치죄하는 데에는 대신들을 배척하고 자신의 공로로 삼는 이런 유형이 많았다. 이에 장탕이 더욱 존중되고 신임이 있어 옮겨서 어사대부[①]가 되었다.

及治淮南衡山江都反獄 皆窮根本 嚴助及伍被 上欲釋之 湯爭曰 伍被本畫反謀 而助親幸出入禁闥爪牙臣 乃交私諸侯如此 弗誅 後不可治

於是上可論之 其治獄所排大臣自爲功 多此類 於是湯益尊任 遷爲御史大夫①

① 御史大夫어사대부

집해 서광이 말했다. "원수元狩 2년이다."

徐廣曰 元狩二年

때마침 혼야왕渾邪王 등이 항복해 왔다. 한나라에서 크게 군사를 일으켜 흉노를 정벌하던 차였다. 산동山東 지방에서는 가뭄과 수재가 일어 가난한 백성이 유리걸식하며 모두 관청에서 구호해 주기를 바랐으나 관청의 창고는 텅텅 비어 있었다. 이에 장탕이 주상의 뜻을 받들어 백금白金과 오수전五銖錢을 만드는데 천하의 소금과 철을 농단하여 부자가 된 상인과 큰 장사치들을 배제했다. 고민령告緡令①을 내려 호족들이나 세도를 겸병한 집안을 뿌리 뽑고, 법을 희롱하여 교묘하게 이용하는 것을 들추어서 (치죄하는) 법을 보완하자고 청했다.
장탕이 매양 조회에서 사건을 아뢸 때마다 국가의 재용을 말하자 해가 저물도록 황제는 경청하고 식사하는 것도 잊었다. 승상은 자리를 채우고 있을 뿐,② 천하의 일들은 모두 장탕이 결정했다. 백성은 그 삶이 불안정해 소요를 일으켰고, 조정에서 일으킨 사업은 그 이익을 얻지 못하였으며, 간사한 관리들은 모두 고기

잡아들이듯 (백성의 이익을) 착취했다. 이에 법으로 죄를 엄격하게 적용하자 곧 공경으로부터 아래로 서인에 이르기까지 모두 장탕을 손가락질했다. 장탕이 일찍이 병이 들었던 적이 있었는데, 천자가 몸소 병을 살피고자 이를 정도로 그의 귀함이 이와 같았다.

會渾邪等降 漢大興兵伐匈奴 山東水旱 貧民流徙 皆仰給縣官 縣官空虛 於是丞上指 請造白金及五銖錢 籠天下鹽鐵 排富商大賈 出告緡令[①] 鉏豪彊幷兼之家 舞文巧詆以輔法 湯每朝奏事 語國家用 日晏 天子忘食 丞相取充位[②] 天下事皆決於湯 百姓不安其生 騷動 縣官所興 未獲其利 姦吏竝侵漁 於是痛繩以罪 則自公卿以下 至於庶人 咸指湯 湯嘗病 天子至自視病 其隆貴如此

① 告緡令고민령

정의 緡의 발음은 '민岷'이다. 돈꿰미이다. 무제는 사이四夷를 정벌하는 데 국가의 비용이 부족했다. 그러므로 백성의 전택田宅, 선승船乘, 축산畜産, 노비奴婢 등에 세금을 물려 모두 공평하게 돈의 수를 만들어 매양 1,000전錢으로 1산算을 하고 한 등급을 내게 했는데, 상인은 배倍를 내게 했다. 만약에 숨기고 세금을 내지 않아 고발이 있으면 절반은 신고한 사람에게 주고 나머지 절반은 관청으로 들이는 것을 민緡이라고 이른다. 이러한 영令을 내려 호족이나 강성한 집안이나 겸병하는 부상富商이나 대고大賈의 집안에 쌓인 것을 뽑아냈다. 일산一算은 120문文이다.

緡音岷 錢貫也 武帝伐四夷 國用不足 故稅民田宅船乘畜産奴婢等 皆平作錢數 每千錢一算 出一等 賈人倍之 若隱不稅 有告之 半與告人 餘半入官 謂緡 出此令 用鋤築豪強兼幷富商大賈之家也 一算 百二十文也

신주 돈꿰미를 고발하는 법령이다. 민緡은 한나라 때 돈꿰미를 뜻하며 1,000전을 한 꿰미에 꿰어 1관貫이라고 하고 1관마다 20전의 세금을 내는 것이다. 이를 신고하지 않은 자를 고발하면 압수한 돈의 절반을 주는 법령이다.

② 丞相取充位승상취충위

집해 서광이 말했다. "당시에는 이채李蔡와 장청적莊青翟은 승상이 되었다."

徐廣曰 時李蔡莊青翟爲丞相

흉노가 와서 화친을 청하자 여러 신하가 무제 앞에서 논의했다.
박사 적산狄山이 말했다.
"화친하는 것이 유리합니다."
무제가 그 유리한 점을 묻자 적산이 대답했다.
"병기란 흉기입니다. 가벼이 자주 동원함이 쉽지 않습니다. 고제께서 흉노를 정벌하고자 했는데 평성에서 크게 곤욕을 당하시고 이에 마침내 화친을 맺었습니다. 효혜제와 고후高后 때에는 천하가 안락했습니다. 효문제 때에 이르러 흉노를 정벌하고자 해 북쪽의 변방이 떠들썩하게 전쟁에 시달렸습니다. 효경제 때에는 오吳와 초楚 등 7개국이 반란을 일으켜 경제께서 두 궁宮의 사이를 왕래하고 부심腐心하시며 몇 달 동안을 지내셨습니다. 오와 초 등 7개국이 이미 무너져서 끝내 경제께서 군사 일을 말씀하지 않으시자 천하는 부유하고 충만해졌습니다. 지금 폐하께서 군사를 일으켜 흉노를 공격한다면 중원은 텅 비게 되고, 변방의 백성은 크게 곤궁해져 가난해질 것입니다. 이러한 것으로 말미암아 살펴본다면 화친하는 것만 같지 못할 것입니다."

匈奴來請和親 群臣議上前 博士狄山曰 和親便 上問其便 山曰 兵者凶器 未易數動 高帝欲伐匈奴 大困平城 乃遂結和親 孝惠高后時 天下安樂 及孝文帝欲事匈奴 北邊蕭然苦兵矣 孝景時 吳楚七國反 景帝往來兩宮間 寒心者數月 吳楚已破 竟景帝不言兵 天下富實 今自陛下擧兵擊匈奴 中國以空虛 邊民大困貧 由此觀之 不如和親

무제가 장탕에게 물었다. 장탕이 대답했다.

"이는 어리석은 유학자로 무지한 것입니다."

적산이 말했다.

"신은 진실로 어리석은 충성을 하고 있으나 어사대부 장탕 같은 이는 거짓 충성을 하는 것입니다. 장탕이 회남과 강도를 다스렸던 것과 같은 것은 엄격한 법조문으로 제후들을 통렬하게 비난하여 골육지간을 갈라놓아 번신藩臣에게 스스로 불안하게 했습니다. 신은 진실로 장탕이 거짓 충성을 하는 것을 알고 있습니다."

이에 무제가 얼굴에 노기를 띠고 물었다.

"내가 한 군郡의 군수로 보내 살게 한다면 능히 오랑캐들이 쳐들어와 노략질을 못하게 할 수 있겠는가?"

적산이 말했다.

"할 수 없습니다."

"한 현의 현령으로 살게 한다면?"

"할 수 없습니다."

다시 말했다.

"변방의 한 요새에 살게 한다면?[1]"

적산은 스스로 대답이 궁색해지면 또 옥리에게 하옥하라고 할 것임을 헤아리고 대답했다.

"할 수 있습니다."

이에 적산을 변방의 한 요새로 보내 오랑캐들을 지키게 했다. 한 달 남짓 되자 흉노들이 요새의 장벽에 이르러 적산의 목을 베어 갔다. 이후로부터 모든 신하들이 두려워하고 떨었다.

上問湯 湯曰 此愚儒 無知 狄山曰 臣固愚忠 若御史大夫湯乃詐忠 若湯之治淮南江都 以深文痛詆諸侯 別疏骨肉 使蕃臣不自安 臣固知湯之爲詐忠 於是上作色 曰 吾使生居一郡 能無使虜入盜乎 曰 不能 曰 居一縣 對曰 不能 復曰 居一障間[1] 山自度辯窮且下吏 曰 能 於是上遣山乘鄣 至月餘 匈奴斬山頭而去 自是以後 群臣震慴

① 居一障間거일장간

정의 장障은 요새 위의 험준한 요처에 별도로 성을 쌓고 이사吏士를 두어서 지키고 도적을 막는 곳이다.

障謂塞上要險之處別築城 置吏士守之 以扞寇盜也

장탕의 빈객 전갑田甲은 비록 장사치였으나 현명하고 지조도 있었다. 처음 장탕이 낮은 관리였을 때 금전을 거래하였는데[①] 장탕이 대리大吏가 되자 전갑은 장탕이 의義를 행하는데 과실이 있으면 질책했으니, 또한 열사烈士의 풍도가 있었다. 장탕이 어사대부가 된 지 7년이 되어서 자리에서 물러났다.

하동河東 사람 이문李文은 일찍이 장탕과 더불어 사이가 좋지 않았다. 이문은 이윽고 어사중승御史中丞이 되어 원한을 풀기 위해 자주 문서 안에 어사대부 장탕을 해칠 수 있는 것들을 찾았는데 여지로 삼을 만한 것이 없었다.

장탕이 총애하는 속관으로는 노알거魯謁居가 있었다. 노알거는 장탕이 불평이 있다는 것을 알고 사람을 시켜 유언비어의 변고를 올려 이문의 간사한 일들을 알리게 했다. 사건이 장탕에게 내려지자 장탕이 논죄하여 이문을 죽였는데 장탕은 마음속으로 노알거가 알린 것을 알고 있었다.

무제가 말했다.

"변고를 말한 단서가 어디에서 생겼는가?"

장탕이 거짓으로 놀라는 척하며 말했다.

"이것은 아마도 이문의 옛 친구가 원한이 있어서 한 것일 것입니다."

이 뒤에 노알거가 병이 들어서 마을의 주인집에서 눕는 신세가 되었다. 장탕이 몸소 가서 질병을 살펴보고 노알거를 위해 발을 주물러 주었다.

湯之客田甲 雖賈人 有賢操 始湯爲小吏時 與錢通[①] 及湯爲大吏 甲所以責湯行義過失 亦有烈士風 湯爲御史大夫七歲 敗 河東人李文嘗與

湯有卻 已而爲御史中丞 恚 數從中文書事有可以傷湯者 不能爲地 湯有所愛史魯謁居 知湯不平 使人上蜚變告文姦事 事下湯 湯治論殺文而湯心知謁居爲之 上問曰 言變事縱跡安起 湯詳驚曰 此殆文故人怨之 謁居病臥閭里主人 湯自往視疾 爲謁居摩足

① 與錢通여전통

집해 서광이 말했다. "이익 때문에 사귀는 것이다."

徐廣曰 以利交

조나라는 야철冶鐵을 주된 사업으로 삼았는데 조왕이 철관鐵官의 일을 여러 차례 송사했으나 장탕은 늘 조왕趙王을 배제했다. 이에 조왕은 장탕의 비밀을 캐고 있었는데 노알거가 일찍이 조왕을 조사했으므로 조왕이 원한을 가지고 있었다. 이에 함께 글을 올려서 고발해 말했다.

"장탕은 대신입니다. 그의 속관 노알거가 병이 있는데 장탕이 이르러 노알거의 발을 안마해 주었습니다. 의심컨대 함께 큰 음모를 꾸미고 있습니다."

이 사건이 정위에게 내려졌다. 노알거가 병으로 죽자 사건이 그의 아우에게까지 연결되었다. 그의 아우는 도관導官[①]에 갇히게 되었다. 장탕이 또한 다른 죄수를 취조하는 것을 도관에서 했는데, 노알거의 동생을 보고는 몰래 도와주고자 하였으나 겉으로는 모르는 척했다. 노알거의 동생은 이를 알지 못한 채 장탕을 원망하고 사람을 시켜서 글을 올려서 장탕과 노알거가 함께 모의해서 이문의 변고 사건을 고발했다고 했다. 사건이 감선減宣에게 내려졌다. 감선은 일찍이 장탕과 사이가 나빴다. 이러한 사건을 맡게 되자 그 사건을 끝까지 다 파헤쳐 조사만 하고 아직 보고하지는 않았다.

趙國以冶鑄爲業 王數訟鐵官事 湯常排趙王 趙王求湯陰事 謁居嘗案趙王 趙王怨之 幷上書告 湯 大臣也 史謁居有病 湯至爲摩足 疑與爲大姦 事下廷尉 謁居病死 事連其弟 弟繫導官[1] 湯亦治他囚導官 見謁居弟 欲陰爲之 而詳不省 謁居弟弗知 怨湯 使人上書告湯與謁居謀 共變告李文 事下減宣 宣嘗與湯有卻 及得此事 窮竟其事 未奏也

① 導官도관

집해 여순이 말했다. "태관太官의 별도 관청이고 술을 주관한다."

如淳曰 太官之別也 主酒

때마침 어떤 사람이 효문원孝文園에서 예전瘞錢[1]을 도굴한 사건이 있었는데 승상 청적靑翟이 조회하여 장탕과 함께 사죄할 것을 약속했다. 주상 앞에 이르러서 장탕이 생각하기에 유독 승상만이 네 계절에 원園을 순찰하므로 승상만이 사과해야지 장탕 자신은 관계가 없다고 여기고 사죄하지 않았다. 승상만이 사죄하자 주상이 어사를 시켜서 그 일을 조사하라고 했다.
장탕이 승상을 견지죄見知罪②로 얽어서 처리하려고 하자 승상이 근심했다. 승상 밑의 3명의 장사長史들은 모두 장탕을 해롭게 여겨서 죄에 빠뜨리고자 했다.
會人有盜發孝文園瘞錢① 丞相青翟朝 與湯約俱謝 至前 湯念獨丞相以四時行園 當謝 湯無與也 不謝 丞相謝 上使御史案其事 湯欲致其文丞相見知② 丞相患之 三長史皆害湯 欲陷之

① 瘞錢예전

집해 여순이 말했다. "원릉園陵의 무덤에 돈을 묻어서 죽음을 송별하는 것이다."
如淳曰 瘞埋錢於園陵以送死

신주 지신地神에 제사하고 묻는 돈으로 곧 죽은 자를 위해 묻는 돈이다.

② 見知견지

집해 장안이 말했다. "보고 알면서도 고의로 놓았다가 그 죄를 가지고 죄를 주는 것이다."
張晏曰 見知故縱 以其罪罪之

신주 견지법見知法이다. 관리가 백성의 범죄를 보고도 검거하지 아니할 때는 그 관리도 똑같이 처벌하는 법이다. 장탕에 의해서 처음으로 만들어졌다.

그 전에 장사長史 주매신朱買臣[1]은 회계會稽 사람이다. 그는《춘추》를 읽었다. 장조莊助는 사람을 시켜 주매신을 황제에게 말하게 했다. 주매신은《초사楚辭》[2]도 능해서 장조와 함께 황제의 총애를 받고 무제를 모시면서 태중대부太中大夫가 되어 정사를 맡았다. 이때 장탕은 말단 관리가 되어 주매신 등의 앞에서 무릎을 꿇고 심부름을 했었다. 이윽고 장탕이 정위가 되자 회남왕의 옥사를 다스렸는데, 이때 장조를 배제하자 주매신이 진실로 마음속으로 원망했다. 장탕이 어사대부에 이르렀을 때 주매신은 회계태수가 되었으며 다시 주작도위主爵都尉가 되어 구경九卿에 반열에 올랐다. 수년이 지나서 법에 연좌되어 승상의 임시 장사長史가 되어 있었다. 장탕을 만났는데 장탕은 침상에 걸터앉아서 승丞과 사史를 대하듯 주매신을 예로써 대우하지 않았다. 이에 주매신은 초나라 명사名士로[3] 깊이 원한을 품고서 항상 죽이고자 했다.

始長史朱買臣[1] 會稽人也 讀春秋 莊助使人言買臣 買臣以楚辭[2]與助俱幸 侍中 爲太中大夫 用事 而湯乃爲小吏 跪伏使買臣等前 已而湯爲廷尉 治淮南獄 排擠莊助 買臣固心望 及湯爲御史大夫 買臣以會稽守爲主爵都尉 列於九卿 數年 坐法廢 守長史 見湯 湯坐牀上 丞史遇買臣弗爲禮 買臣楚士[3]深怨 常欲死之

① 朱買臣주매신

정의 주매신朱買臣은 오吳 땅 사람이다. 이때 소주蘇州는 회계군會稽郡이었다.

朱買臣 吳人也 此時蘇州爲會稽郡也

② 楚辭초사

신주 굴원屈原의 사부辭賦와 그의 문하생들과 후생들의 글을 모은 저서이다.

③ 楚士초사

정의 주周나라 말기에 월왕越王 구천句踐이 오吳나라를 멸망시켰고, 초위왕楚威王은 월越나라를 멸망시켰다. 이에 오吳나라 땅은 모두 초나라에 소속되었다. 그러므로 주매신을 초나라 선비라고 이른 것이다.

周末越王句踐滅吳 楚威王滅越 吳之地總屬楚 故謂朱買臣爲楚士

왕조王朝는 제나라 사람이다. 술법術法에 능통해서 우내사右內史에 이르렀다. 장사長史 변통邊通은 장단술長短術을 배웠으며[①] 성질이 강직하고 포악해서 사람을 강압했다. 관직은 제남濟南의 재상에 두 번 이르렀다. 이전에는 모두 장탕보다 지위가 높았으나,[②] 얼마 후 관직을 잃고 임시로 장사가 되어 장탕에게 허리를 굽혔다.[③] 장탕은 자주 승상의 일을 행하면서 이 세 사람의 장사長史들이 평소 귀한 신분인 것을 알면서도 항상 능멸하고 꺾었다. 이 때문에 3명의 장사長史들이 함께 모의해서 말했다.

"처음에는 장탕이 군君(승상)과 함께 사죄할 것을 약속하고 얼마 후 군(승상)을 농락했다. 지금 또 군(승상)을 종묘의 일로써 탄핵하려는데, 이는 군(승상)을 대신하려는 것일 뿐이다. 우리는 장탕의 몰래 저지른 일을 알고 있다."

이에 관리를 시켜 장탕의 증거[4]가 될 수 있는 전신田信 등을 체포해서 조사케 했다. 전신이 말했다.
"장탕이 장차 주청하고자 하면 저는 번번이 먼저 알고 물건을 사두었다가 부를 이루어 장탕과 함께 나누었으며 그 밖의 이익이 발생하는 일도 함께함에 이르렀습니다."
이러한 사건의 말들이 번번이 무제에게 알려졌다. 이에 무제가 장탕에게 물었다.
"짐이 하려는 일을 장사치들이 번번이 먼저 알아차리고 그 물건들을 더욱 사들였으니, 이런 유형의 것들은 나의 계책을 알려주는 자가 있는 것이다."
장탕이 사과하지 않았다. 장탕이 또 놀란 체하며 말했다.
"진실로 마땅히 있는 줄 압니다."
감선이 또한 노알거 등의 사건들을 아뢰었다.
王朝 齊人也 以術至右內史 邊通 學長短[1] 剛暴彊人也 官再至濟南相 故皆居湯右[2] 已而失官 守長史 詘[3]體於湯 湯數行丞相事 知此三長史素貴 常淩折之 以故三長史合謀曰 始湯約與君謝 已而賣君 今欲劾君以宗廟事 此欲代君耳 吾知湯陰事 使吏捕案湯左[4]田信等 曰湯且欲奏請 信輒先知之 居物致富 與湯分之 及他姦事 事辭頗聞 上問湯曰 吾所爲 賈人輒先知之 益居其物 是類有以吾謀告之者 湯不謝 湯又詳驚曰固宜有 減宣亦奏謁居等事

① 學長短학장단

집해 《한서음의》에서 말한다. "장단술長短術은 6국六國시대에 일어났다. 길게 행하기도 하고 짧게 들어가기도 해서 그의 말이 오류인 것을 숨겨서 서로 격노하게 만든다."

漢書音義曰 長短術興於六國時 行長入短 其語隱謬 用相激怒

신주 장단술長短術이다. 임기응변의 술術이니, 곧 유세술이다.

② 右우

신주 고대에는 좌左보다 우右가 신분상 지위가 높았다.

③ 詘굴

신주 굴詘은 '굽다, 굽히다'의 의미다. 여기서는 신분상 지위가 낮음을 표현 말이다.

④ 左좌

집해 《한서음의》에서 말한다. "좌左는 증좌證左이다."

漢書音義曰 左 證左也

정의 장탕과 전신田信이 유교의 종지에 어긋나는 사귐을 말한 것이다. 그러므로 "좌전신등左田信等"이라고 말한 것이다.

言湯與田信爲左道之交 故言左田信等

무제는 과연 장탕이 거짓을 품고 면전에서 속인다고 여겼다. 이에 8명의 사람을 시켜서 장부①를 가지고 장탕을 문책하게 했다. 장탕은 증거를 갖추어 스스로 그러한 것이 없다고 말하고 복종하지 않았다. 이에 무제가 조우趙禹에게 장탕을 문책하게 했다. 조우가 이르러 장탕을 꾸짖어 말했다.

"군君은 어찌하여 분수를 알지 못하오. 군이 치죄하여 가족들을 멸망시킨 자가 몇 사람이나 되는지 아시오? 지금 사람들이 군君이 모두 죄상이 있다고 말합니다. 천자께서도 군의 옥사를 다룸에 중죄일 것이니, 군에게 스스로 결단하도록 바라고 계십니다. 많은 장부의 기록으로 대답을 해본들 무슨 소용이 있겠소."

장탕이 이에 글을 써서 사죄해 말했다.

"저는 한 자 한 치의 공로가 없고 도필의 관리로서 일어나 폐하께서 총애하시어 삼공이 되는 데 이르렀는데 책임을 다할② 수가 없습니다. 그러나 저를 죄에 빠뜨린 자들은 3명의 장사長史입니다."

드디어 자살했다. 장탕이 죽었는데 장탕의 집안 재산은 500금에 지나지 않았다. 모두가 녹봉으로 받은 것이거나 하사품이었고 다른 사업의 수입은 없었다.

형제와 여러 아들이 장탕의 장례를 후하게 지내고자 하자 장탕의 어머니가 말했다.

"장탕이 천자의 대신大臣이 되어 남의 더러운 말을 듣고 죽었는데 어떻게 후하게 장례를 치르겠느냐?"

소가 끄는 수레에 시체를 실었는데, 관만 있고 덧널은 없었다. 무제가 듣고 말했다.

"이 어머니가 아니었다면 이런 아들을 낳지 못했을 것이다."

이에 모두 조사해서 3명의 장사들을 처단케 했다. 승상인 청적靑翟은 자살했다. 전신田信은 석방되었다.

무제는 장탕이 죽은 것을 애석하게 여기고 그의 아들 장안세를 점진적으로 승진시켰다.

天子果以湯懷詐面欺 使使八輩簿[①]責湯 湯具自道無此 不服 於是上使趙禹責湯 禹至 讓湯曰 君何不知分也 君所治夷滅者幾何人矣 今人言君皆有狀 天子重致君獄 欲令君自爲計 何多以對簿爲 湯乃爲書謝曰 湯無尺寸功 起刀筆吏 陛下幸致爲三公 無以塞責[②] 然謀陷湯罪者 三長史也 遂自殺 湯死 家産直不過五百金 皆所得奉賜 無他業 昆弟諸子欲厚葬湯 湯母曰 湯爲天子大臣 被汙惡言而死 何厚葬乎 載以牛車 有棺無椁 天子聞之 曰 非此母不能生此子 乃盡案誅三長史 丞相靑翟自殺 出田信 上惜湯 稍遷其子安世

① 簿부

집해 소림이 말했다. "簿의 발음은 '주부主簿'의 '부簿'이고 모두 문책한 것이다."

蘇林曰 簿音主簿之簿 悉責也

② 塞責색책

신주 책임을 다한다는 뜻이다.

조우는 중간에 벼슬에서 물러났다가 뒤에 다시 정위가 되었다. 처음에 조후條侯 주아부가 조우는 사악하고 엄격한 인물로 여겨서 신임하지 않았다. 조우가 소부少府가 되어 구경九卿에 견주어지자 이때부터 조우는 엄혹하고 조급했다. 만년에 이르러서는 사건이 더욱 많아졌는데, 다른 관리들은 엄준히 하는 것에 힘쓰는데도 조우의 다스림은 더욱 너그러워져 공평하다는 평판이 있었다. 왕온서王溫舒 등이 뒤에 일어났는데 치죄하는 것이 조우보다 혹독했다. 조우는 늙어 옮겨서 연燕나라 재상이 되었다. 여러 해 있다가 도리에 어긋나는 죄가 있어서 면직되어 고향으로 돌아갔다. 장탕이 죽은 10여 년 뒤에 제 명命을 다하고 집에서 죽었다.

趙禹中廢 已而爲廷尉 始條侯以爲禹賊深 弗任 及禹爲少府 比九卿 禹酷急 至晩節 事益多 吏務爲嚴峻 而禹治加緩 而名爲平 王溫舒等後起 治酷於禹 禹以老 徙爲燕相 數歲 亂悖有罪 免歸 後湯十餘年 以壽卒于家

제三장

기타 혹리들

의종은 하동河東 사람이다. 나이가 젊었을 때 일찍이 장차공張次公과 함께 남을 겁박하고 공격하는[1] 도둑의 무리가 되었었다. 의종에게는 의후義姁[2]라는 누나가 있어 의술로 왕태후王太后의 총애를 받았다. 왕태후가 (의후에게) 물었다.

"그대의 자식이나 형제 중에 관리가 되고자 하는 자가 있느냐?"

의종의 누나가 말했다.

"동생이 있는데 행실이 나빠서 불가합니다."

왕태후가 이에 주상에게 고해서 의후의 동생 종縱[3]에게 벼슬을 제수하여 중랑中郎으로 삼고, 상당군上黨郡 안의 현령[4]을 보좌하게 했다.

(의종은) 일을 과감하게 처리하였고 따듯한 정이 적었으며[5] 현縣내에서 일을 미루는 법이 없었다. 이에 군내 최고의 성적으로 추천되어 옮겨 장릉長陵과 장안長安의 현령이 되었다. 여기서도 법대로 처리하여 귀인이나 황제의 친척도 피하지 않고 다스렸다. 왕태후의 외손 수성군脩成君의 아들 중仲[6]을 체포해 조사했다. 무제가 능력이 있다고 인정하고 옮겨 하내도위河內都尉로 삼았다.

하내도위로 부임해서 그 지방의 호족豪族 양씨穰氏들의 무리를 모조리 죽이자 하내의 길에는 떨어져 있는 물건을 주워 가지 않았다.
義縱者 河東人也 爲少年時 嘗與張次公俱攻剽[①]爲群盜 縱有姊姁[②] 以醫幸王太后 王太后問 有子兄弟爲官者乎 姊曰 有弟無行 不可 太后乃告上 拜義姁弟縱[③]爲中郞 補上黨郡中令[④] 治敢行 少蘊藉[⑤] 縣無逋事 擧爲第一 遷爲長陵及長安令 直法行治 不避貴戚 以捕案太后外孫脩成君子仲[⑥] 上以爲能 遷爲河內都尉 至則族滅其豪穰氏之屬 河內道不拾遺

① 攻剽공표

집해 서광이 말했다. "剽의 발음은 '보[扶召反]'이다."

徐廣曰 剽音扶召反

색은 《설문》에서 말한다. "표剽는 자刺이다." 일설에는 표겁剽劫이라고 일렀고, 또 剽의 발음은 '뵤[敷妙反]'이다.

說文云 剽 刺也 一云剽劫 又音敷妙反

② 姁후

색은 이기李奇는 姁의 발음을 '우吁'라고 했고, 맹강은 姁의 발음을 '후詡'라고 했다.

李奇音吁 孟康音詡也

③ 義姁弟縱의후제종

집해 《한서음의》에서 말한다. "姁의 발음은 '후煦'이고 의종의 누이 이름이다."

漢書音義曰 姁音煦 縱姊名也

④ 上黨郡中令상당군중령

색은 살펴보니 상당군 안의 현령을 보좌했는데 사관이 그 현縣의 이름을 빠뜨린 것을 이른 것이다.

案 謂補上黨郡中之令 史失其縣名

⑤ 少蘊藉소온자

집해 《한서음의》에서 말한다. "과감히 포악한 정사를 행하고 따뜻한 정은 적었다."

漢書音義曰 敢行暴政而少蘊藉也

색은 蘊의 발음은 '온慍'이다. 藉의 발음은 '자[才夜反]'이다. 장안이 말했다. "사람들이 피할 곳이 없게 다스렸다. 그러므로 사정을 봐 주는 것이 적었다."

蘊音慍 藉音才夜反 張晏云 爲人無所避 故少所假借也

⑥ 脩成君子仲수성군자중

색은 살펴보니 왕태후의 딸은 수성군脩成君이라고 불렀는데, 그의 아들 이름은 중仲이다.

案 王太后之女號脩成君 其子名仲

그리고 장차공張次公도 낭郞이 되었는데 또한 용맹하고 사나워 종군하게 되었고, 용감히 적진으로 깊숙하게 쳐들어간 공로가 있어서 안두후岸頭侯①에 봉해졌다.

영성寧成은 벼슬에서 떠나 집 안에 있었다. 무제가 군郡의 태수로 삼으려고 하자 어사대부 공손홍이 말했다.

"신臣이 산동山東에 살며 말단관리로 일을 할 때 영성은 제남의 도위都尉였는데, 그가 다스리는 것이 마치 이리가 양을 기르듯이 했습니다. 영성에게 백성을 다스리게 하는 것은 옳지 않습니다."

무제가 영성을 제수해서 관도위關都尉로 삼았다. 한 해 남짓 되어 관동關東의 관리들이 군국郡國에서 함곡관을 출입하는 자들이 부르짖기를 "차라리 젖먹이는 호랑이를 건드릴지언정 영성의 노여움을 사지 않아야 한다."라고 하는 것을 보았다.②

의종은 하내河內로부터 옮겨서 남양태수南陽太守가 되었는데 영성이 벼슬에서 물러나 남양에서 산다는 소문을 듣고 있었다. 이에 의종이 남양태수가 되어 관문에 이르렀는데 영성이 곁으로 비켜서서 마중하고 보냈다. 그러나 의종은 기세가 등등하여 답례도 하지 않았다. 남양군에 이르러 마침내 영씨寧氏들을 조사해서 그의 집안을 모두 파멸시켰는데, 영성도 죄에 저촉되었다. 당시에 군郡의 호족이었던 공씨孔氏, 포씨暴氏③의 무리들이 모두 달아나자 남양의 관리나 백성은 한 발 한 발의 발걸음을 신중하게 했다.

평씨현平氏縣의 주강朱彊, 두연杜衍, 두주杜周는 의종의 손발이 되어 따르는 측근으로④ 임용되어 옮겨서 정위廷尉의 사史가 되었다.

而張次公亦爲郞 以勇悍從軍 敢深入 有功 爲岸頭侯① 寧成家居 上欲

以爲郡守 御史大夫弘曰 臣居山東爲小吏時 寧成爲濟南都尉 其治如狼牧羊 成不可使治民 上乃拜成爲關都尉 歲餘 關東吏隸[2]郡國出入關者 號曰 寧見乳虎 無值寧成之怒 義縱自河內遷爲南陽太守 聞寧成家居南陽 及縱至關 寧成側行送迎 然縱氣盛 弗爲禮 至郡 遂案寧氏 盡破碎其家 成坐有罪 及孔暴[3]之屬皆犇亡 南陽吏民重足一迹 而平氏朱彊杜衍杜周爲縱牙爪之吏[4] 任用 遷爲廷史

① 岸頭侯안두후

집해 서광이 말했다. "봉함을 받은 5년 회남왕淮南王의 딸 능淩과 간통하고 재물을 받는 데 이르러 나라가 없어졌다."

徐廣曰 受封五年 與淮南王女淩姦及受財物 國除

② 隸예

집해 《한서음의》에서 말한다. "예隸는 열閱(보다)이다."

漢書音義曰 隸 閱也

③ 孔暴공포

집해 서광이 말했다. "공孔, 포暴의 두 성씨는 세력이 큰 족속이다."

徐廣曰 孔暴二姓 大族

④ 牙爪之吏아조지리

신주 발톱이나 어금니 역할을 하는 관리라는 뜻으로 자신의 수족手足과 같은 매우 밀접한 측근을 이른다.

(한나라) 군대가 (흉노 때문에) 자주 정양군定襄郡을 나서니 정양군의 관리나 백성이 혼란하게 되어서 이에 의종을 정양태수로 옮겼다. 의종이 이르자 정양 감옥 안의 중죄인과 경죄인 200여 명과 빈객과 형제로 사사로이 들어가 만난 사람들까지 또한 200여 명을 한꺼번에 체포하여 국문하면서 말했다.

"죽을죄를 지은 자들을 위해 형틀을 풀어주었다.①"

이날 모두 보고하고 400여 명을 사형에 처했다. 그 뒤에 군郡 안에서는 춥지 않은데도 덜덜 떨었고 교활한 백성들은 관리들을 도와 다스렸다.②

軍數出定襄 定襄吏民亂敗 於是徙縱爲定襄太守 縱至 掩定襄獄中重罪輕繫二百餘人 及賓客昆弟私入相視亦二百餘人 縱一捕鞠 曰 爲死罪解脫① 是日皆報殺四百餘人 其後郡中不寒而栗 猾民佐吏爲治②

① 爲死罪解脫위사죄해탈

집해 《한서음의》에서 말한다. "일체를 모두 체포하다. 율律에는 모든 죄수는 사사로이 수갑이나 차꼬나 죄수의 붉은 옷을 벗은 자는 죄의 1등을 더한다. 남을 위해 해탈시켜도 같은 죄로 함께한다. 의종이 서로 넉넉하게 먹인 자 200명을 국문하여 죽을죄를 지은 자를 해탈시켰다고 하여 모두를 죽인 것이다."

漢書音義曰 一切皆捕之也 律 諸囚徒私解脫桎梏鉗赭 加罪一等 爲人解脫 與同罪 縱鞠相贍餉者二百人爲解脫死罪 盡殺也

② 猾民佐吏爲治활민좌리위치

색은 살펴보니 호협하고 교활한 사람이 미리 관리의 정사에 관여한 것을 이른 것이다. 그러므로 "좌리위리佐吏爲理"라고 일렀다.

案 謂豪猾之人干豫吏政 故云佐吏爲理也

이때 조우와 장탕은 엄격하고 가혹하게 치죄한 것으로 구경九卿이 되었다. 그러나 그들의 통치는 오히려 관대한 편이었고 법에 도움을 받아 집행했다. 그러나 의종은 마치 새매가 깃털을 펴고 덮치듯이 가혹하게 다스렸다.①

이 뒤에 때마침 오수전五銖錢과 백금白金의 돈이 만들어지고 유통되자 백성이 위조하는 간사한 일들이 벌어졌는데 경사에서는 더욱 심했다. 이에 의종을 우내사右內史로 삼고 왕온서王溫舒를 중위中尉로 삼았다.

왕온서는 지극히 흉악했고 그가 하려는 것을 사전에 의종에게도 말하지 않았다. 그러나 의종은 반드시 기세로써 능멸하고 그의 공로를 허물어뜨렸다.

그는 치죄治罪하면서 죽이는 것이 매우 많았지만 작은 다스림만 취했을 뿐 간사한 무리가 더욱 많아져서 이루 다 헤아릴 수 없을 정도가 되자 직지直指라는 관리가 처음으로 생겨났다. 관리가 치죄함은 참살과 구속을 임무로 했는데 염봉閻奉은 악독함 때문에 등용되었다.

是時趙禹張湯以深刻爲九卿矣 然其治尙寬 輔法而行 而縱以鷹擊毛摯爲治① 後會五銖錢白金起 民爲姦 京師尤甚 乃以縱爲右內史 王溫舒爲

中尉 溫舒至惡 其所爲不先言縱 縱必以氣湊之 敗壞其功 其治 所誅殺甚多 然取爲小治 姦益不勝 直指始出矣 吏之治以斬殺縛束爲務 閻奉以惡用矣

① 鷹擊毛摯爲治응격모지위치

집해 서광이 말했다. "사나운 새가 장차 공격하려면 반드시 먼저 깃털을 펴는 것이다."

徐廣曰 鷙鳥將擊 必張羽毛也

의종은 청렴했으나 그 치죄하고 석방하는 것은 질도郅都를 본받았다. 무제는 정호鼎湖로 행차하여 오랫동안 병으로 누워 있다가 얼마 지나서 갑자기① 일어나 감천궁甘泉宮으로 행차했다. 가는 길이 거의 닦여지지 않아 있자 무제가 노여워하며 말했다.
"의종은 내가 다시는 이 길로 지나가지 못할 것으로 여긴 것인가?"
이에 의종을 괘씸하게 여겼다.② 겨울이 이르러 양가楊可가 바야흐로 고민령③에 의한 세금을 받아들이자, 의종은 이것 때문에 백성이 어지러워졌다고 여기고, 부서의 관리를 시켜서 양가의 사신들④을 체포하게 했다. 이것이 무제에게 보고되자 무제는 두식杜式에게 치죄하게 하고, 또 천자가 정한 법을 폐지하고 천자가 하는 일을 저지했다고⑤ 하여 의종을 기시죄에 처하게 했다. 1년 뒤에 장탕도 또한 죽었다.

縱廉 其治放郅都 上幸鼎湖 病久 已而卒[①]起幸甘泉 道多不治 上怒曰 縱以我爲不復行此道乎 嗛[②]之 至冬 楊可方受告緡[③] 縱以爲此亂民 部吏捕其爲可使者[④] 天子聞 使杜式治 以爲廢格沮事[⑤] 棄縱市 後一歲 張湯亦死

① 卒졸

색은 卒의 발음은 '촐[七忽反]'이다.

卒音七忽反

신주 갑자기의 뜻이다.

② 嗛함

집해 서광이 말했다. "嗛의 발음은 '함銜'이다."

徐廣曰 嗛音銜

신주 원한을 품는다는 뜻이다.

③ 告緡고민

집해 위소가 말했다. "사람 중 고하는 자가 있어 민전緡錢을 내지 않은 자는 양가楊可가 바야흐로 받아 낸 것을 말한다."

韋昭曰 人有告言不出緡者 可方受之

색은 민緡은 돈을 꿰는 것이다. 한나라 때에 고민령告緡令이 있었으며 양가楊可가 주관했다. 민전緡錢을 출입시키는데 돈을 계산해서 내지 않는 자가 있으면 영을 내려서 고할 수 있게 한 것이다.

緡 錢貫也 漢氏有告緡令 楊可主之 謂緡錢出入有不出算錢者 令得告之也

④ 可使者가사자

색은 양가楊可의 사신을 체포했다고 이른 것이다.

謂求楊可之使

⑤ 廢格沮事폐각저사

집해 《한서음의》에서 말한다. "무제는 양가楊可를 시켜 고민告緡을 주관하게 하고 그의 재물을 몰입시키게 했는데 의종이 양가의 사신을 체포하자 이에 (의종이) 조서詔書를 집행하지 않고 이미 시행하고 있는 일을 저지시켰다고 한 것이다."

漢書音義曰 武帝使楊可主告緡 沒入其財物 縱捕爲可使者 此爲廢格詔書 沮已成之事

색은 응소가 말했다. "이미 성취된 일을 저지해서 무너뜨린 것이다. 格의 발음은 '각閣'이다."

應劭云 沮敗已成之事 格音閣

신주 폐각廢格은 임금이 내린 조서를 집행하지 않고 미뤄두는 행위를 말한다.

왕온서王溫舒는 양릉陽陵[1] 사람이다. 젊었을 때부터 사람을 때려 죽이고 몰래 묻어[2] 증거를 없애는 간악한 일들을 행했다. 이윽고 시험을 쳐서 현의 정장亭長에 보임되기도 했으나 여러 차례 폐출 당했다. 다시 관리가 되어 옥사를 치죄했는데 정위의 사史가 되기에 이르렀다. 장탕을 섬겼으며 옮겨 어사御史가 되었다.

도적을 문책問責하게 했는데 죽이고 상처 입힌 자들이 매우 많았다. 차츰차츰 옮겨 광평도위廣平都尉에 이르렀다. 그는 군郡 안에서 난폭하고 과감한 사람, 10여 명을 뽑아 손발과 같은 측근으로 삼았다. 그들이 몰래 저지른 중죄들을 모두 파악하고 그들을 풀어서 도둑들을 감시하게 하고, 자신이 뜻하고 얻고자 하는 바를 만족시키려 했다. 이 사람들이 비록 많은 죄가 있더라도 법으로 집행하지 않았고, 곧 자신이 시키는 일을 기피하면 그 옛 사건을 근거해서 죽이고 또한 가족들도 멸했다. 이 때문에 제나라와 조趙나라 교외의 도둑들이 감히 광평에는 가까이 가지 않았다. 이에 광평에는 길에 떨어진 물건이 있어도 주워 가지 않는다는 소문이 났다. 무제가 듣고 옮겨서 하내태수河內太守로 삼았다.

평소 왕온서가 광평에 있을 때, 하내河內의 악독한 호족과 간사한 자들의 집안을 모두 알고 있었다. 하내로 부임해서 9월에 이르렀다. 왕온서는 군郡에 명령을 내려 사사로운 말 50필을 갖추게 하고 역마로 삼아서 하내로부터 장안에 이르도록 했다.

각부各部 관리들에게도 광평에 있었을 때와 똑같이 하여 군郡 안의 악독한 호족과 교활한 자들을 체포케 했다. 군郡 안에서 악독한 호족과 교활한 자들이 서로 연좌된 것이 1,000여 가家나 되었다.

王溫舒者 陽陵[①]人也 少時椎埋爲姦[②] 已而試補縣亭長 數廢 爲吏 以治獄至廷史 事張湯 遷爲御史 督盜賊 殺傷甚多 稍遷至廣平都尉 擇郡中豪敢任吏十餘人 以爲爪牙 皆把其陰重罪 而縱使督盜賊 快其意所欲得 此人雖有百罪 弗法卽有避 因其事夷之 亦滅宗 以其故齊趙之郊盜賊不敢近廣平 廣平聲爲道不拾遺 上聞 遷爲河內太守 素居廣平時 皆

知河內豪姦之家 及往 九月而至 令郡具私馬五十匹 爲驛自河內至長安 部吏如居廣平時方略 捕郡中豪猾 郡中豪猾相連坐千餘家

① 陽陵양릉

집해 서광이 말했다. "풍익馮翊에 속한다."

徐廣曰 屬馮翊

② 椎埋爲姦추매위간

집해 서광이 말했다. "망치로 사람을 죽이고 파묻거나, 혹은 묘지 발굴하는 것을 이른다."

徐廣曰 椎殺人而埋之 或謂發冢

글을 올려서 청했다.

"크게 간악한 자는 일족을 멸하고 조금 간악한 자는 사형에 처하고 그들의 가산을 보상 장물로 삼아 몰수하겠습니다."

상주한 지 2~3일이 지나지 않아서 결재가 나서 형을 시행하게 되었다. 논죄해 집행한 것이 보고되었는데 10여 리나 피가 흘러내렸다고 했다. 하내에는 모두가 그의 보고를 괴이하다고 했는데, (보고의 결재가) 귀신처럼 빨랐기 때문이다.

12월이 다 되어도 군郡 안에서는 소란이 없었고 밤에는 감히 다니지 않았으며 들에는 개를 짖게 하는 도둑이 없었다.

그는 자못 잡지 못해 놓친 도둑, 이웃한 군국郡國으로 도망간 도둑을 잡아 올 무렵에[1] 때마침 봄이 되자 왕온서가 발을 동동 구르면서 탄식해 말했다.

"아아! 겨울철을 한 달만 늘렸다면 나의 도둑 잡는 일을 완수했을 텐데."

그가 죽이는 것을 좋아하고 위엄을 행하여 사람을 아끼지 않는 것이 이와 같았다. 무제가 듣고 능력이 있다고 여겨서 옮겨 중위中尉로 삼았다.

그가 치죄하는 데 다시 하내河內에서 했던 것을 본받아서 여러 잔인하고 교활하기로 이름난 관리들을[2] 옮겨 함께 일을 했다. 하내에는 양개楊皆와 마무麻戊[3]였고 관중關中에는 양공楊贛과 성신成信 등이었다.

의종이 내사가 되자 왕온서는 꺼려하고 감히 방자하게 다스리지 못했다. 의종이 죽음에 이르고 장탕이 무너진 뒤에는 옮겨져서 정위廷尉가 되었고 윤제尹齊는 중위가 되었다.

上書請 大者至族 小者乃死 家盡沒入償臧 奏行不過二三日 得可事 論報 至流血十餘里 河內皆怪其奏 以爲神速 盡十二月 郡中毋聲 毋敢夜行 野無犬吠之盜 其頗不得 失之旁郡國 黎來[1] 會春 溫舒頓足歎曰 嗟乎 令冬月益展一月 足吾事矣 其好殺伐行威不愛人如此 天子聞之 以爲能 遷爲中尉 其治復放河內 徙諸名禍猾吏[2]與從事 河內則楊皆麻戊[3] 關中楊贛成信等 義縱爲內史 憚未敢恣治 及縱死 張湯敗後 徙爲廷尉 而尹齊爲中尉

① 黎來여래

색은 黎의 발음은 '리犁'이다. 여黎는 비比(무렵, 때가 이르다)이다.

黎音犁 黎 比也

② 猾吏활리

집해 서광이 말했다. "잔인하고 각박하다고 이름난 것이다."

徐廣曰 有殘刻之名

색은 오로지 잔악하고 교활함으로 이름난 관리들을 요청한 것이다. 살펴보니 《한서》에는 '도청소시화리徒請召猜禍吏'로 되어 있다. 복건이 말했다. "도徒는 단但이다. 시猜는 악惡이다." 응소가 말했다. "시猜는 의疑이다. 관리의 명성에 시기하는 것을 좋아하고 남을 의심하여 재앙을 일으켜 무너진 자들을 취해서 부린 것이다."

徒請名禍猾吏 案 漢書作徒請召猜禍吏 服虔曰 徒 但也 猜 惡也 應劭曰猜 疑也 取吏名爲好猜疑人作禍敗者而使之

③ 麻戊마무

집해 서광이 말했다. "일설에는 '마성麻成'이라고 일렀다."

徐廣曰 一云麻成

윤제尹齊는 동군東郡 치평茌平[1] 사람이다. 도필刀筆의 말단 관리에서 차츰차츰 옮겨 어사御史에 이르렀는데 장탕을 섬겼다. 장탕은 자주 그가 청렴하고 무용이 있다고 칭찬하고 도적들을 감독하도록 시켰다. 죄인을 처벌하는 데는 귀척貴戚이라도 피하지 않았다. 옮겨 관내도위가 되자 명성이 영성보다 더했다. 무제는 능력이 있다고 여겨서 옮겨 중위로 삼았다. 관리와 백성은 더욱 마르고 피폐해졌다.

윤제는 나무처럼 단단하고 꾸밈새가 적었다. 호협하고 사나운 관리들은 엎드려 숨었으나 선한 관리들은 능히 다스리지 못했다. 이 때문에 일이 많이 무너져 내려 죄에 이르렀다.

무제는 다시 왕온서를 옮겨서 중위로 삼았다. 양복楊僕은 엄하고 혹독함으로써 주작도위가 되었다.

양복楊僕은 의양宜陽 사람이다. 천부千夫(五大夫)[②]로서 관리가 되었다. 하남의 태수는 능력이 있다고 추천해 옮겨 어사가 되어 관동의 도적들을 감독하도록 했다.

치죄하는 데 윤제를 본받아서 과감하고 사납게 체포하는 것을 감행했다. 점점 옮겨져 주작도위에 이르렀고 구경九卿의 반열에 올랐다. 무제는 능력이 있다고 여겼다.

남월南越이 배반하자 제수해서 누선장군으로 삼았다. 공로가 있어서 장량후將梁侯에 봉해졌다. 순체荀彘에게 체포되었다.[③] 오래 살다가 병으로 죽었다.

尹齊者 東郡茌[①]平人 以刀筆稍遷至御史 事張湯 張湯數稱以爲廉武 使督盜賊 所斬伐不避貴戚 遷爲關內都尉 聲甚於寧成 上以爲能 遷爲中尉 吏民益凋敝 尹齊木彊少文 豪惡吏伏匿而善吏不能爲治 以故事多廢 抵罪 上復徙溫舒爲中尉 而楊僕以嚴酷爲主爵都尉 楊僕者 宜陽人也 以千夫[②]爲吏 河南守案擧以爲能 遷爲御史 使督盜賊關東 治放尹齊

以爲敢摰行 稍遷至主爵都尉 列九卿 天子以爲能 南越反 拜爲樓船將軍 有功 封將梁侯 爲荀彘所縛③ 居久之 病死

① 茌치

색은 茌의 발음은 '식[仕疑反]'이다.

茌音仕疑反

신주 치在는 치茬의 본자이다.

② 千夫천부

집해 《한서음의》에서 말한다. "천부千夫는 오대부五大夫와 같다. 무제가 군대의 비용이 부족하자 백성이 돈이나 곡식을 내면 이(천부)를 삼게 한 것이다."

漢書音義曰 千夫若五大夫 武帝軍用不足 令民出錢穀爲之

③ 荀彘所縛순체소박

집해 서광이 말했다. "봉작을 받은 4년에 조선朝鮮을 정벌하고 돌아와 속죄하고 서인庶人이 되었다."

徐廣曰 受封四年 征朝鮮還 贖爲庶人

색은 살펴보니 "좌장군 순체荀彘와 함께 조선을 공격했는데 순체에게 포박되었다. 돌아와 면직되어 서인庶人이 되었고 병으로 죽었다."라고 했다.

案 漢書云 與左將軍荀彘俱擊朝鮮 爲彘所縛 還 免爲庶人 病死

왕온서는 다시 중위가 되었다. 왕온서의 사람됨은 문식文飾이 적었고 조정에 있을 때는 정신이 흐려져서 잘 잊고[1] 변명하지도 못했다. 그러나 중위에 이르자 마음이 열렸다. 도적을 감시하게 되었는데, 평소 관중關中(장안)의 풍속에 익숙해서 오만하고 간악한 관리들을 잘 알았다. 그래서 오만하고 간악한 관리들을 다시 등용해서 방책과 계략을 세웠다.

그의 관리들은 가혹할 정도로 살폈는데, 도적과 불량소년들에게 투서함[2]을 두고 현상금을 걸어서 간사한 것들을 고발하게 했다. 또 천맥阡陌의 마을마다 장長을 두어서[3] 간사한 것과 도적들을 맡아 감시토록 했다.

왕온서는 사람됨이 아첨해서 세도가 있는 자는 잘 섬겼으나 세력이 없는 자는 종놈을 보는 것같이 했다. 세력가의 집안은 비록 간악함이 산과 같아도 범하지 않았고 세력이 없는 자는 귀척貴戚이라도 반드시 능욕했다. 법조문을 멋대로 꾸며서 백성 중에 교활한 자들을 꾸짖고 큰 세력가들을 간접적으로 위협했다.[4] 그가 중위로서 치죄하는 것이 이와 같았다. 간악하고 교활한 자들은 끝까지 치죄해서 대개 옥중에서 몸이 썩어 문드러질 지경이었으며, 논죄의 형량이 행해지면 빠져나간 자가 없었다.

而溫舒復爲中尉 爲人少文 居廷惛惛[1]不辯 至於中尉則心開 督盜賊 素習關中俗 知豪惡吏 豪惡吏盡復爲用 爲方略 吏苛察 盜賊惡少年投缿[2]購告言姦 置伯格長[3]以牧司姦盜賊 溫舒爲人讇 善事有埶者 卽無埶者視之如奴 有埶家 雖有姦如山 弗犯 無埶者 貴戚必侵辱 舞文巧詆下戶之猾 以焄大豪[4] 其治中尉如此 姦猾窮治 大抵盡靡爛獄中 行論無出者

① 惛惛혼혼

색은 惛의 발음은 '혼昏'이다.

音昏

신주 정신이 흐려 잘 잊어버린다는 의미이다.

② 投缿투항

집해 서광이 말했다. "缿의 발음은 '항項'이다. 항缿은 그릇 이름이다. 지금의 투서함投書函과 같은 것이다."

徐廣曰 音項 器名也 如今之投書函中

색은 缿의 발음은 '항項'이고 그릇 이름이다. 투서를 받는 그릇이며 넣으면 꺼내지 못하는 것이다. 《삼창》에서 缿의 발음은 '항[胡江反]'이다.

缿音項 器名 受投書之器 入不可出 三倉音胡江反

신주 투항投缿은 항아리를 설치하고 고발하게 하는 지금의 투서함과 같은 것이다.

③ 伯格長맥락장

집해 서광이 말했다. "격格은 다른 판본에는 '락落'으로 되어 있다. 옛날 '촌락村落'의 '락落' 자는 또한 '격格'으로 되었다. 가맥둔락街陌屯落에는 모두 독장督長을 설치했다."

徐廣曰 一作落 古村落字亦作格 街陌屯落皆設督長也

색은 伯의 발음은 '천맥阡陌'의 '맥陌'이고, 格의 발음은 '촌락村落'의 '락落'이다. 천맥촌락阡陌村落에는 모두 장長을 설치한 것을 말한다.

伯音阡陌 格音村落 言阡陌村落皆置長也

④ 焄大豪훈대호

집해 焄의 발음은 '훈熏'이다.

焄音熏

색은 대호大豪를 쪼이게 하다. 살펴보니 훈熏은 그것을 훈자熏炙하는 것과 같다. 하호下戶(천한 백성)의 안에 간사하고 교활한 사람이 있으면 그를 조사하게 해서 매우 간사한 자를 훈자하거나 내쫓는 것을 이른다.

以熏大豪 案 熏猶熏炙之 謂下戶之中有姦猾之人 令案之 以熏逐大姦

(왕온서의) 측근의 관리들은 호랑이가 관을 쓴 것과 같았다. 이에 중위부의 관할 안에서 중간쯤의 교활한 자 이하는 모두 몸을 숨겼다. 세도가 있는 자들은 명성이 있고 영예롭다고 달래면서 그의 치죄함을 칭찬했다. 여러 해를 치죄하며 그의 관리들은 대다수 권세를 내세워 치부했다.

왕온서는 동월東越을 공격하고 돌아오니[①] 논의에서 주상의 뜻에 맞지 않는 것이 있었다. 이에 작은 일이 법에 저촉되었고, 죄가 이르러 면직되었다. 이때 천자(무제)가 바야흐로 통천대通泉臺[②]를 짓고자 했으나 사람이 없었는데, 왕온서는 중위부의 병역 기피자들을 조사할 것을 청해서 수만 명을 얻어 짓게 되었다.

무제가 기뻐하고 제수해서 소부로 삼았다. 옮겨 우내사右內史가 되어 치죄하는 것이 옛날과 같았으나 간사함은 어느 정도 자제하였다. 법에 저촉되어 관직을 잃었다가, 다시 우보右補가 되었으며 중위의 일을 행하는 것은 옛날에 하던 방식과 같았다.

그 후 한 해 남짓 되어서 때마침 대원大宛으로 군사를 발동시키자[3] 오만한 관리들을 조명詔命해서 징집하게 했는데, 왕온서는 그의 관리 화성華成을 숨겨주었다. 어떤 사람이 왕온서가 기병에 충당될 인원에게 돈을 받고, 다른 간사한 일과 이익을 일삼는 일이 있다고 고발해서 죄가 멸족에 이르러 자살했다. 그때 왕온서의 두 아우와 양쪽의 혼인한 집안이 또한 각각 스스로 다른 죄에 저촉되어서 멸족되었다.

其爪牙吏虎而冠 於是中尉部中中猾以下皆伏 有勢者爲游聲譽 稱治治數歲 其吏多以權富 溫舒擊東越還[1] 議有不中意者 坐小法抵罪免 是時天子方欲作通天臺[2]而未有人 溫舒請覆中尉脫卒 得數萬人作 上說拜爲少府 徙爲右內史 治如其故 姦邪少禁 坐法失官 復爲右輔 行中尉事 如故操 歲餘 會宛軍發[3] 詔徵豪吏 溫舒匿其吏華成 及人有變告溫舒受員騎錢 他姦利事 罪至族 自殺 其時兩弟及兩婚家亦各自坐他罪而族

① 擊東越還격동월환

집해 서광이 말했다. "원정元鼎 6년 회계로 출동해 동월을 무너뜨렸다."

徐廣曰 元鼎六年 出會稽破東越

② 通天臺통천대

정의 《한서》에는 원봉元封 3년이다. 《삼보구사》에서 말한다. "감천甘泉에 통천대를 일으켰는데 높이는 50장丈이었다."

漢書元封三年 三輔舊事云 起甘泉通天臺 高五十丈

③ 軍發군발

집해 《한서음의》에서 말한다. "군사를 발동시켜 대원大宛을 정벌했다."
漢書音義曰 發兵伐大宛

광록대부 서자위徐自爲가 말했다.
"슬프다! 대저 옛날에는 삼족을 멸하는 형벌이 있었는데 왕온서의 죄는 지극하여 동시에 오족五族이 멸하게 되었구나!"
왕온서가 죽었는데 그의 집안에는 수천 금이 쌓여 있었다. 여러 해가 지난 뒤에 윤제尹齊도 회양淮陽의 도위로 있다가 병으로 죽었다. 그의 집에는 50금도 채우지 못했다. 윤제가 처벌하여 죽인 사람들은 회양군에 특히 많았다. 윤제가 죽음에 이르자 원수가 된 집에서 그의 시체를 불태우려고 해 시체를 가지고 도망쳐서 고향으로 돌아가 장사를 치렀다.①
왕온서 등이 악랄하게 치죄한 이래로 군郡의 태수나 도위나 제후의 2,000석 중 백성을 통치하고자 하는 자들은 그 치죄하는 데 대체로 왕온서를 본받고자 했다. 그러나 관리와 백성이 더욱 가볍게 법을 범하여 도적들이 점점 불어났다.
남양에는 매면梅免과 백정白政이 있었고, 초楚에는 은중殷中② 과 두소杜少가 있었고, 제齊에는 서발徐勃이 있었고, 연燕과 조趙의 사이에는 견로堅盧와 범생范生의 무리가 있었다.

큰 무리는 수천 명에 이르렀다. 제멋대로 호칭을 하며 성城이나 읍邑을 공격하고 무기고를 탈취하며 사형수들을 풀어주고 군郡의 태수나 도위들을 구속시켜 욕보이며 2,000석二千石의 관리들을 살해하고는 격문을 각 현에 돌려 식량을 준비토록 했다. 작은 무리의 도적은 수백 명으로, 이들이 향鄕과 리里를 노략질한 것들은 헤아릴 수가 없었다.

光祿徐自爲曰 悲夫 夫古有三族 而王溫舒罪至同時而五族乎 溫舒死家直累千金 後數歲 尹齊亦以淮陽都尉病死 家直不滿五十金 所誅滅淮陽甚多 及死 仇家欲燒其尸 尸亡去歸葬[①] 自溫舒等以惡爲治 而郡守都尉諸侯二千石欲爲治者 其治大抵盡放溫舒 而吏民益輕犯法 盜賊滋起 南陽有梅免白政 楚有殷中[②]杜少 齊有徐勃 燕趙之間有堅盧范生之屬 大群至數千人 擅自號 攻城邑 取庫兵 釋死罪 縛辱郡太守都尉 殺二千石 爲檄告縣趣具食 小群(盜)以百數 掠鹵鄕里者 不可勝數也

① 尸亡去歸葬시망거귀장

집해 서광이 말했다. “윤제尹齊가 죽어 염을 하기 전에 원수진 집안에서 시체를 불태우려 하고 시체가 또한 날아갈까 두려워했다.”

徐廣曰 尹齊死未及斂 恐怨家欲燒之 屍亦飛去

② 殷中은중

집해 서중徐中이 말했다. “은殷은 다른 판본에는 ‘가假’로 되어 있고 사람들도 또한 가성假姓이 있다고 했다.”

徐中曰 殷 一作假 人亦有姓假者也

이에 천자는 처음으로 어사중승御史中丞과 승상의 장사長史들을 시켜서 감독하게 했다. 그들도 오히려 능히 금지시키지 못했다. 이에 광록대부 범곤范昆과 여러 도위의 보좌와 옛 구경九卿의 한 사람인 장덕張德 등을 시켜서 수의繡衣를 입게 하고 절부節符를 가지고 호부虎符로 군사를 발동시켜서 공격하게 했다. 이때 대부대에서는 수급을 벤 것이 1만여 급에 이르렀다. 또 도적들에게 음식물을 제공한 자들도 법으로 처벌했는데 여러 군과 연결하여 연좌시키니 심한 곳은 수천 명이었다. 여러 해가 지나서 자못 그 두목을 잡았다. 또 흩어져 도망친 병졸들이 다시 무리를 취합하여 산이나 하천 등지에 의지하며 이따금 무리로 모여 살아서 어찌할 수 없었다.

이에 '침명법沈命法'(도망자를 숨기는 자는 사형에 처하는 법)① 을 제정하고 말했다.

"도둑 떼가 일어났는데 발각하지 못하거나 발각해 체포한 도적이 일정한 비율을 채우지 못하는 자는 2,000석의 벼슬에서 아래의 말단 관리에 이르기까지 모두 사형에 처한다."

이러한 명이 내려진 뒤에 말단 관리들은 처벌을 두려워하고 비록 도적이 있더라도 감히 적발하지 않았다. 또 체포하지 못하여 연좌되어서 군郡에 허물이 쌓일 것을 두려워하고 부府에서도 또한 적발하지 못하도록 시켰다. 그러므로 도적들은 점점 많아졌는데도 위와 아래에서는 서로 없다고 숨겼으며 문사文辭로써 법을 피했다.②

於是天子始使御史中丞丞相長史督之 猶弗能禁也 乃使光祿大夫范昆諸輔都尉及故九卿張德等衣繡衣 持節 虎符發兵以興擊 斬首大部或至

萬餘級 及以法誅通飮食 坐連諸郡 甚者數千人 數歲 乃頗得其渠率 散卒失亡 復聚黨阻山川者 往往而群居 無可柰何 於是作 沈命法① 曰群盜起不發覺 發覺而捕弗滿品者 二千石以下至小吏主者皆死 其後小吏畏誅 雖有盜不敢發 恐不能得 坐課累府 府亦使其不言 故盜賊寖多 上下相爲匿 以文辭避法②焉

① 沈命法침명법

집해 《한서음의》에서 말한다. "침沈은 장닉藏匿(감추어 숨기다)이다. 명命은 도망이다."

漢書音義曰 沈 藏匿也 命 亡逃也

색은 복건이 말했다. "숨겨서 발각되지 않게 하는 것을 금하는 법이다." 위소가 말했다. "침沈은 몰沒이다."

服虔云 沈匿不發覺之法 韋昭云 沈 沒也

② 文辭避法문사피법

집해 서광이 말했다. "거짓으로 헛된 글을 만들어 도적이 없다고 말하는 것이다."

徐廣曰 詐爲虛文 言無盜賊也

감선減宣은 양楊 땅 사람이다. 좌사佐史로써 일 처리에 실수가 없었으며 하동군의 태수 부府에서 일을 했다. 위청 장군이 말을 사러 하동으로 갔는데 감선이 일을 실수 없이 하는 것을 보고 무제에게 추천했다. 불러서 대구승大廐丞(천자의 말이나 수레를 담당하는 관리)① 으로 삼았다. 관리의 일을 잘 판단해 차츰차츰 옮겨 어사御史와 중승中丞에 이르렀다.

주보언周父偃을 치죄하게 하고 회남왕의 반역을 일으킨 옥사를 치죄하게 했다. 이에 세세한 문법으로 깊이 들추어 치죄해서 죽인 자가 매우 많았으나, 과감하게 의혹을 판결했다고 칭찬했다.

여러 번 관리에서 쫓겨났고 여러 번 기용되어 어사 및 중승의 자리에서 거의 20여 년을 지냈다. 왕온서가 중위에서 면직되자 감선이 좌내사가 되었다. 그는 쌀이나 소금에 관한 사건을 치죄했는데, 일의 대소를 모두 그의 손에서 처리되었다. 부서部署가 속한 현縣과 이름있는 마을에서 실지로 쓰는 물건부터 관리, 현령, 현승까지 제멋대로 움직일 수 없었다. (이를 어기게 되면) 통렬하게 무거운 법으로 바로잡았다.

관직에 있는 수년 동안은 일체 군郡 안의 하찮은 일까지도 치죄하는 것을 분별했다. 유독 감선은 작은 일로써 큰일을 이루었는데, 능히 힘에 따라 그것을 수행한 것이 떳떳하다고 여기기에는 어렵다. 중간에 벼슬에서 폐해졌다. 우부풍이 되어 그의 부하인 성신成信②을 원망한 까닭에 성신은 상림원 안으로 도망쳤는데, 감선이 그것을 알고 미郿 땅의 현령③을 시켜서 성신을 죽이라고 했다. 이에 관리와 병졸들이 성신을 죽일 때, 활을 쏘았는데 화살이 상림원의 문에 박혔다. 이 때문에 감선을 관리에게 하옥시키라고 하고 죄를 들추어냈다. 대역大逆죄가 되어 멸족에 해당하자 자살했다. 이에 두주杜周가 임용되었다.

減宣者 楊人也 以佐史無害給事河東守府 衛將軍青使買馬河東 見宣無害 言上 徵爲大廐丞[①] 官事辨 稍遷至御史及中丞 使治主父偃及治淮南反獄 所以微文深詆 殺者甚衆 稱爲敢決疑 數廢數起 爲御史及中丞者幾二十歲 王溫舒免中尉 而宣爲左內史 其治米鹽 事大小皆關其手 自部署縣名曹實物 官吏令丞不得擅搖 痛以重法繩之 居官數年 一切郡中爲小治辨 然獨宣以小致大 能因力行之 難以爲經 中廢 爲右扶風 坐怨成信[②] 信亡藏上林中 宣使郿令[③]格殺信 吏卒格信時 射中上林苑門 宣下吏詆罪 以爲大逆 當族 自殺 而杜周任用

① 大廐丞대구승

정의 〈백관표〉에는 태복太僕의 소속 관리 중 대구大廐가 있는데 각각 5명의 승丞에 1명의 위尉가 있다고 했다.

百官表云大僕屬官有大廐 各五丞一尉也

② 成信성신

집해 《한서》에서 말한다. "성신成信은 감선減宣의 관리이다."

漢書曰 成信 宣吏

③ 郿令미령

정의 미령郿令은 지금의 기주岐州 기현岐縣 북쪽이고, 당시에는 우부풍右扶風에 속했다.

郿令 今岐州岐縣北 時屬右扶風

두주杜周[①]는 남양군南陽郡의 두연杜衍 땅 사람이다. 의종義縱이 남양군의 태수가 되었을 때 그의 손발과 같은 측근이었으며, 추천되어 정위의 사史가 되었다. 장탕을 섬겼는데 장탕이 수차례 일 처리에 실수가 없다는 의견으로 어사에 이르렀다. 이에 두주에게 변방에 오랑캐의 침입으로 도망친 자들을[②] 조사하게 했는데, 사형으로 논죄한 자가 매우 많았다.
아뢴 일이 무제 뜻에 들어맞아 임용되었고 감선과 함께 서로 이어서 번갈아 가며 중승中丞을 10여 년간이나 했다. 그가 치죄하는 것은 감선과 서로 비슷했다. 그러나 신중하면서도 느긋했으며 겉으로는 너그러워 보였지만 안으로는 엄격하기가 뼈에 사무칠 정도다.[③] 감선이 좌내사가 되자 두주는 정위가 되었는데, 그들이 치죄하는 것은 장탕을 크게 본받아서 황제의 의중을 잘 엿보았다.
무제가 배제하고자 하는 자는 이에 따라서 즉시 모함했으며, 무제가 석방하고자 하는 자는 오래도록 구속하여 황제가 묻는 것을 기다렸다가 세세하게 그의 원통한 사연을 내보였다.
杜周[①]者 南陽杜衍人 義縱爲南陽守 以爲爪牙 擧爲廷尉史 事張湯 湯數言其無害 至御史 使案邊失亡[②] 所論殺甚衆 奏事中上意 任用 與減宣相編 更爲中丞十餘歲 其治與宣相放 然重遲 外寬 內深次骨[③] 宣爲左內史 周爲廷尉 其治大放張湯而善候伺 上所欲擠者 因而陷之 上所欲釋者 久繫待問而微見其冤狀

① 杜周두주

색은 지명地名이다.

地名也

정의 《두씨보》에는 자는 장유長孺라고 했다.

杜氏譜云字長孺

② 邊失亡변실망

색은 문영이 말했다. "변방의 병졸이 많이 도망친 것이다. 어떤 이는 군과 현의 수령 중에도 도망친 자가 있다고 한다."

文穎曰 邊卒多亡也 或曰郡縣主守有所亡失也

③ 內深次骨내심차골

집해 이기가 말했다. "치죄하는 것이 매우 모질어서 (고통이) 뼈까지 이르는 것이다."

李奇曰 其用罪深刻至骨

색은 차次는 지至이다. 이기가 말했다. "그의 법을 사용하는 것이 모질어서 (고통이) 뼈까지 이르는 것이다."

次 至也 李奇曰 其用法刻至骨

어떤 객이 두주를 꾸짖어 말했다.
"군君은 천자를 위해 평결하고 삼척법三尺法[1]에 따르지 않으며 오로지 군주의 뜻에 따라 옥사를 판결하고 있소. 옥사를 맡은 자가 진실로 이처럼 하는 것이오?"
두주가 대답했다.

"삼척법三尺法이 어디에서 나왔소? 전대의 군주가 옳다고 하는 바는 법률로 만들어 나타내고, 후대의 황제가 옳다고 하는 바는 법령으로 만들어 소통하는 것이오. 당시 옳은 것으로 하는 것이지 어찌 옛날의 법으로만 하겠소."

두주가 정위가 됨에 이르자 조명詔命에 의해 옥사의 일이 더욱 많아졌다. 2,000석으로 감옥에 갇힌 자들은 옛날에 체포된 자와 새로 체포된 자들이 서로 합치면 100여 명에서 줄어들지 않았다.

군郡의 관리나 대부大府의 관리들은 정위②에서 처리했는데 1년이면 1,000여 건에 이르렀다. 큰 사건에는 연루되어 조사받은 증인만 수백 명에 이르고, 작은 사건에도 수십 명이나 되었다. 먼 곳은 수천 리나 되었고 가까운 곳이라도 수백 리나 되었다. 옥사를 판결할 때는 관리가 이에 따라 고소장과 같은 것을 문책해서 탄핵하는데, 복종하지 않으면 매를 치고 형을 결정했다. 이 때문에 체포된다는 말을 듣게 되면 모두가 도망쳐 숨었다. 오래도록 옥에 갇혀 있는 자는 수차 사면령③이 이르러도 (내보내지 않는 경우가 있었고) 10여 년이 지났어도 서로 고발하는 자가 있으면 대개 모두 부도不道④ 이상의 죄로 꾸짖었다. 정위와 중도관中都官이 조명에 의해 옥사를 다스리는 것은 6만~7만여 명이나 되었고 관리가 추가시킨 것들도 10만여 명이나 되었다.

客有讓周曰 君爲天子決平 不循三尺法① 專以人主意指爲獄 獄者固如是乎 周曰 三尺安出哉 前主所是著爲律 後主所是疏爲令 當時爲是 何古之法乎 至周爲廷尉② 詔獄亦益多矣 二千石繫者新故相因 不減百餘人 郡吏大府擧之廷尉 一歲至千餘章 章大者連逮證案數百 小者數十

人 遠者數千 近者數百里 會獄 吏因責如章告劾 不服 以笞掠定之 於是聞有逮皆亡匿 獄久者至更數赦[3] 十有餘歲而相告言 大抵盡詆以不道[4]以上 廷尉及中都官詔獄逮至六七萬人 吏所增加十萬餘人

① 三尺法삼척법

집해 《한서음의》에서 말한다. "삼척三尺의 죽간竹簡에 씌어 있는 법률이다."

漢書音義曰 以三尺竹簡書法律也

② 廷尉정위

집해 여순이 말했다. "군리郡吏는 군태수郡太守이다." 맹강이 말했다. "정위에서 그를 추천해서 글로써 탄핵하고 정위에 부탁해서 치죄케 한 것이다."

如淳曰 郡吏 郡太守也 孟康曰 擧之廷尉 以章劾付廷尉治之

③ 赦사

집해 장안이 말했다. "조서로 사면이 있어도 혹은 이 법령을 따르지 않는 것이 있었다."

張晏曰 詔書赦 或有不從此令

④ 大抵盡詆以不道대저진저이부도

색은 대개 모두가 부도不道에 이르게 하다. 살펴보니 대지大氐는 대도大都와 같다. 氐의 발음은 '지至'이다.

大氐盡柢以不道 案 大氐猶大都也 氐音至

신주 부도죄不道罪는 악역惡逆(도리에 어긋나는 극악함), 불효不孝, 불목不睦(서로 좋지 않은 사이), 불의不義, 내란內亂의 5가지 행위이다.

두주杜周는 중간에 해임되었다. 뒤에 집금오執金吾가 되어 도둑을 잡는 관리가 되었다. 이때 상홍양桑弘羊과 위황후衛皇后의 형제와 자제들을 체포하여 치죄했는데 매우 엄격했다. 무제는 힘을 다하고 사사로운 마음이 없이 처리했다고 여겨서 옮겨 어사대부로 삼았다.[①]
집안에는 두 아들이 있는데 하수河水를 끼고 하내河內 태수와 하남河南 태수가 되었다. 그들도 치죄하는데 잔악하고 혹독해서 모두 왕온서 등보다도 심했다.
두주는 처음 정위의 사史로 부름을 받았을 때, 한 마리의 말을 두었는데 또 온전하지도 않았다. 두주 자신이 오래도록 관직의 일을 봄에 이르러 삼공三公의 반열에 이르렀고 자손들도 높은 관직에 있어 집안의 재물은 거만금의 막대한 재물을 쌓았다.
周中廢 後爲執金吾 逐盜 捕治桑弘羊衛皇后昆弟子刻深 天子以爲盡力無私 遷爲御史大夫[①] 家兩子 夾河爲守 其治暴酷皆甚於王溫舒等矣 杜周初徵爲廷史 有一馬 且不全 及身久任事 至三公列 子孫尊官 家訾累數巨萬矣

① 遷爲御史大夫천위어사대부

집해 서광이 말했다. "천한天漢 3년 어사대부가 되었고 4년 만인 태시太始 3년에 죽었다."

徐廣曰 天漢三年爲御史大夫 四歲 太始三年卒

태사공은 말한다.

질도郅都로부터 두주杜周에 이르는 10명, 이들은 모두 잔혹함과 맹렬함으로써 명성을 떨쳤다. 그러나 질도는 굳세고 강직하여 옳고 그른 것들을 이끌어서 천하의 요체를 다투었다. 장탕은 음陰과 양陽을 알아 군주와 부침浮沈을 함께 하며, 때때로 수차례에 걸쳐 타당성 여부를 변론하여 국가는 그 유리한 것에 의지했다. 조우趙禹는 때마다 법에 의거하여 정도를 지켰다. 두주는 아첨을 따랐으나 말을 적게 하는 것으로 신중함을 삼았다. 장탕이 죽은 뒤로부터는 법망이 조밀해서 꾸짖고 엄하게 하는 것이 많아졌으나 관리의 일들이 점점 쇠퇴해 갔다. 구경九卿들은 무능하게 그의 관직만을 받들어 허물을 구제하는 데에도 충분하지 못했는데 어느 겨를에 법령 밖의 것을 논하겠는가? 그러나 이 10여 명 가운데 그 청렴한 자들은 족히 의표儀表로 삼을 만하고, 그 더러운 자들은 족히 경계로 삼을 만하다.① 계책으로 가르치고 인도해서 간사한 것을 막고 사특한 것을 중지시켰다. 일체가 또한 모두 빛나고 빛나는 바탕에 문文과 무武를 겸비하였다. 비록 참혹하더라도 이는 그들의 지위에 걸맞게 했다. 촉군蜀郡의 태수인 풍당馮當이 사납게 백성을 꺾고, 광한군廣漢郡의 이정李貞이 멋대로 사람을 찢어 죽이고, 동군東郡의 미복彌僕[②]이 목에 톱질을 하고, 천수군天水郡의 낙벽駱璧이 망치로 사람을 쳐 죽이고,[③] 하동군河東郡의 저광褚廣이 망령되게 사람을 죽이고, 경조京兆의 무기無忌와 풍익馮翊의 은주殷周가 살무사나 새매처럼 사람을 덮치고,[④] 수형도위水衡都尉인 염봉閻奉이 사람을 때려죽이고 뇌물로 청탁을 받은 것과 같은 것에 이르기까지 어찌 족히 셀 수 있겠는가! 어찌 족히 셀 수 있을 것인가!

太史公曰 自郅都杜周十人者 此皆以酷烈爲聲 然郅都伉直 引是非 爭天下大體 張湯以知陰陽 人主與俱上下 時數辯當否 國家賴其便 趙禹時據法守正 杜周從諛 以少言爲重 自張湯死後 網密 多詆嚴 官事寖以秏廢 九卿碌碌奉其官 救過不贍 何暇論繩墨之外乎 然此十人中 其廉者足以爲儀表 其汚者足以爲戒[①] 方略敎導 禁姦止邪 一切亦皆彬彬質有其文武焉 雖慘酷 斯稱其位矣 至若蜀守馮當暴挫 廣漢李貞擅磔人 東郡彌僕[②]鋸項 天水駱璧推咸[③] 河東褚廣妄殺 京兆無忌馮翊殷周蝮鷙[④] 水衡閻奉朴擊賣請 何足數哉 何足數哉

① 足以爲戒족이위계

집해 서광이 말했다. "어떤 판본에는 이 네 글자가 없다."

徐廣曰 一本無此四字

② 彌僕미복

색은 미彌는 성姓이고 복僕은 이름이다.

彌 姓 僕 名

③ 推咸추함

집해 서광이 말했다. "다른 판본에는 '성成'으로 되어 있다."

徐廣曰 一作成

색은 앞 글자 推의 발음은 '주[直追反]'이고 뒷 글자 咸의 발음이 '감減'이다. 다른 판본에는 '성成'으로 되어 있는데, 이것이 옳다. 추계推繫(결박해서 감옥에 넣음)로 옥사가 이루어진 것을 이른 것이다.

上音直追反 下音減 一作成 是也 謂(推繫)〔椎擊〕之以成獄也

④ 蝮鷙복지

색은 蝮의 발음은 '복蝮'이고 살무사이다. 鷙의 발음은 '지鷙'이고 새매이다. 그 혹독한 것을 살무사의 독이나 새매가 움켜잡는 것과 같은 것에 비유해 말한 것이다.

上音蝮虵 下音鷙鷹也 言其酷比之蝮毒鷹攫

색은술찬 사마정이 펼쳐서 밝히다.

지존이 덕을 잃으니 법령이 마구 일어났다. 모난 것을 깨서 동그랗게 만들듯 포악한 법으로 금했으나 그치지 않았다. 간악하고 거짓이 성행하자 참혹한 치죄가 이에 비롯되었다. 젖먹이 짐승이 위세를 떨치고 보라매가 곁에서 엿보았다. 법을 교묘하게 해 죄에 이르게 하니 목숨을 아껴주리라 어찌 믿겠는가!

太上失德 法令滋起 破觚爲圓 禁暴不止 姦僞斯熾 慘酷爰始 乳獸揚威 蒼鷹側視 舞文巧詆 懷生何恃

사기 제123권 史記卷一百二十三

대원열전 大宛列傳

사기 제123권 대원열전 제63
史記卷一百二十三 大宛列傳第六十三

신주 대원국大宛國은 흉노에서 서남쪽, 한나라에서 정서쪽으로 1만 2,500리쯤 떨어져 있다. 동쪽으로 도호都護까지 다스리고, 서남쪽으로 대월지大月氏까지, 남쪽으로 대월지까지, 북쪽으로 강거康居까지 이르는 곳이다. 무제가 즉위하자마자 이곳 서역으로 눈을 돌리게 된 까닭은 흉노가 자주 침략하자 흉노를 멸망시키겠다고 생각했기 때문이다. 이때 월지국의 백성들이 항상 흉노에게 원한을 가지고 있다는 소문을 듣고 양쪽에서 흉노를 협공하려고 계획한 것이다. 이에 서역과 교역할 계획을 세우고 일을 진행했는데, 장건이 사신으로 발탁되어 한나라를 떠나서 대원국에 갔다가 돌아오는 과정을 시간별로 적어보면 다음과 같다.

- 건원 원년(서기전 140), 무제는 장건을 낭관으로 임명했다.
- 건원 3년(서기전 138), 대월지와 연합하여 흉노를 공격하려고 사자使者를 모집했는데, 장건이 응모해 사자가 되었다. 장건이 사신이 되어 서역으로 가다가 흉노에게 포로로 잡혀 10년 동안 갇혀 있었다.
- 원광 말년(서기전 129)에 탈출하여 서쪽으로 대원까지 가서 강거康居를 거쳐 대월지에 도착한 후 대하大夏로 옮겨 1년여 머물다가 돌아왔다.

돌아오는 길에 흉노에게 들키지 않으려고 남도에서 남산을 끼고 오다가 다시 흉노에게 잡혀 1년 넘게 구금되었다.

- 원삭 3년(서기전 126), 흉노의 내란을 틈타 한나라로 도망쳐 와 무제에게 서역 상황을 상세히 보고할 수 있었다. 이로써 태중대부太中大夫가 되었다.
- 원삭 6년(서기전 129), 교위가 되어 대장군 위청을 따라 흉노를 공격하는데 공로를 세워 박망후博望侯가 되었다.

장건은 원래 서역에 사신으로 가서 대월지와 동맹을 맺고 흉노를 협공하려는 무제의 의도를 관철하기 위해 갔지만 그 뜻을 이루지는 못했다. 그러나 이를 계기로 한나라와 서역 사이에 교류할 수 있는 길이 개통됨에 따라 중원의 문명이 사방에 급속히 전파되는 동시에 서역 문명이 한나라로 이입移入되는 결과를 낳았다. 따라서 장건이 개척한 길이 세계의 문명사를 바꾸어 놓는 전환점이 되었다는 것에서 역사적으로 중요한 의미가 있다.

장건의 서역여행

대원국大宛國①의 자취는② 장건張騫에게서 볼 수 있다. 장건은 한중漢中 사람이다.③ 무제 건원建元 연중에 낭郎이 되었다. 이때 천자가 흉노에서 항복해 온 자에게 질문하면 모두가 한결같이 말했다.
"흉노의 선우는 월지왕月氏王④을 무너뜨리고 그의 머리로 술통을⑤ 만들었습니다. 월지국의 백성은 도망쳐서 항상 흉노에게 원한을 가지고 있지만 힘을 합쳐 공격할 나라가 없습니다."
이때 한나라에서 막 오랑캐들을 멸망시키려 하는 때여서 무제가 이 소문을 듣고 이에 사신을 보내고자 했다. (월지국으로 가는) 길은 반드시 흉노의 땅 안을 지나야⑥ 했으므로 이에 사신으로 갈 수 있는 사람을 모집했다.
大宛①之跡② 見自張騫 張騫 漢中人③ 建元中爲郎 是時天子問匈奴降者 皆言匈奴破月氏王④ 以其頭爲飮器⑤ 月氏遁逃而常怨仇匈奴 無與共擊之 漢方欲事滅胡 聞此言 因欲通使 道必更⑥匈奴中 乃募能使者

① 大宛대원

색은 宛의 발음은 '원菀' 또는 '원[於袁反]'이다.

音菀 又於袁反

신주 대원大宛은 나라 이름이다.

② 大宛之跡대원지적

정의 《한서》에서 말한다. "대원국大宛國은 장안長安과 1만 2,550리 떨어져 있고 동쪽은 도호都護에 이르러 다스리며 서남쪽은 대월지大月氏에 이르고 남쪽은 또한 대월지에 이르며 북쪽은 강거康居에 이른다."《괄지지》에서 말한다. "솔도사나국率都沙那國은 또한 소대사나국蘇對沙那國으로 이름하는데, 본래는 한나라 대원국이다."

漢書云 大宛國去長安萬二千五百五十里 東至都護治 西南至大月氏 南亦至大月氏 北至康居 括地志云 率都沙那國亦名蘇對沙那國 本漢大宛國

③ 張騫 漢中人장건 한중인

색은 진수의 《익부기구전》에서 말한다. "건騫은 한중漢中의 성고成固 사람이다."

陳壽益部耆舊傳云 騫 漢中成固人

④ 月氏王월지왕

정의 氏의 발음은 '지支'이다. 양涼, 감甘, 숙肅, 과瓜, 사沙 등의 주州는 본래 월지국月氏國의 땅이다. 《한서》에는 "본래 돈황敦煌과 기련祈連의 사이에서 살았다."라고 한 것이 이것이다.

氏音支 涼甘肅瓜沙等州 本月氏國之地 漢書云本居敦煌祈連間是也

⑤ 飮器음기

집해 위소가 말했다. "음기飮器는 비합椑榼(술통)이다. 선우單于는 월지왕의 머리로 음기를 만들었다." 진작이 말했다. "음기는 호자虎子(변기) 따위이다. 어떤 이는 술을 마시는 그릇이라고 했다."

韋昭曰 飮器 椑榼也 單于以月氏王頭爲飮器 晉灼曰 飮器 虎子之屬也 或曰飮酒器也

색은 椑의 발음은 '비[白迷反]'이다. 榼의 발음은 '괍[苦盍反]'이다. 살펴보니 지금의 편합偏榼(변기)을 이른다.

椑音白迷反 榼音苦盍反 案 謂今之偏榼也

정의 《한서》〈흉노전〉에서 말한다. "원제는 거기도위 한창韓昌과 광록대부 장맹張猛을 보내 흉노와 맹약해서 노상선우老上單于가 월지왕을 무너뜨리고 머리로 만든 음기飮器로 함께 피를 마시고 맹세했다."

漢書匈奴傳云 元帝遣車騎都尉韓昌光祿大夫張猛 與匈奴盟 以老上單于所破月氏王頭爲飮器者 共飮血盟

⑥ 更갱

색은 갱更은 경經(지나다)이다. 更의 발음은 '갱羹'이다.

更 經也 音羹

장건이 낭관郎官으로 모집에 응해서 월지국에 사신으로 가게 되었다. 당읍씨當邑氏인 흉노 출신의 종 감보甘父[①]와 함께 농서隴西로 나가서 흉노의 땅을 지나가는데,[②] 흉노에게 체포되어 흉노의 선우單于에게 전해졌다. 선우가 억류시키고 말했다.

"월지국은 우리의 북쪽에 있다. 한나라에서 어떻게 사신을 보내겠는가? 우리가 월越나라에 사신을 보내고자 한다면 한나라가 기꺼이 나의 요구를 들어주겠는가?"
장건을 10여 년이나 억류시키고 아내를 주어 자식도 가졌지만, 장건은 한나라 사신으로 절부節符를 지니고 잃지 않았다. 흉노 안에 살면서 감시가 갈수록 느슨해지자 장건은 이에 따라 그의 무리와 함께 도망쳐서 월지국으로 향했다. 이에 서쪽으로 달아나 수십 일을 지나서 대원大宛에 이르렀다.
騫以郎應募 使月氏 與堂邑氏(故)胡奴甘父①俱出隴西 經匈奴② 匈奴得之 傳詣單于 單于留之 曰 月氏在吾北 漢何以得往使 吾欲使越 漢肯聽我乎 留騫十餘歲 與妻 有子 然騫持漢節不失 居匈奴中 益寬 騫因與其屬亡鄉月氏 西走數十日至大宛

① 堂邑氏胡奴甘父당읍씨호노감보

집해 《한서음의》에서 말한다. "당읍씨堂邑氏는 성姓이다. 호노감보胡奴甘父는 자字이다."
漢書音義曰 堂邑氏 姓 胡奴甘父 字

색은 살펴보니 당읍현堂邑縣 사람의 집안에 호胡의 종은 이름이 감보甘父이다. 아래에 '당읍보堂邑父'라고 이른 것은 아마도 뒤에 사가史家가 생략한 것을 따라 오직 '당읍보堂邑父'라고 칭하고 '감甘' 자는 생략한 것이다. 감甘은 어떤 이는 그의 성姓으로 부른 것이라고 했다.
案 謂堂邑縣人家胡奴名甘父也 下云 堂邑父者 蓋後史家從省 唯稱堂邑父而略甘字 甘 或其姓號

② 經匈奴경흉노

색은 길이 흉노를 거치는 것을 이른다.

謂道經匈奴也

대원국은 한나라에 풍요한 재물이 있다는 소문을 듣고 교통을 하고자 했으나 할 수 없었다. 장건을 보자 기뻐하며 물었다.

"그대는 어디로 가고자 하는 것인가?"

장건이 말했다.

"한나라를 위해 월지국月支國에 사신으로 가는데 흉노가 길을 막아 지금 도망쳐 왔습니다. 오직 왕께서 사람을 시켜서 길을 안내해 우리를 보내 주십시오. 진실로 이르게 되어 한나라로 돌아가면 한나라에서 왕에게 보답하는 재물이 이루 말할 수 없을 것입니다."

대원국은 그럴 것이라고 여기고 장건을 보내는데① 안내인과 통역을 딸려 보내 주었다. 일행이 강거국康居國에 이르자② 강거국에서 대월지국大月氏國에 전송하여 보냈다.③ 대월지 왕은 이미 흉노에게 죽임을 당했다. 그래서 그의 태자를 왕으로 세웠다.④ 이미 대하국大夏國을 정복하고 그 땅에 거처했다.⑤ 그 땅이 비옥하고 도적들은 적어 마음 편안히 즐겼다. 또 저절로 한나라와는 멀어져서 특별히 흉노에게 보복하려는 마음도 없었다.

大宛聞漢之饒財 欲通不得 見騫 喜 問曰 若欲何之 騫曰 爲漢使月氏 而爲匈奴所閉道 今亡 唯王使人導送我 誠得至 反漢 漢之賂遺王財物不可勝言 大宛以爲然 遣騫① 爲發導繹 抵康居② 康居傳致大月氏③ 大月

氏王已爲胡所殺 立其太子爲王[4] 旣臣大夏而居[5] 地肥饒 少寇 志安樂 又自以遠漢 殊無報胡之心

① 遣騫견건

색은 대원大宛에서 장건을 서쪽으로 떠나보낸 것이다.

謂大宛發遣騫西也

② 抵康居저강거

색은 길의 역마를 출발하게 하여 강거康居에 이르게 한 것이다. 발도發道는 역마를 출발하게 해서 사람을 시켜 인도하게 하고 강거국에 이르게 한 것을 이른 것이다. 導의 발음은 '도道'이다. 저抵는 지至이다. 居의 발음은 '거渠'이다.

爲發道驛抵康居 發道 謂發驛令人導引而至康居也 導音道 抵 至也 居音渠也

정의 저抵는 지至(이르다)이다. 居의 발음은 '거[其居反]'이다. 《괄지지》에서 말한다. "강거국은 경사京師에서 서쪽으로 1만 6,000리에 있다. 그 서북쪽으로 2,000리가 될만한 곳에 엄채奄蔡와 주국酒國이 있다."

抵 至也 居 其居反 括地志云 康居國在京西一萬六百里 其西北可二千里有奄蔡 酒國也

③ 康居傳致大月氏강거전치대월지

정의 여기의 대월지大月氏는 대원大宛의 서남쪽에 있고 규수嬀水의 북쪽에는 왕정王庭이 되었다. 《한서》에는 장안과의 거리는 1만 1,600리라고 했다.

此大月氏在大宛西南 於嬀水北爲王庭 漢書云 去長安萬一千六百里

④ 太子爲王 태자위왕

집해 서광이 말했다. "일설에는 '부인위왕夫人爲王'이라고 했고, 이적夷狄에게는 또한 혹 여주女主가 있다."

徐廣曰 一云 夫人爲王 夷狄亦或女主

색은 살펴보니 《한서》 〈장건전〉에서 말한다. "그의 부인을 세워서 왕王으로 삼았다."

案 漢書張騫傳云 立其夫人爲王也

⑤ 旣臣大夏而居 기신대하이거

색은 이미 대하大夏를 신하로 삼고 군주가 되었다. 월지국이 대하국을 신하로 삼고 이 때문에 일어나 군주가 된 것을 말한 것이다.

旣臣大夏而君之 謂月氏以大夏爲臣 而爲之作君也

정의 기旣는 진盡이다. 대하국은 규수嬀水의 남쪽에 있다.

旣 盡也 大夏國在嬀水南

장건은 월지국을 따라 대하大夏까지 이르렀으나 끝내 월지국과 (흉노를 칠) 맹약을[①] 얻을 수 없었다.

한 해 남짓 머무르다 돌아오게 되어 남산을 따라[②] 강羌[③]나라로 돌아오려고 했으나 다시 흉노에게 체포되고 말았다. 억류된 지 한 해 남짓 되었는데 선우單于가 죽었다.[④]

좌녹려왕左谷蠡王이 그의 태자를 공격하고 스스로 즉위해 흉노의 나라 안이 어지러워지자, 장건은 흉노의 아내, 당읍감보堂邑甘父와 함께 한나라로 도망쳐 돌아왔다. 한나라에서 장건을 제수해서 태중대부로 삼고 당읍감보를 봉사군奉使君⑤으로 삼았다.

장건의 사람됨은 힘이 세고 관대하며 남을 잘 믿어서 오랑캐들도 그를 사랑했다. 당읍감보는 본래 오랑캐였으며 활을 잘 쏘아 궁핍하고 위급할 때는 새나 짐승을 활로 쏘아 잡아서 식사를 공급했다. 처음 장건이 사신으로 갈 때 100여 명이었으나, 13년이 지나자 오직 2명만이 살아 돌아왔다.

騫從月氏至大夏 竟不能得月氏要領① 留歲餘 還 竝南山② 欲從羌③中歸 復爲匈奴所得 留歲餘 單于死④ 左谷蠡王攻其太子自立 國內亂 騫與胡妻及堂邑父俱亡歸漢 漢拜騫爲太中大夫 堂邑父爲奉使君⑤ 騫爲人彊力 寬大信人 蠻夷愛之 堂邑父故胡人 善射 窮急射禽獸給食 初 騫行時百餘人 去十三歲 唯二人得還

① 要領요령

집해 《한서음의》에서 말한다. "요령要領은 요계要契이다."

漢書音義曰 要領 要契

색은 이기가 말했다. "요령要領은 요계要契이다." 소안小顔은 생각하기를 옷에는 요要(허리춤)와 령領(옷깃)이 있다고 했다. 유씨가 말했다. "그의 요해要害를 얻지 못한 것이다. 그러나 자못 그의 뜻이 옳았고 문자文字에서 소략疏略이 되었다."

李奇云 要領 要契也 小顔以爲衣有要領 劉氏云 不得其要害 然頗是其意 於文

字爲疏者也

신주 여기에서의 요계要契란 장건과 월지 사이에서 '합의'를 뜻한다. 요해要害란 군사적 요충지를 말한다.

② 竝南山병남산

정의 竝의 발음은 '방[白浪反]'이다. 남산南山은 곧 종남산終南山에서 이어져 경사의 남동쪽으로부터 화산華山에 이르러 하수를 지나 동북쪽으로 연이어 뻗어서 바다에 이르는 산으로 곧 중조산中條山이다. 경사의 남쪽으로부터 연이어 접해서 총령산蔥嶺山의 1만여 리에 이른다. 그러므로 '병남산竝南山'이라고 이른 것이다. 〈서역전〉에는 "그 남산의 동쪽은 금성金城으로 나가 한나라 남산과 함께 소속된다."라고 했다.

竝 白浪反 南山卽連終南山 從京南東至華山過河 東北連延至海 卽中條山也 從京南連接至蔥嶺萬餘里 故云竝南山也 西域傳云其南山東出金城 與漢南山屬焉

③ 羌강

정의 《설문》에서 말한다. "강羌은 서방의 양을 치는 사람들이다. 남방은 만민蠻閩으로 충虫을 따르고, 북방은 적狄으로 견犬을 따르고, 동방은 맥貊으로 치豸를 따르고, 서방은 강羌으로 양羊을 따른 것이다."

說文云 羌 西方牧羊人也 南方蠻閩從虫 北方狄從犬 東方貊從豸 西方羌從羊

④ 單于死선우사

집해 서광이 말했다. "원삭元朔 3년이다."

徐廣曰 元朔三年

⑤ 奉使君봉사군

색은 당읍보堂邑父의 관직 호칭이다.

堂邑父之官號

장건이 몸소 이른 곳은 대원국, 대월지, 대하大夏, 강거康居 등의 나라였다. 그 곁에는 대국이 5~6개가 더 있다는 소문을 전해 듣고 구체적으로 천자에게 아뢰어 말했다.

"대원국은 흉노의 서남쪽에 있고 한나라의 정서쪽에 있으며 한나라와의 거리는 1만 리쯤 됩니다. 그들의 풍속은 한 곳에 토착해 밭을 갈고 벼와 보리를 심습니다. 포도주도 있습니다. 좋은 말이 많고① 말은 피 같은 땀을 흘리는데, 그 말의 조상은 천마의 새끼②라고 했습니다. 성곽이 있고 집도 있습니다. 그들의 소속 읍은 크고 작은 것들이 70여 개의 성으로 이어졌고 백성의 수는 수십만 명 정도입니다. 그들의 병기는 활과 창이고 말을 타고 활쏘기를 잘합니다.

騫身所至者大宛大月氏大夏康居 而傳聞其旁大國五六 具爲天子言之曰 大宛在匈奴西南 在漢正西 去漢可萬里 其俗土著 耕田 田稻麥 有蒲陶酒 多善馬① 馬汗血 其先天馬子②也 有城郭屋室 其屬邑大小七十餘城 衆可數十萬 其兵弓矛騎射

① 多善馬다선마

색은 살펴보니 《외국전》에서 말한다. "외국에서는 천하에서 세 가지의 많이 있는 것을 일컬었다. 중국에는 사람이 많고 대진大秦에는 보물이 많고 월지에는 말이 많다."

案 外國傳云 外國稱天下有三衆 中國人衆 大秦寶衆 月氏馬衆

② 天馬子천마자

집해 《한서음의》에서 말한다. "대원국大宛國에는 높은 산이 있고 그 위에 말이 있었는데, 잡을 수가 없었다. 따라서 오색五色의 어미말을 취해 그 산 아래에 두어 함께 교미를 해 한혈汗血의 망아지를 낳았는데, 이로 인하여 '천마자天馬子'라고 부른다."

漢書音義曰 大宛國有高山 其上有馬 不可得 因取五色母馬置其下 與交 生駒汗血 因號曰天馬子

그들의 북쪽에는 강거국이 있고, 서쪽에는 대월지국이 있으며, 서남쪽에는 대하大夏가 있고, 동북쪽에는 오손국烏孫國이 있습니다. 동쪽에는 구미扜罙(拘罙)와 우전于窴[①]이 있습니다. 우전의 서쪽에는 곧 물이 모두 서쪽으로 흘러서 서해西海로 흘러 들어가고 그 동쪽의 물은 동쪽으로 흘러서 염택鹽澤[②]으로 흘러 들어갑니다. 염택의 물은 땅 밑으로 잠겨서 흐르며 그 남쪽은 하수河水의 근원에서 나오는 물입니다.[③] 옥석玉石이 많고 하수河水는 중국으로 물을 댑니다. 누란국樓蘭國과 고사국姑師國[④]은 읍邑에 성곽이 있고 염택에 다다라 있습니다. 염택은 장안에서의 거리가 5,000리쯤 됩니다. 흉노의 오른쪽은 염택의 동쪽에 자리 잡았으며 농서隴西의 장성에 이르러서 남쪽으로 강羌과 접하여 한나라로 통하는 길을 가로막고 있습니다.

其北則康居 西則大月氏 西南則大夏 東北則烏孫 東則扜罙于寘[①] 于寘之西 則水皆西流 注西海 其東水東流 注鹽澤[②] 鹽澤潛行地下 其南則河源出焉[③] 多玉石 河注中國 而樓蘭姑師[④]邑有城郭 臨鹽澤 鹽澤去長安可五千里 匈奴右方居鹽澤以東 至隴西長城 南接羌 鬲漢道焉

① 扜罙于寘우미우전

집해 서광이 말했다. "《한기》에는 구미국拘彌國은 우전于寘과의 거리는 300리라고 했다."

徐廣曰 漢紀曰拘彌國去于寘三百里

색은 우미扜罙는 나라 이름이다. 扜罙의 발음은 '우미汙彌'이다. 《한기》는 순열荀悅이 찬술한 《한기》를 이른다. 拘의 발음은 '구俱'이고 미彌는 곧 미罙이다. 곧 구미拘彌와 우미扜罙는 하나이다. 寘의 발음은 '전殿'이다.

扜罙 國名也 音汙彌二音 漢紀謂荀悅所譔漢紀 拘音俱 彌卽罙也 則拘彌與扜罙是一也 音殿

② 鹽澤염택

색은 염수鹽水이다. 《태강지기》에서 말한다. "하수의 북쪽에서 물을 얻으면 하河가 되고, 새외塞外에서 물을 얻으면 해海가 된다."

鹽水也 太康地記云 河北得水爲河 塞外得水爲海也

정의 《한서》에서 말한다. "염택鹽澤은 옥문玉門, 양관陽關과의 거리는

300여 리이고 광무廣袤(동서남북)는 3~400리이다. 그 물은 모두 지하로 잠행潛行해서 남쪽으로 적석산積石山에서 나와 중국의 하수가 된다."《괄지지》에서 말한다. "포창해蒲昌海는 일명 유택泑澤이라 하고 일명 염택鹽澤이라 하고 또한 보일해輔日海라고도 이름하고 또한 천란穿蘭이라고 이름하고 또한 임해臨海라고도 이름하며 사주沙州의 서남쪽에 있다. 옥문관은 사주沙州 수창현壽昌縣 서쪽 6리에 있다."
漢書云 鹽澤去玉門陽關三百餘里 廣袤三四百里 其水皆潛行地下 南出於積石山爲中國河 括地志云 蒲昌海一名泑澤 一名鹽澤 亦名輔日海 亦名穿蘭 亦名臨海 在沙州西南 玉門關在沙州壽昌縣西六里

③ 河源出焉하원출언

색은 살펴보니《한서》〈서역전〉에서 말한다. "하河는 두 곳의 근원이 있는데 하나는 총령산蔥嶺山에서 나오고, 하나는 우전于寘에서 나온다."《산해경》에서 말한다. "하河는 곤륜산의 동북쪽 모퉁이에서 나온다." 곽박이 말했다. "하河는 곤륜산에서 나와 지하로 잠행潛行해서 총령산의 우전국에 이르렀다가 다시 나누어져 두 갈래로 흘렀다가 합해서 동쪽으로 유택泑澤으로 흘러들어가 중지했다가 다시 적석산으로 행해 중국의 하河가 된다." 유택泑澤은 곧 염택이며 일명 포창해蒲昌海이다. 〈서역전〉에서 말한다. "하나는 우전于闐의 남산 아래에서 나온다." 곽박의《산해경》 주석과는 동일하지 않다.《광지》에서 말한다. "포창해蒲昌海는 포류해蒲類海의 동쪽에 있다."
案 漢書西域傳云 河有兩源 一出蔥嶺 一出于寘 山海經云 河出崑崙東北隅 郭璞云 河出崑崙 潛行地下 至蔥嶺山于寘國 復分流岐出 合而東注泑澤 已而復行積石 爲中國河 泑澤卽鹽澤也 一名蒲昌海 西域傳云一出于闐南山下 與郭璞

注山海經不同 廣志云 蒲昌海在蒲類海東也

④ 樓蘭姑師누란고사

정의 2개의 나라 이름이다. 고사姑師는 곧 거사車師이다.

二國名 姑師卽車師也

오손국烏孫國은 대원국에서 동북쪽으로 2,000리쯤 있습니다. 땅에 정착하지 않고[①] (물과 풀을 따라) 목축을 하면서 이동하는데 흉노와의 풍속이 같습니다. 활을 쏠 수 있는 자들이 수만 명으로 전투에 용맹합니다. 본디 흉노에게 복종했으나 강성해짐에 이르러 이름만 (흉노에) 소속되어 있을 뿐, 그 속박된 무리를 취합해 보려고 하지만 즐겨 가서 조회하고자 하지 않는다고 합니다.
강거국康居國은 대원국에서 서북쪽으로 2,000리쯤에 있습니다. 정착하지 않고 유목생활을 하며 월지국과 함께 크게는 풍속이 같습니다. 활을 쏠 수 있는 자들이 8~9만 명 정도이며, 대원국과 인접한 국가입니다. 국가는 작고 남쪽으로 월지국에 속박당해 섬기고, 동쪽으로 흉노에 속박당해 섬기고 있습니다.
烏孫在大宛東北可二千里 行國[①] 隨畜 與匈奴同俗 控弦者數萬 敢戰故服匈奴 及盛 取其羈屬 不肯往朝會焉 康居在大宛西北可二千里 行國 與月氏大同俗 控弦者八九萬人 與大宛鄰國 國小 南羈事月氏 東羈事匈奴

① 行國행국

집해 서광이 말했다. "토착土著하지 않는다."

徐廣曰 不土著

신주 유목민이다.

엄채국奄蔡國[1]은 강거국에서 서북쪽으로 2,000리쯤에 있습니다. 정착하지 않고 유목생활을 하며 강거국과 크게는 풍속이 동일합니다. 활을 쏠 수 있는 자들은 10여만 명입니다. 대택大澤에 다다라 있고 산비탈이 없어서 대개 북해北海라고도 이릅니다.

대월지국大月氏國[2]은 대원국에서 서쪽으로 2,000~3,000리쯤에 있으며 규수嬀水의 북쪽에 살고 있습니다. 그 남쪽에는 대하국이 있고, 그 서쪽에는 안식국安息國이 있고, 그 북쪽에는 강거국이 있습니다. 정착하지 않고 유목생활을 해 가축을 따라서 이동하며 흉노와 풍속이 동일합니다. 활을 쏠 수 있는 군사들은 10~20만 명입니다. 본디부터 강성하여 흉노를 가볍게 여겼는데 묵돌이 즉위해서 선우가 되었을 때 월지국을 공격해서 격파하였고, 흉노의 노상선우老上單于 때에 이르러서는 월지왕을 살해하고 그의 머리로 술잔을 만들어 사용했다고 합니다. 애당초 월지국은 돈황敦煌과 기련산祁連山 사이에 살고 있었습니다.[3] 그런데 흉노에게 무너진 바가 되어 멀리 떠나 대원을 지나서 서쪽으로 대하국을 공격해서 그들을 신하로 삼고 마침내 규수嬀水의 북쪽에 도읍해서 왕의 조정을 세웠습니다. 그 나머지 소수의 무리는 능히 떠나지 못한 자들로 남산南山과 강羌을 지키며 소월지국小月氏國이라고 불렀습니다.

奄蔡[①]在康居西北可二千里 行國 與康居大同俗 控弦者十餘萬 臨大澤無崖 蓋乃北海云 大月氏[②]在大宛西可二三千里 居嬀水北 其南則大夏 西則安息 北則康居 行國也 隨畜移徙 與匈奴同俗 控弦者可一二十萬 故時彊 輕匈奴 及冒頓立 攻破月氏 至匈奴老上單于 殺月氏王 以其頭爲飮器 始月氏居敦煌祁連間[③] 及爲匈奴所敗 乃遠去 過宛 西擊大夏而臣之 遂都嬀水北 爲王庭 其餘小衆不能去者 保南山羌 號小月氏

① 奄蔡엄채

정의 《한서해고》에서 말한다. "엄채奄蔡는 곧 합소闔蘇이다." 《위략》에서 말한다. "서쪽으로는 대진大秦과 더불어 통하고 동남쪽으로는 강거와 더불어 접해 있다. 그 국가에는 담비가 많고 수초水草로 가축을 기른다. 그러므로 당시에는 강거康居에 매어 속국이 되었다."

漢書解詁云 奄蔡卽闔蘇也 魏略云 西與大秦通 東南與康居接 其國多貂 畜牧水草 故時羈屬康居也

② 大月氏대월지

정의 만진萬震의 《남주지》에서 말한다. "천축天竺의 북쪽 7,000리쯤에 땅이 높고 건조하고 먼 곳에 있다. 국왕은 '천자'라고 칭하고 나라 안에는 탈 수 있는 말이 수십만 필이고 성곽이나 궁전은 대진국大秦國과 동일하다. 백성은 적백赤白의 색이고 곧 활쏘기와 말 타기를 익숙하게 했다. 토지에서 나오는 바와 기위奇瑋하고 진귀한 물건, 의복의 아름다움은 천축天竺에서 미치지 못한다.” 강태康泰의 《외국전》에서 말한다. “외국에서는 천하에서 세 가지의 많이 있는 것을 일컫는데, 중국에는 사람이 많고 진秦에는 보배가 많고 월지국에는 말이 많다.”

萬震南州志云 在天竺北可七千里 地高燥而遠 國王稱 天子 國中騎乘常數十萬匹 城郭宮殿與大秦國同 人民赤白色 便習弓馬 土地所出 及奇瑋珍物 被服鮮好 天竺不及也 康泰外國傳云 外國稱天下有三衆 中國爲人衆 秦爲寶衆 月氏爲馬衆也

③ 月氏居敦煌祁連間월지거돈황기련간

정의 처음에 월지月氏는 돈황의 동쪽과 기련산의 서쪽에 거처했다. 돈황군은 지금의 사주沙州이다. 기련산은 감주甘州 서남쪽에 있다.

初 月氏居敦煌以東 祁連山以西 敦煌郡今沙州 祁連山在甘州西南

안식국安息國[①]은 대월지국에서 서쪽으로 수천 리 밖에 있습니다. 그들의 풍속은 정착생활을 해서 논밭을 갈아 벼와 보리를 심고 포도주를 생산합니다. 성이나 읍은 대원국과 같습니다. 그의 성은 작고 큰 수백여 개의 성들이 소속되어 있고 국토는 사방으로 수천 리이며 (이들 나라 중) 가장 큰 나라입니다. 규수에 임해 있으며 시장이 있고 백성이나 상인들이 수레나 배를 이용해서 이웃 나라로 다니는데, 어떤 경우 수천 리를 나가기도 합니다. 은銀으로 돈을 만드는데, 돈에는 그들 왕의 얼굴 형상을 새깁니다.[②] 왕이 죽으면 그때마다 돈을 바꾸는데, 왕의 얼굴을 본뜹니다.

기록은 가죽에다 하는데 횡서로 기록을 합니다.[3] 그 서쪽에는 조지국條枝國이 있고, 북쪽에는 엄채국과 내건국黎軒國[4]이 있습니다.

安息[1]在大月氏西可數千里 其俗土著 耕田 田稻麥 蒲陶酒 城邑如大宛 其屬小大數百城 地方數千里 最爲大國 臨嬀水 有市 民商賈用車及船 行旁國或數千里 以銀爲錢 錢如其王面[2] 王死輒更錢 效王面焉 畫革旁行[3]以爲書記 其西則條枝 北有奄蔡黎軒[4]

① 安息안식

정의 〈지리지〉에서 말한다. "안식국安息國은 경사京師의 서쪽으로 1만 1,200리에 있다. 서관西關으로부터 서쪽으로 3,400리를 가서 아만국阿蠻國에 이르며, 서쪽으로 3,600리를 가서 사빈국斯賓國에 이른다. 사빈국으로부터 남쪽으로 가서 하河를 건너서 또 서남쪽으로 가서 우라국于羅國의 960리에 이르면 안식국의 서쪽 경계가 다한다. 이로부터 남쪽으로 바다를 타고 대진국大秦國으로 통한다."《한서》에서 말한다. "북쪽은 강거이고 동쪽은 오익산리烏弋山離이고 서쪽은 조지條枝이다. 국가는 규수嬀水에 임해 있다. 토착한다. 은銀으로써 돈을 만들고 그들의 왕의 얼굴과 같이 하고 왕이 죽으면 그때마다 돈을 바꾸어 왕의 얼굴을 본뜬다."

地理志云 安息國京西萬一千二百里 自西關西行三千四百里至阿蠻國 西行三千六百里至斯賓國 從斯賓南行度河 又西南行至于羅國九百六十里 安息西界極矣 自此南乘海乃通大秦國 漢書云 北康居 東烏弋山離 西條枝 國臨嬀水 土著 以銀爲錢 如其王面 王死輒更錢 效王面焉

② 錢如其王面전여기왕면

색은 《한서》에서 말한다. "문양만 왕의 얼굴로 만들고 막幕은 부인의 얼굴로 만든다." 순열이 말했다. "幕의 발음은 '만漫'이고 문면文面이 없는 것이다." 장안이 말했다. "돈의 문면文面에는 사람이 말을 탄 것을 만들고, 돈의 만幕에는 사람의 얼굴 형상을 만든다." 위소가 말했다. "만幕은 돈의 등이다. 幕의 발음은 '만漫'이다." 포개包愷는 幕의 발음을 '만慢'이라고 했다.

漢書云 文獨爲王面 幕爲夫人面 荀悅云 幕音漫 無文面也 張晏云 錢之文面作人乘馬 錢之幕作人面形 韋昭曰 幕 錢背也 音漫 包愷音慢

③ 畫革旁行획혁방행

집해 《한서음의》에서 말한다. "가로로 행해서 글을 적어 기록한다."

漢書音義曰 橫行爲書記

색은 畫의 발음은 '획獲'이다. 안사고가 말했다. "혁革은 가죽이 부드럽지 않은 것이다." 위소가 말했다. "밖의 오랑캐의 글은 모두 옆으로 행하여 쓰며 지금 부남扶南은 중국과 같이 곧 아래로 한다."

畫音獲 小顔云 革 皮之不柔者 韋昭云 外夷書皆旁行 今扶南猶中國 直下也

④ 條枝 北有奄蔡黎軒조지 북유엄채내건

색은 《한서》에는 '여근犂靳'으로 되어 있다. 《속한서》에는 일명 '대진大秦'이라고 했다. 살펴보니 삼국三國이 나란히 서해西海에 임해 있고 《후한서》에서 말한다. "서해西海가 그 나라를 둘러싸고 있어 오직 서북쪽으로만 육도陸道와 통한다." 그러나 한나라 사신이 오익烏弋으로부터 돌아와 조지국條枝國에 이른 자가 있지 않았다.

漢書作 犂靳 續漢書一名大秦 按 三國竝臨西海 後漢書云 西海環其國 惟西北通陸道 然漢使自烏弋以還 莫有至條枝者

정의 앞 글자 黎의 발음은 '래[力奚反]'이다. 뒷 글자 軒의 발음은 '건[巨言反]' 또는 '견[巨連反]'이다(우리가 현재 사용하고 있는 옥편에서는 여헌黎軒으로 읽는다). 《후한서》에서 말한다. "대진大秦은 일명 여건犂鞬이고 서해의 서쪽에 있으며 동서남북으로 각각 수천 리이고 성城은 400여 곳에 있다. 토지에는 금과 은과 기이한 보배가 많아 야광벽夜光璧, 명월주明月珠, 해계서駭雞犀, 화완포火浣市, 산호珊瑚, 호박琥珀, 유리琉璃, 낭간瑯玕, 주단朱丹, 청벽靑碧이 있으며 진기하고 괴이한 물건들이 거의 대진大秦에서 나왔다." 강씨의 《외국전》에서 말한다. "그 나라 성곽은 모두 청수정靑水精으로 주춧돌을 만들었고 오색의 수정으로 벽을 만들었다. 백성이 재주가 많아서 능히 은을 변화시켜 금으로 만들었다. 국토의 시장에서의 매매는 모두 금과 은의 돈으로 했다." 만진萬震의 《남주지》에서 말한다. "대가大家의 옥사屋舍에는 산호로 기둥을 만들었고 유리로 담을 만들었고 수정으로 주춧돌을 만들었다. 바다 안의 사조주斯調洲 위에는 나무가 있는데, 겨울철에 가서 그 껍질을 쪼개 취해서 길쌈해 베를 만들면 지극히 곱고, 수건手巾으로 가지런히 여러 필匹을 만들면 마초포麻焦布와 다를 바가 없고 색은 약간 푸르고 검으며, 만약에 더러워져 빨고자 하여 곧 불속에 넣으면 곧 다시 청결해지는데, 세상에서는 화완포火浣布(석면)라고 이르며, 진秦나라에서는 정중삼문수피定重參問門樹皮라고 이른다." 《괄지지》에서 말한다. "화산국火山國은 부풍扶風의 남동쪽 대호해大湖海의 가운데 있다. 그 나라 안의 산에는 모두 불이 있다. 그러나 불이 타는 속에는 백서피白鼠皮와 수피樹皮가 있는데, 방적해서 화완포火浣布를 만든다. 《위략》에는 대진大秦이 안식국과 조지국條枝國 서쪽인 대해大海의 서쪽에 있다. 그러므로 세속에서는 해서海西라고 이른다고 했다. 안식국의 경계로부터 배를 타고 곧바로 해서海西를 가다가 바람이 이로운 때를 만나면 3개월이면 도착하고 바람이 더디면 혹은 1~2년이 걸린다. 그들은 공적이거나 사적이거나 궁실을 중옥重屋으로 만들고 우郵, 역驛, 정亭을 설치하는데, 중국과 같다. 안식국으로부터 북해北海가 둘러싼 육지로, 그 나라에 도착하면 백성이 서로 이어져 10리里마다 1정亭이 있고 30리에 1치置가 있다. 도적도 없다. 그 나라 보통 사람들은 장대하고 평정平正해 중국인과 같고 호胡의 복장을 했다. 송응宋膺의 《이물지》에는 진秦나라 북쪽의 부용附庸의 작은 읍에는 양고羊羔가 있어 자연적으로 흙 속에서 자라나는데 그것이 싹이 트려는 것을 살펴서 담을 쌓아 둘러주는데 짐승이 먹을까 두려워한 것이다. 그 꼭지는 땅과 이어졌고 끊어 잘라주면 죽는다. 물건을 쳐서 놀라게 하면 이에 놀라서 운다. 꼭지가 드디어 단절되면 곧 수초를 따라서 무리를 이룬다. 또 대진大秦에 금金 이매二枚는 모두 크기가 참외와 같고 심으면 번식함이 끝이 없다. 살펴서 만일 사용한다면 진금眞金이다." 《괄지지》에서 말한다. "소인국小人國은 대진大秦의 남쪽에 있으며 사람이 겨우 세 자[三尺]이다. 그들이 밭을 갈아 농사를 지을 때는 학鶴에게 먹히게 되는 것을 두려워해서 대진大秦에서 호위해 도와준다. 곧 초요국焦僥國은 그 사람들이 굴속에서 산다."

上力奚反 下巨言反 又巨連反 後漢書云 大秦一名犂鞬 在西海之西 東西南北各數千里 有城四百餘所 土多金銀奇寶 有夜光璧明月珠駭雞犀火浣布珊瑚琥珀琉璃瑯玕朱丹青碧 珍怪之物 率出大秦 康氏外國傳云 其國城郭皆青水精爲〔礎〕 及五色水精爲壁 人民多巧 能化銀爲金 國土市買皆金銀錢 萬震南州志云 大家屋舍 以珊瑚爲柱 琉璃爲牆壁 水精爲礎舃 海中斯調(州)〔洲〕上有木 冬月往剝取其皮 績以爲布 極細 手巾齊數匹 與麻焦布無異 色小青黑 若垢汚欲

浣之 則入火中 便更精潔 世謂之火浣布 秦云定重參問門樹皮也 括地志云 火山國在扶風南東大湖海中 其國中山皆火 然火中有白鼠皮及樹皮 績爲火浣布 魏略云大秦在安息條支西大海之西 故俗謂之海西 從安息界乘船直載海西 遇風利時三月到 風遲或一二歲 其公私宮室爲重屋 郵驛亭置如中國 從安息繞海北陸到其國 人民相屬 十里一亭 三十里一置 無盜賊 其俗人長大平正 似中國人而胡服 宋膺異物志云秦之北附庸小邑 有羊羔自然生於土中 候其欲萌 築牆繞之 恐獸所食 其臍與地連 割絕則死 擊物驚之 乃驚鳴 臍遂絕 則逐水草爲群 又大秦金二枚 皆大如瓜 植之滋息無極 觀之如用則眞金也 括地志云 小人國在大秦南 人纔三尺 其耕稼之時 懼鶴所食 大秦衞助之 卽焦僥國 其人穴居也

조지국條枝國은 안식국에서 서쪽으로 수천 리 밖에 있고, 서해에 다다라 있으며 덥고 습기가 많습니다. 전지田地를 갈아 벼를 심어 생활합니다. 큰 새가 있어 알이 항아리만큼 큽니다.① 인구는 대단히 많아 가는 곳마다 소군장小君長(추장)이 있습니다. 안식국이 그들을 복속시켜서 부리며 바깥 나라로 여기고 있습니다. 그 나라는 마술魔術②을 잘합니다. 안식국의 장로長老들에게 전해 듣기로는 조지국에는 약수弱水와 서왕모西王母③가 있다고 하는데, 일찍이 보지는 못했다고 합니다.

條枝在安息西數千里 臨西海 暑濕 耕田 田稻 有大鳥 卵如甕① 人衆甚多 往往有小君長 而安息役屬之 以爲外國 國善眩② 安息長老傳聞條枝有弱水西王母③ 而未嘗見

① 卵如甕난여옹

정의 《한서》에서 말한다. "조지條枝에는 사자師子, 서우犀牛, 공작孔雀, 대작大雀이 나오는데 그의 알은 옹甕(항아리)과 같다. 화제和帝의 영원永元 13년 안식왕安息王 만굴滿屈이 사자師子, 대조大鳥를 헌상했는데 세상에서는 '안식작安息雀'이라고 일렀다." 《광지》에서 말한다. "조鳥는 올빼미나 매의 몸체에 낙타의 발굽을 하고 푸른색이며 머리를 들면 8~9자나 되고 날개를 펴면 한 장一丈 남짓 되며 대맥大麥을 먹으며 알의 크기는 항아리와 같다."

漢書云 條支出師子犀牛孔雀大雀 其卵如甕 和帝永元十三年 安息王滿屈獻師子大鳥 世謂之安息雀 廣志云 鳥 鵄鷹身 蹄駱 色蒼 舉頭八九尺 張翅丈餘 食大麥 卵大如甕

② 眩현

집해 응소가 말했다. "현眩은 서로 거짓으로 속여 의혹하게 하는 것이다."

應劭曰 眩 相詐惑

정의 안顏이 말했다. "지금의 도刀(칼)를 삼키고 불을 토해내고 오이를 크게 하고 나무를 심고 사람을 죽이고 말[馬]을 절단하는 기술이 모두 이것이다."

顏云 今吞刀吐火殖瓜種樹屠人截馬之術皆是也

신주 지금의 마술이다.

③ 弱水西王母약수서왕모

색은 《위략》에서 말한다. "약수弱水는 대진大秦의 서쪽에 있다." 《현중기》에서 말한다. "천하의 약한 것 중 곤륜산의 약수弱水가 있는데 홍모

鴻毛도 능히 띄우지 못한다." 《산해경》에서 말한다. "옥산玉山은 서왕모西王母가 거처하는 곳이다." 《목천자전》에서 말한다. "천자의 술잔은 서왕모西王母의 요지瑤池의 위에 있다." 《괄지도》에서 말한다. "곤륜의 약수는 용龍을 타지 않으면 이르지 못한다. 삼족三足의 신오神烏가 있는데 왕모를 위해 먹을 것을 취한다."

魏略云 弱水在大秦西 玄中記云 天下之弱者 有崑崙之弱水 鴻毛不能載也 山海經云 玉山 西王母所居 穆天子傳云 天子觴西王母瑤池之上 括地圖云 崑崙弱水乘龍不至 有三足神烏 爲王母取食

정의 이 약수와 서왕모는 이미 안식국의 장로長老가 전해서 들은 것이고 일찍이 보지는 못했다고 했다. 《후한서》에는 환제桓帝 때 대진국왕大秦國王 안돈安敦이 사신을 파견해 일남日南의 요새 밖으로부터 와서 헌상한 것이라고 했는데, 어떤 사람은 그 국가는 서쪽에 약수, 유사流沙가 있어 서왕모의 거처와 가깝고 며칠이면 들어가는 곳이라고 했다. 그러나 선유先儒들이 많이 〈대황서경〉을 인용해서 이르기를 약수는 두 곳의 근원이 있는데 함께 여국女國의 북쪽 아욕달산阿耨達山에서 나와 남쪽으로 흘러 여국의 동쪽에 모여 국가와의 거리가 1리里이고 깊이는 1장丈 남짓이고 넓이는 60보이며 모주毛舟가 아니면 건너는 것이 불가하고 남쪽으로 흘러 바다로 들어간다. 아욕달산은 곧 곤륜산이며 〈대황서경〉과 부합한다. 그러나 대진국은 서해상西海上의 가운데 섬 위에 있어 안식국의 서쪽 경계로부터 바다를 지나 좋은 바람을 이용하면 3개월에 이에 이르고 약수는 또 그 국가의 서쪽에 있다. 곤륜산의 약수는 흘러 여국의 북쪽에 있으며 곤륜산의 남쪽으로 나온다. 여국은 우전국于寘國의 남쪽 2,700리에 있다. 우전국은 경사京師와의 거리가 총 9,670리이다. 계산해 보면 대진大秦과 곤륜산과의 서로의 거리가 거의 4~5만 리이니 논급論

及할 바가 아니고 앞서의 현인賢人들이 잘못한 것이다. 이것은 모두 한나라《괄지지》에 의거해서 논한 것이니 오히려 살피지 못한 것이 두렵다. 그러나 약수의 두 가지 설명한 바는 모두 있다.

此弱水西王母既是安息長老傳聞而未曾見 後漢書云桓帝時大秦國王安敦遣使自日南徼外來獻 或云其國西有弱水流沙 近西王母處 幾於日所入也 然先儒多引大荒西經云弱水云有二源 俱出女國北阿耨達山 南流會於女國東 去國一里 深丈餘 闊六十步 非毛舟不可濟 南流入海 阿耨達山卽崑崙山也 與大荒西經合矣 然大秦國在西海中島上 從安息西界過海 好風用三月乃到 弱水又在其國之西 崑崙山弱水流在女國北 出崑崙山南 女國在于窴國南二千七百里 于窴去京凡九千六百七十里 計大秦與大崑崙山相去幾四五萬里 非所論及 而前賢誤矣 此皆據漢括地論之 猶恐未審 然弱水二所說皆有也

대하국大夏國은 대원국에서 서남쪽으로 2,000여 리로 규수嬀水의 남쪽에 있습니다. 그 풍속은 토착생활을 하며 성城과 집을 가지고 있으며 대원국과 풍속이 동일합니다. 대군장大君長은 없고 가는 곳마다 이따금 성이나 읍에는 소군장이 있습니다. 그들의 군사는 허약해서 전쟁을 두려워합니다. 시장에서 상행위를 잘합니다. 대월지국이 서쪽으로 옮겨감에 미쳐서 그들을 공격해서 무너뜨리고 모두 신하로 삼아 대하大夏를 다스리고 있습니다. 대하국의 백성은 많아 100여만 명에 이릅니다. 그 수도는 남시성藍市城인데 여러 가지 물건을 파는 시장이 있습니다. 그 동남쪽에는 건독국身毒國(인도)[①]이 있습니다.

大夏在大宛西南二千餘里嬀水南 其俗土著 有城屋 與大宛同俗 無大(王)〔君〕長 往往城邑置小長 其兵弱 畏戰 善賈市 及大月氏西徙 攻敗之 皆臣畜大夏 大夏民多 可百餘萬 其都曰藍市城 有市販賈諸物 其東南有身毒國①

① 身毒國건독국

집해 서광이 말했다. "신身은 어떤 곳에는 '건乾'으로 되어 있고 또 '글訖' 자로도 되어 있다."

徐廣曰 身 或作乾 又作訖

색은 身의 발음은 '건乾'이다. 毒의 발음은 '독篤'이다. 맹강이 말했다. "곧 천축天竺이고 이른바 부도호浮圖胡이다."

身音乾 毒音篤 孟康云 卽天竺也 所謂浮圖胡也

정의 일명 건독身毒이고 월지月氏의 동남쪽 수천 리에 있다. 풍속은 월지月氏와 동일하고 지대가 낮고 습하며 덥다. 그 국가에 큰물이 이르면 코끼리를 타고 싸운다. 그곳의 백성은 월지국보다 약하다. 부도도浮圖道(불교)를 닦아 살생殺生을 하지 않으며 마침내 풍속을 이루었다. 그 땅에는 코끼리, 물소, 대모瑇瑁, 금, 은, 철, 연鉛이 있다. 서쪽으로는 대진大秦과 통하고 대진大秦에는 진귀한 물건이 있다. 명제明帝는 꿈을 꾸었는데 금인金人이 장대長大하고 이마에 광명이 있어서 이것으로 여러 신하에게 물었다. 어떤 사람이 대답하기를 "서방에 신神이 있는데 이름하여 '불佛'이라고 하며 그의 형상은 길이가 1장丈 6척尺이며 황금색입니다."라고 했다. 명제가 이에 천축에 사신을 파견하고 불도법佛道法을 묻자 드디어 중국에 이르러 형상을 그렸다. 만진萬震의 《남주지》에서 말한다. "땅은 사방 3만 리이고 불도佛道가 나온 바이다. 그들의 국왕은 성곽에 살며 궁전은 모두 문채를 아로새겨 조각했다. 거리의 구석이나 시장이나 마을에는 각각의 행렬이 있다. 좌우로 여러 대국大國이 총 16개국이고 모두가 함께 받들어 천지天地의 중앙으로 한다."《부도경浮屠經》에는 "임아국왕臨兒國王이 은도태자隱屠太子를 낳았다. 아버지는 도두야屠頭邪이고 어머니는 막야도莫邪屠이다. 몸은 색이 누렇고 머리털은 청사靑絲와 같고 젖은 청색이 있고, 손톱은 붉은 것이 구리와 같았다. 처음 막야도莫邪屠가 흰 코끼리의 꿈을 꾸고 잉태했으며 태어남에 이르러 어미의 오른쪽 갈비에서 나왔다. 태어나면서부터 머리털이 있었고 땅에 떨어졌는데도 능히 일곱 걸음을 행했다."라고 했다. 또 이르기를 "태자가 태어날 때 두 용왕龍王이 있어 좌우에서 끼고 물을 토하는데 한 마리의 용은 물을 따뜻하게 하고 한 마리의 용은 물을 차게 해 드디어 두 곳의 연못을 만들었으며 지금의 하나는 차고 하나는 따뜻한 것과 같았다. 처음에 일곱 걸음을 행한 곳은 유리 위에 태자가 발로 밟은 족적이 현재도 있다. 태어난 곳의 이름은 지원정사祇洹精舍이고 사위국舍衛國의 남쪽 4리에 있으며 이곳은 장자長者인 수달須達이 일어난 곳이다. 또 아수가수阿輸迦樹가 있는데 이것은 부인이 부여잡고 태자를 낳은 나무이다."라고 했다. 《괄지지》에서 말한다. "사지대국沙祇大國은 곧 사위국舍衛國이고 월지국의 남쪽 1만 리에 있으며 곧 파사닉왕波斯匿王이 다스리는 곳이다. 이 나라는 90개의 종족이 함께 있다. 자신은 뒤의 일을 알았다. 성에는 지수급고원祇樹給孤園이 있다." 또 말한다. "천축국에는 동, 서, 남, 북, 중앙의 천축국이 있으며 나라는 사방 3만 리이고 월지국과의 거리는 7,000리이다. 대국大國에 예속된 것은 총 21개국이다. 천축은 곤륜산의 남쪽에 있는 대국大國이다. 다스리는 성은 항수恒水에 임해 있다." 또 말한다. "아욕달산은 또한 건말달

산建末達山이라고 이름하고 또한 곤륜산이라고도 이름한다. 물이 나오는데 일명 발호이수拔扈利水이고 일명 항가하恆伽河라고 하며 곧 경經에서 항하恆河라고 일컫는다. 곤륜산 이남으로부터 많이 평지이고 아래는 습하다. 토지는 비옥하고 벼를 심는 것이 많으며 한 해에 네 번 익으며 낙타로 사역시키는데 쌀알이 또한 지극히 크다." 또 말한다. "불佛이 도리천忉利天에 올라서 어머니를 위해 90일을 설법했다. 파사닉왕은 불佛을 만나 보자고 생각하고 곧 소머리에 전단상旃檀象을 새겨서 정사精舍 안에 불좌佛坐를 설치했다. 이 상像이 모든 불상의 시작이며 후인이 본받은 것이다. 불佛은 천청제天靑梯에 올랐는데 지금은 변해서 돌이 되었으며 땅속으로 몰입沒入하여 오직 나머지의 12등蹬이며 등蹬의 사이는 두 자 남짓 된다. 저 늙은 노인이 말하기를 사다리가 들어가고 땅을 다하면 불법이 없어진다고 했다." 또 말한다. "왕사국王舍國은 호胡의 말에는 죄열기국罪悅祇國이라고 했다. 그 나라는 영취산靈鷲山인데 호胡의 말에는 기도굴산耆闍崛山이라 했다. 산에는 청석靑石이 있는데 돌의 머리는 수리와 같다. 새의 이름은 기도耆闍이고 취鷲(수리)이다. 굴崛은 산의 돌이다. 산은 둘레가 40리이고 밖은 물로 둘러싸여 있으며 불佛이 이곳에서 좌선坐禪했으며 모든 아난阿難 등이 이르러 함께 이 자리에 있었다." 또 말한다. "소고석小孤石은 돌 위에 석실이 있으며 불佛이 그 가운데에 앉자 천제天帝가 42가지의 일을 풀어서 불佛에게 물었다. 불佛이 하나하나 가리켜 돌에 그렸는데 그의 자취가 오히려 존재한다. 또 산 위에는 탑을 일으켰으며 불佛이 지난날 아난阿難을 거느리고 이 산 위에 올라 있어 사방을 바라보고 복전福田의 경계를 살펴보고 따라서 칠조의七條衣를 절단하는 법을 이것으로 제재했으며 지금의 가사의袈裟衣가 이것이다."

一名身毒 在月氏東南數千里 俗與月氏同 而卑溼暑熱 其國臨大水 乘象以戰

其民弱於月氏 脩浮圖道 不殺伐 遂以成俗 土有象犀瑇瑁 金銀鐵錫鉛 西與大秦通 有大秦珍物 明帝夢金人長大 頂有光明 以問群臣 或曰 西方有神 名曰佛 其形長丈六尺而黃金色 帝於是遣使天竺問佛道法 遂至中國 畫形像焉 萬震南州志云 地方三萬里 佛道所出 其國王居城郭 殿皆彫文刻鏤 街曲市里 各有行列 左右諸大國凡十六 皆共奉之 以天地之中也 浮屠經云 臨兒國王生隱屠太子 父曰屠頭邪 母曰莫邪屠 身色黃 髮如青絲 乳有青色 爪赤如銅 始莫邪夢白象而孕 及生 從母右脅出 生有髮 墮地能行七步 又云 太子生時 有二龍王夾左右吐水 一龍水暖 一龍水冷 遂成二池 今猶一冷一暖 初行七步處 琉璃上有太子腳跡見在 生處名祇洹精舍 在舍衛國南四里 是長者須達所起 又有阿輸迦樹 是夫人所攀生太子樹也 括地志云 沙祇大國卽舍衛國也 在月氏南萬里 卽波斯匿王治處 此國共九十種 知身後事 城有祇樹給孤園 又云 天竺國有東西南北中央天竺國 國方三萬里 去月氏七千里 大國隷屬凡二十一 天竺在崑崙山南 大國也 治城臨恆水 又云 阿耨達山亦名建末達山 亦名崑崙山 水出 一名拔扈利水 一名恆伽河 卽經稱〔恆〕河者也 自崑崙山以南 多是平地而下溼 土肥良 多種稻 歲四熟 留役駞馬 米粒亦極大 又云 佛上忉利天 爲母說法九十日 波斯匿王思欲見佛 卽刻牛頭旃檀象 置精舍內佛坐 此像是衆像之始 後人所法也 佛上天青梯 今變爲石 沒入地 唯餘十二蹬 蹬間二尺餘 彼耆老言 梯入地盡 佛法滅 又云 王舍國 胡語曰罪悅祇國 其國靈鷲山 胡語曰耆闍崛山 山是青石 石頭似鷲 鳥名耆闍 鷲也 崛 山石也 山周四十里 外周圍水 佛於此坐禪 及諸阿難等俱在此坐 又云 小孤石 石上有石室者 佛坐其中 天帝釋以四十二事問佛 佛一一以指畫石 其跡尙存 又於山上起塔 佛昔將阿難在此上山四望 見福田疆畔 因制七條衣割截之法於此 今袈裟衣是也

장건이 말했다.

"신臣이 대하大夏에 있을 때, 공邛의 대나무 지팡이와 촉 땅의 옷감을[1] 보았습니다. '어디에서 이것을 얻었느냐?'라고 물었더니 대하국 사람이 말하기를 '나의 장사꾼들이 건독국身毒國에서 사온 것입니다. 건독국은 대하국의 동남쪽 수천 리 밖에 있습니다. 그들의 풍속은 토착해서 살고 나라 크기는 대하국과 같은데, 땅은 낮고 습기가 많아 매우 덥다고 했습니다. 그의 백성은 코끼리를 타고 싸우며 그 나라는 큰 강에[2] 다다라 있습니다.'라고 했습니다. 제가 헤아려보니 대하국은 한나라와 거리가 1만 2,000리이고 한나라 서남쪽에 위치합니다. 지금 건독국은 또 대하국의 동남쪽 수천 리에 있는데 촉 땅의 물자가 있으며, 이곳은 촉 땅에서 거리가 멀지 않습니다. 지금 대하국으로 사신을 보내려면 강족羌族이 사는 곳을 따라서 가야 하는데, 험하고 강족들이 싫어할 것입니다. 또 조금만 북쪽으로 가게 되면 흉노에게 체포될 것입니다. 촉蜀을 따라 지름길[3]로 간다면 또한 도적이 없을 것입니다."

騫曰 臣在大夏時 見邛竹杖蜀布[1] 問曰安得此 大夏國人曰吾賈人往市之身毒 身毒在大夏東南可數千里 其俗土著 大與大夏同 而卑濕暑熱云 其人民乘象以戰 其國臨大水[2]焉 以騫度之 大夏去漢萬二千里 居漢西南 今身毒國又居大夏東南數千里 有蜀物 此其去蜀不遠矣 今使大夏 從羌中 險 羌人惡之 少北 則爲匈奴所得 從蜀宜徑[3] 又無寇

① 邛竹杖蜀布공죽장촉포

정의 공도邛都의 공산邛山에서 이 대나무가 생산되며 따라서 이름을

"공죽邛竹"이라고 했다. 마디가 높고 속이 실實하여 혹은 삶을 의지하는 데 지팡이로 삼는 것이 가하다. 포布는 토로포土蘆布이다.

邛都邛山出此竹 因名邛竹 節高實中 或寄生 可爲杖 布 土蘆布

② 大水대수

정의 대수大水는 하河이다.

大水 河也

③ 徑경

집해 여순이 말했다. "경徑은 질疾이다. 어떤 이는 경徑은 직直이라고 했다."

如淳曰 徑 疾也 或曰徑 直

무제는 이미 대원국, 대하국, 안식국의 무리가 모두 나라가 크고 기이한 물건이 많으며, 토착생활을 하고 자못 중국과 사업이 동등한데, 군사들은 약하고 한나라 재물을 귀하게 여긴다는 소문을 들었다. 또 그들의 북쪽에는 대월지국과 강거국의 무리가 있는데, 군사들이 강하지만 재물을 보내주고 이익을 베풀어 주면 조회에 들어올 것이라는 말도 들었다. 또 진실로 얻어서 의로써 그들을 귀속시키면 1만 리의 땅을 넓힐 수 있고 아홉 번의 통역을 거듭해[①] 다른 풍속에 이르게 되면 위엄과 덕이 온 세계에 두루 펼칠 수 있다는 것도 들었다.

천자는 흔연하여 장건의 말이 그럴 것이라고 여기고 장건에게 촉蜀 땅의 건위군②에서 간사間使③를 출발시켜 네 방향의 길로 동시에 나가게 했다. 방駹 땅으로 나가고 염冉 땅으로 나가고④ 사徙 땅으로 나가고⑤ 공邛과 북僰 땅으로 나가서⑥ 모두 각각 1~2,000리를 갔는데, 그 북방은 지氐와 작筰⑦에 막히고 남방은 수巂와 곤명昆明⑧에 막혔다.

天子旣聞大宛及大夏安息之屬皆大國 多奇物 土著 頗與中國同業 而兵弱 貴漢財物 其北有大月氏康居之屬 兵彊 可以賂遺設利朝也 且誠得而以義屬之 則廣地萬里 重九譯① 致殊俗 威德徧於四海 天子欣然以騫言爲然 乃令騫因蜀犍爲②發間使③ 四道竝出 出駹 出冉④ 出徙⑤ 出邛僰⑥ 皆各行一二千里 其北方閉氐筰⑦ 南方閉巂昆明⑧

① 九譯구역

정의 거듭거듭 아홉 번을 두루 통역하고 이른 것을 말한 것이다.

言重重九遍譯語而致

② 犍爲건위

정의 犍의 발음은 '건[其連反]'이한다. 건위군犍爲郡은 지금의 융주戎州이다. 익주益州의 남쪽 1,000여 리에 있다.

犍 其連反 犍爲郡今戎州也 在益州南一千餘里

③ 間使간사

신주 일정한 나라 사명을 주어 외국으로 비밀리에 보내는 사람을 말한다. 즉 밀사密使의 의미이다.

④ 駹 出冉방 출염

정의 무주茂州, 상주向州 등이고 염冉, 방駹의 땅은 융주戎州의 서북쪽에 있다.

茂州 向州等 冉 駹之地 在戎州西北也

⑤ 徙사

집해 서광이 말했다. "한가漢嘉에 속한다."

徐廣曰 屬漢嘉

색은 이기가 말했다. "徙의 발음은 '사斯'이다. 촉군蜀郡에 사현徙縣이 있다."

李奇云 徙音斯 蜀郡有徙縣也

⑥ 邛僰공북

정의 僰의 발음은 '북[蒲北反]'이다. 사徙는 가주嘉州에 있다. 공邛은 지금의 공주邛州이고, 북僰은 지금의 아주雅州이며 모두 융주戎州의 서남쪽에 있다.

僰 蒲北反 徙在嘉州 邛 今邛州 僰 今雅州 皆在戎州西南也

⑦ 氐筰지작

집해 복건이 말했다. "모두 이夷의 이름이고 한나라 사신이 이夷에게 막힌 것이다."

服虔曰 皆夷名 漢使見閉於夷也

색은 위소가 말했다. "작현筰縣은 월수越巂에 있다." 살펴보니 남월이 무너진 뒤에 작후筰侯를 죽이고 작도筰都로써 침려군沈黎郡으로 삼고 또 정작현定筰縣이 있었다.

韋昭云 筰縣在越巂 音昨 案 南越破後殺筰侯 以筰都爲沈黎郡 又有定筰縣

정의 지氐는 지금의 성주成州와 무武 등의 주州이다. 작筰은 백구강白狗羌이다. 모두 융주戎州의 서북쪽에 있다.

氐 今成州及武等州也 筰 白狗羌也 皆在戎州西北也

⑧ 巂昆明수곤명

정의 수주巂州와 남쪽 곤명이昆明夷이며 모두 융주戎州의 서남쪽에 있다.

巂州及南昆明夷也 皆在戎州西南

곤명의 무리는 군장君長이 없었고 노략질을 잘하여 그때마다 한나라 사신들을 약탈하고 죽이니 끝내 통과할 수 없었다. 그러나 그 서쪽 1,000리쯤 되는 곳에 코끼리를 타는 나라가 있는데, 국명이 전월滇越[①]이었다.

촉 땅에서 장사치들이 몰래 빼낸 물건들이 간혹 이른다고 하기에, 한나라는 대하국으로 통하는 길을 구하여 처음으로 전국滇國을 통했다. 처음 한나라에서는 서남이西南夷와 교통하려고 했으나, 비용이 많이 들고 도로가 통하지 않아서 그만두었다. 장건이 대하국과 교통할 수 있다고 말하자 이에 다시 서남이와 교통하는 일을 시작하였다.

昆明之屬無君長 善寇盜 輒殺略漢使 終莫得通 然聞其西可千餘里有乘象國 名曰滇越① 而蜀賈姦出物者或至焉 於是漢以求大夏道始通滇國 初 漢欲通西南夷 費多 道不通 罷之 及張騫言可以通大夏 乃復事西南夷

① 滇越전월

집해 서광이 말했다. "월越은 다른 판본에는 '성城'으로 되어 있다."

徐廣曰 一作城

정의 곤昆과 낭주郎州와 등주는 모두 전국滇國이다. 그 서남쪽의 전월滇越이나 월수越巂는 곧 월越로 부르는 것으로 통하고 세분하면 수巂와 전滇 등의 이름이 있다.

昆 郎 等州皆滇國也 其西南滇越越巂則通號越 細分而有巂 滇等名也

제二장

오손과 서역제국

장건은 교위가 되어 대장군 위청을 따라 흉노를 공격했는데, 물과 풀이 있는 곳을 알아서 군사들이 이것들을 얻어서 궁핍하지 않았다. 이에 장건을 봉해 박망후博望侯① 로 삼았다. 이 해가 무제 원삭元朔 6년이다.

그 다음해 장건은 위위衛尉가 되어 이광李廣 장군과 함께 우북평右北平으로 나가 흉노를 공격했다. 흉노가 이광 장군을 포위하자 군대를 잃었고 도망자도 많았다. 장건은 기약한 날짜보다 뒤에 이르러서 참형에 해당하는데 속죄금을 내고 서인이 되었다. 이 해에 한나라에서 표기장군 곽거병을 보내서 서쪽 변방의 흉노를 공격하게 해 군사 수만 명을 무너뜨리고 기련산에 이르렀다. 그 다음해에 혼야왕渾邪王이 그의 백성을 거느리고 한나라에 항복했다. 이에 금성金城과 하서河西의 서쪽에서 남산南山을 아울러 염택에 이르기까지 흉노가 없어서 공허해졌다. 흉노는 때때로 척후병이 있어서 이르렀으나 (이런 일이) 드물었다. 그 2년 뒤에 한나라에서 흉노를 공격해서 선우를 사막의 북쪽으로 달아나게 했다.

騫以校尉從大將軍擊匈奴 知水草處 軍得以不乏 乃封騫爲博望侯① 是

歲元朔六年也 其明年 騫爲衛尉 與李將軍俱出右北平擊匈奴 匈奴圍李將軍 軍失亡多 而騫後期當斬 贖爲庶人 是歲漢遣驃騎破匈奴西(城)〔域〕數萬人 至祁連山 其明年 渾邪王率其民降漢 而金城河西西竝南山至鹽澤空無匈奴 匈奴時有候者到 而希矣 其後二年 漢擊走單于於幕北

① 博望侯박망후

색은 살펴보니 장건의 봉한 호칭일 뿐이고 지명地名은 아니다. 안사고가 말했다. "그 넓고 널리 우러러본 것에서 취한 것이다." 얼마 지나서 무제武帝는 박망원博望苑을 설치했는데 또한 이 뜻을 취한 것이다.

案 張騫封號耳 非地名 小顏云 取其能博廣瞻望也 尋武帝置博望苑 亦取斯義也

정의 〈지리지〉에는 남양南陽에 박망현博望縣이 있다.

地理志南陽博望縣

이런 일이 있고 나서 무제는 여러 차례 장건에게 대하국의 무리에 관해서 물었다. 장건이 이미 후작의 지위를 상실하였기에 이렇게 말했다.

"신 장건이 흉노에 살 때, 오손왕烏孫王을 곤막昆莫이라고 부른다고 들었습니다. 곤막昆莫의 아버지는 흉노의 서쪽 변방에 작은 나라를 가지고 있었습니다. 흉노가 공격해서 그의 아버지 난도미難兜靡를 죽이고[①] 곤막을 산 채로 들에 버렸습니다. 까마귀가 고기를 물고 와서 그의 위에서 날고[2] 이리는 와서 젖을 먹였습니다. 선우는 괴이쩍게 여기고 신령스럽게 여겨서 거두어 길렀습니다. 장성함에 이르러 군사들을 거느리게 했는데 여러 차례 공로가 있었습니다. 이에 선우는 다시 그 아버지의 백성을 곤막에게 주어 장長을 시키고 서쪽의 경계를 지키게 했습니다. 곤막은 그의 백성을 거두어 길러 곁의 작은 읍들을 공격했는데, 활을 쏠 수 있는 군사들이 수만 명으로 공격하여 싸우는 것에 익숙했습니다.

是後天子數問騫大夏之屬 騫旣失侯 因言曰 臣居匈奴中 聞烏孫王號昆莫 昆莫之父 匈奴西邊小國也 匈奴攻殺其父[1] 而昆莫生棄於野 烏嗛肉蜚其上[2] 狼往乳之 單于怪以爲神 而收長之 及壯 使將兵 數有功 單于復以其父之民予昆莫 令長守於西(城)〔域〕 昆莫收養其民 攻旁小邑 控弦數萬 習攻戰

① 殺其父살기부

색은 《한서》를 살펴보니 아버지의 이름은 난도미難兜靡이고, 대월지大月氏에서 죽임을 당했다.

按漢書 父名難兜靡 爲大月氏所殺

② 烏嗛肉蜚其上오함육비기상

집해 서광이 말했다. "읽는 것이 '함嗛'과 '함銜'은 동일하다. 〈혹리열전〉에는 '의종義縱이 길을 닦지 않아서 주상이 노여움을 품었다.'라고 했다. 《사기》에도 또한 '함嗛' 자로 되어 있다."

徐廣曰 讀嗛與銜同 酷吏傳 義縱不治道 上忿銜之 史記亦作嗛字

색은 嗛의 발음은 '함銜'이다. 비蜚는 또한 '비飛' 자이다.

嗛音銜 蜚亦飛字

선우가 죽자 곤막이 그의 백성을 인솔하고 멀리 이사해서 중립을 지키면서 흉노에게 즐겨 조회에 들어가려고 하지 않았습니다. 흉노는 기습병을 보내 공격했지만 승리하지 못했고, 그를 신이神異하게 여겨 멀리하며 이어서 속국으로만 인정하고 크게 공격하지 않았습니다. 지금의 선우는 한나라에 새로이 곤욕을 당하고 있고 옛 혼야왕의 땅은 공허해서 사람이 없게 되었습니다. 만이蠻夷의 풍속은 한나라 재물을 탐하는 것이니, 지금 진실로 이때 폐백을 두텁게 해서 오손왕에게 재물을 보내고 불러서 동쪽으로 가까이하게 해야 합니다. 그리고 옛 혼야왕의 땅에 그들을 살게 하고 한나라와 더불어 의형제를 맺게 하면 그 세력들은 형편상 한나라 명을 듣게 될 것입니다. 명령을 듣게 된다면 이는 흉노의 오른팔을 자르는 것입니다. 이윽고 오손왕과 연합한다면 그 서쪽에 대하국의 등속은 모두 불러들여 외신外臣으로 삼을 수 있을 것입니다."

무제는 그럴 것이라고 여겼다. 이에 장건에게 벼슬을 제수해서 중랑장中郎將으로 삼고 300명을 거느리고 말 각 2필, 소와 양 수만 마리, 금과 폐백幣帛 수천만 금의 가치를 지니게 했다. 다수의 절부節符를 가진 부사副使들을 따르게 해서 중도에 부릴 수 있게 하고, 사신으로 다른 이웃 나라에 그들을 파견하게 했다.

장건이 이윽고 오손국에 이르자 오손왕 곤막이 한나라 사신을 선우를 대하는 예우로써 만나자 장건은 크게 부끄러워하는 체하며 만이들이 (한나라 재물을) 탐내고 있음을 알아차리고 이에 말했다.
"천자께서 하사품을 이르게 했는데, 왕께서 절을 하지 않으시겠다면 하사품을 돌려보내겠습니다."
곤막이 일어나서 하사품에 절을 하고 그 밖의 것은 예전처럼 대했다. 이에 장건이 사신으로 온 일을 넌지시 깨우쳐서 말했다.
"오손국이 동쪽에 혼야왕의 땅에서 살게 된다면 한나라는 옹주를 보내서 곤막의 부인으로 삼게 할 것입니다."
單于死 昆莫乃率其衆遠徙 中立 不肯朝會匈奴 匈奴遣奇兵擊 不勝 以爲神而遠之 因羈屬之 不大攻 今單于新困於漢 而故渾邪地空無人 蠻夷俗貪漢財物 今誠以此時而厚幣賂烏孫 招以益東 居故渾邪之地 與漢結昆弟 其勢宜聽 聽則是斷匈奴右臂也 旣連烏孫 自其西大夏之屬皆可招來而爲外臣 天子以爲然 拜騫爲中郎將 將三百人 馬各二匹 牛羊以萬數 齎金幣帛直數千巨萬 多持節副使 道可使 使遺之他旁國 騫旣至烏孫 烏孫王昆莫見漢使如單于禮 騫大慙 知蠻夷貪 乃曰 天子致賜 王不拜則還賜 昆莫起拜賜 其他如故 騫諭使指曰 烏孫能東居渾邪地 則漢遣翁主爲昆莫夫人

오손국은 이때 왕국이 분열되어 있었고 왕은 늙었으며 한나라와 거리가 멀었다. 또 한나라가 얼마나 큰지, 작은지도 알지 못했으며 본래 흉노에게 복속되어 있던 날이 오래였다. 또 흉노와 가까웠으므로 그의 대신들이 모두 흉노를 두려워하고 있어 옮기려고 하지 않았으며 왕은 멋대로 제재할 수 없었다. 장건도 그들과 요계要契할 수 없었다.

곤막에게는 10명의 아들이 있었다. 그의 가운데 아들은 대록大祿이라고 하였는데, 가장 힘이 세고 백성을 잘 거느려서, 백성을 나누어 1만여 기병을 별도로 거느리고 다른 곳에서 살고 있었다.

대록大祿의 형이 태자太子가 되는데, 태자에게는 아들이 있어 이름을 잠취岑娶[①]라고 했다. 태자인 잠취의 아버지가 일찍 죽었는데, (그는) 죽음에 임박臨迫해서 그의 아버지 곤막에게 일러 말했다.

"반드시 잠취로 태자를 삼으시고 다른 사람에게 대신하지 않도록 해 주십시오."

곤막이 가련하게 여기고 허락했다. 마침내 잠취로 태자를 삼았다. 대록大祿은 자신이 대신하여 태자가 되지 못한 것에 화를 내고 이에 그의 여러 형제를 거두어 그의 백성을 거느리고 배반하고자 잠취와 곤막을 공격할 것을 도모하고 있었다.

곤막은 늙었으며 항상 대록이 잠취를 죽이지 않을까 두려워서 잠취에게도 1만여 명의 기병을 주고 따로 살게 했다. 곤막도 1만여 기병을 스스로 갖추고 대비하여 국가의 백성이 세 곳으로 분리되어 있었다. 그러나 그들은 대체적으로 곤막에게 귀속되어 있었다. 곤막 또한 이 때문에 감히 장건과 멋대로 맹약을 맺지 못했던 것이다. 장건은 이로 말미암아 부사副使들을 나누어 대원국, 강거국, 대월지국, 대하국, 안식국, 연독국身毒國, 우전국, 한미국扜罙國 등의 여러 이웃 나라로 파견했다.

烏孫國分 王老 而遠漢 未知其大小 素服屬匈奴日久矣 且又近之 其大

臣皆畏胡 不欲移徙 王不能專制 騫不得其要領 昆莫有十餘子 其中子曰大祿 彊 善將衆 將衆別居萬餘騎 大祿兄爲太子 太子有子曰岑娶[①] 而太子蚤死 臨死謂其父昆莫曰 必以岑娶爲太子 無令他人代之 昆莫哀而許之 卒以岑娶爲太子 大祿怒其不得代太子也 乃收其諸昆弟 將其衆畔 謀攻岑娶及昆莫 昆莫老 常恐大祿殺岑娶 予岑娶萬餘騎別居 而昆莫有萬餘騎自備 國衆分爲三 而其大總取羈屬昆莫 昆莫亦以此不敢專約於騫 騫因分遣副使使大宛康居大月氏大夏安息身毒于窴扜罙及諸旁國

① 岑娶잠취

신주 군수미軍須靡이다. 오손의 2대 군주로 잠취岑取는 관직명이다. 선대 군주 곤막은 명名이 엽교미獵驕靡이며, 곤막의 태자가 곤막보다 일찍 죽으면서 태자가 자신의 아들 군수미를 태자로 삼도록 권해 태자가 되었다.

오손왕은 안내원과 통역을 보내서 장건이 돌아가도록 전송해주었다. 장건이 오손에서 파견한 수십여 명의 사신과 보답으로 보낸 수십 필의 말을 이끌고 돌아왔다. 이에 따라 (오손으로 하여금) 한나라가 얼마나 크고 광대한 나라인가를 엿보게 해서 그 광대함을 알게 했다. 장건이 돌아와 도착하자 장건을 제수해서 대행大行으로 삼아 구경九卿의 반열에 올랐다. 한 해 남짓 있다가 장건이 죽었다.

오손의 사신들은 이미 한나라 사람들이 많고 부유한 것을 보고 돌아가 그 나라에 보고했다. 그 나라에서는 더욱 한나라를 귀중하게 여겼다. 그 뒤 한 해 남짓 되어 장건이 대하국과 그밖의 나라들에 나누어 보낸 사신들이 모두 그 나라 사람들과 함께 돌아왔다.① 이때부터 서북쪽의 나라들이 비로소 한나라와 통하게 되었다. 이는 장건이 길을 내어 통하게 했으므로② 그 뒤로 사신으로 가는 자들은 모두 박망후博望侯를 일컬었다. 외국에서도 박망후의 성심③을 밑바탕 삼았으며 외국은 이로 말미암아 한나라를 신뢰하게 되었다.

烏孫發導譯送騫還 騫與烏孫遣使數十人 馬數十匹報謝 因令窺漢 知其廣大 騫還到 拜爲大行 列於九卿 歲餘 卒 烏孫使既見漢人衆富厚 歸報其國 其國乃益重漢 其後歲餘 騫所遣使通大夏之屬者皆頗與其人俱來① 於是西北國始通於漢矣 然張騫鑿空② 其後使往者皆稱博望侯 以爲質③於外國 外國由此信之

① 其人俱來기인구래

집해 진작이 말했다. "그 나라 사람이다."

晉灼曰 其國人

② 鑿空착공

집해 소림이 말했다. "착鑿은 개開이고 공空은 통通이다. 장건이 서역의 길을 개통한 것이다."

蘇林曰 鑿 開 空 通也 騫開通西域道

색은 살펴보니 서역은 험준하고 좁아서 본래 도로가 없었는데, 이제야 뚫어서 통하게 한 것을 이른다.

案 謂西域險阸 本無道路 今鑿空而通之也

③ 質질

집해 여순이 말했다. "질質은 성신誠信이다. 박망후는 진실한 마음이 있었다. 그러므로 뒤에 사신들이 그의 뜻을 일컬어 외국을 깨우치게 했다." 이기가 말했다. "질質은 신信이다."

如淳曰 質 誠信也 博望侯有誠信 故後使稱其意以喻外國 李奇曰 質 信也

박망후 장건이 죽은 뒤로부터 흉노는 한나라가 오손왕과 교통한다는 소식을 듣고 노여워 오손을 공격하고자 했다. 한나라는 사신을 오손에 보내서 이르게 하고 그 남쪽으로 나가 대원국과 대월지국에 이름에 미쳐[1] 서로 접촉하게 했다. 오손에서 이에 두려워하고 사신을 보내 말을 바치고 한나라 공주를 배필로 삼아 형제가 되기를 바랐다.

천자 무제는 모든 신하에게 의논하여 계책을 물으니 모두가 말했다. "반드시 먼저 폐백을 바치게 하고 그러한 뒤에 배필을 보내야 합니다."

처음에 무제가 《역》을 펴서 점을 쳐보게 했는데[2] 그 점괘에 이르기를 "신마神馬가 서북쪽을 따라서 올 것이다."라고 했다. 이에 오손에서 좋은 말을 얻고 이를 이름하여 '천마天馬'라고 했다.

또 대원국에서 한혈마汗血馬를 얻고 보니 더욱 씩씩했으므로 오손이 보낸 말의 이름을 바꾸어 '서극西極'이라고 하고, 대원국의 말의 이름을 '천마天馬'라고 일렀다.

한나라는 비로소 영거현令居縣의 서쪽에 성을 쌓고[3] 처음으로 주천군酒泉郡을 설치하여 서북쪽의 나라와 교통하게 했다. 이에 따라 더욱 사신을 보내서 안식국, 엄채국, 여헌국, 조지국, 연독국 등에 이르게 했다.

천자 무제가 대원국의 말을 좋아하게 되자 사신들이 그 말을 얻으려고 길에서 서로 마주 볼 정도로 사신이 이어졌다. 여러 사신이 외국으로 가는데 무리가 많을 때는 수백 명에 이르고 작을 때는 100여 명이 되었으며 사람들이 가지고 가는 물건들은 대체로 박망후 때와 같았다. 그 뒤에는 더욱 익숙해져서 차츰차츰 적어졌다. 한나라에서 대개 한 해 안에 사신을 보내는 것이 많을 때는 10여 차례나 되었고 적을 때는 5~6차례였으며, 먼 곳은 8~9년이 걸렸고 가까운 곳은 여러 해 만에 돌아오기도 했다.

自博望侯騫死後 匈奴聞漢通烏孫 怒 欲擊之 及漢使烏孫 若[1]出其南 抵大宛大月氏相屬 烏孫乃恐 使使獻馬 願得尙漢女翁主爲昆弟 天子問群臣議計 皆曰 必先納聘 然後乃遣女 初 天子發書易[2]云 神馬當從西北來 得烏孫馬好 名曰 天馬 及得大宛汗血馬 益壯 更名烏孫馬曰 西極 名大宛馬曰 天馬 云 而漢始築令居以西[3] 初置酒泉郡以通西北國 因益發使抵安息奄蔡黎軒條枝身毒國 而天子好宛馬 使者相望於道 諸使外國一輩大者數百 少者百餘人 人所齎操大放博望侯時 其後益習而衰少焉 漢率一歲中使多者十餘 少者五六輩 遠者八九歲 近者數歲而反

① 若약

집해 서광이 말했다. "《한서》에는 '급及' 자로 되어 있으며 약若의 의의意義는 또한 급及이다."

徐廣曰 漢書作及 若意義亦及也

② 發書易발서역

집해 《한서음의》에서 말한다. "《역》의 글을 내어서 점을 치게 한 것이다."

漢書音義曰 發易書以卜

③ 築令居以西축령거이서

집해 서광이 말했다. "금성金城에 속했다."

徐廣曰 屬金城

이때 한나라에서 이미 월越나라를 멸망시키자 촉蜀과 서남이가 모두 두려워하고 관리를 파견해 줄 것을 청하고 모두 조회에 들어왔다. 이에 익주군益州郡, 월수군越嶲郡, 장가군牂柯郡, 심려군沈黎郡, 문산군汶山郡을 설치하여 국토가 접하게 해서 앞으로 대하大夏까지도 교통[1]하고자 했다. 이에 백시창柏始昌과 여월인呂越人 등을 사신으로 파견하고 해마다 10여 차례나 이곳의 처음 세운 군郡으로 나가서[2] 대하大夏에 이르도록 했는데, 모두가 다시 곤명昆明에서 차단되어 살해당했고 폐백이나 재물도 약탈당했다. 마침내는 대하국과 교통을 하는 데 이르지는 못했다.

이에 한나라에서 삼보三輔[3]의 죄인들을 징발하여 파巴와 촉蜀의 군사 수만 명에게 합류시키고 두 장군 곽창郭昌과 위광衛廣 등을 파견해서 곤명의 한나라 사신을 차단한 자들을[4] 공격하게 했다. 곽창과 위광은 수만 명을 포로로 잡고 수급을 베고 떠났다. 그 뒤 사신을 보냈는데 곤명이 다시 노략질을 해서 마침내 교통할 수 없었다.

是時漢旣滅越 而蜀西南夷皆震 請吏入朝 於是置益州越巂牂柯沈黎汶山郡 欲地接以前通大夏[1] 乃遣使柏始昌呂越人等歲十餘輩 出此初郡[2]抵大夏 皆復閉昆明 爲所殺 奪幣財 終莫能通至大夏焉 於是漢發三輔[3]罪人 因巴蜀士數萬人 遣兩將軍郭昌衛廣等往擊昆明之遮漢使者[4] 斬首虜數萬人而去 其後遣使 昆明復爲寇 竟莫能得通

① 地接以前通大夏지접이전통대하

집해 이기가 말했다. "땅의 경계를 서로 이어서 대하大夏국에 이르고자 한 것이다."

李奇曰 欲地界相接至大夏

② 出此初郡출차초군

색은 살펴보니 월수越巂와 문산汶山 등의 군郡을 이른 것이다. '초初'라고 이른 것은 뒤에 배반하자 나란히 없앴기 때문이다.

按 謂越巂汶山等郡 謂之初者 後背叛而倂廢之也

③ 三輔삼보

신주 장안長安 주변 지역이다. 한무제 태초 원년(서기전 104)에 위성渭城의 서쪽은 우부풍右扶風이, 장안長安 동쪽은 경조윤京兆尹이, 장릉長陵 북쪽은 좌풍익左馮翊가 다스리게 했는데, 이를 일러 '삼보三輔'라고 한다.

④ 遮漢使者체한사자

집해 서광이 말했다. "무제 원봉 2년이다."

徐廣曰 元封二年

> 북쪽 길에는 주천군酒泉郡에서 대하大夏에 이르는 사신들이 이미 많았다. 이 때문에 외국에서는 한나라 폐물을 더욱 싫어했고 한나라 폐백들도 귀하게 여기지 않았다. 박망후가 외국과의 길을 열어서 존귀하게 되자 그 뒤에는 박망후를 따라서 사신으로 간 관리나 병졸들이 모두 글을 올려서 외국의 기이한 것들로 이해관계를 말하고 사신으로 가기를 요구했다.
>
> 무제는 그곳이 너무나 멀고 사람들이 즐겨 가는 곳이 아니라고 여기고 그들의 말을 듣고는 절부를 주었고, 관리나 백성을 모집하여 따라갈 자들의 자격을 묻지도 않은 채 인원들을 갖추어 모두 보내서 그 길을 넓히고자 했다. 그런데 (사신으로) 오고 가면서 폐물을 침탈하여 훔치지 않는 경우가 없었으니, 사신으로서 천자의 뜻을 어김에 미치자, 천자는 그것이 습관처럼 될 것을 생각하고 그때마다 다시 조사하게 하여 중죄에 이르도록 했다. 그리고 (사안이 발생하면) 격노하여 속죄령을 내리고 다시 사신들을 구하기도 했다.

그러나 일의 발단은 끝이 없었으며 가벼이 법을 범했다. 그들을 따르는 이졸吏卒들, 또한 그때마다 반복하여 외국이 소유하고 있는 것들을 굉장히 칭찬했는데, 크게 과장하여 말하는 자는 부절을 주어 정사正使로 삼고, 작게 과장하여 말하는 자는 부사副使로 삼았다. 이 때문에 망령되이 말하고 행실이 없는 무리가 모두 다투어 본받아 과장했다. 그 사신들은 모두가 가난한 집안의 아들들이었다. 이들은 천자가 보내는 물건들을 사사롭게 해 헐값으로 시장에서 팔아 외국에서 사사로운 이익을 채우려 했다.

외국에서도 또한 한나라 사신들이 사람마다 경솔함이 거듭되는 말에[①] 싫증을 내었고, 또 한나라 군사는 너무 멀어서 이르지 못할 것이라고 헤아리고 그들이 먹는 음식물도 금지해서 한나라 사신들을 괴롭히기도 했다. 한나라 사신들은 식량이 다하고 원망이 쌓여서 서로가 서로를 공격하는 데까지 이르기도 했다.

而北道酒泉抵大夏 使者旣多 而外國益厭漢幣 不貴其物 自博望侯開外國道以尊貴 其後從吏卒皆爭上書言外國奇怪利害 求使 天子爲其絶遠 非人所樂往 聽其言 予節 募吏民毋問所從來 爲具備人衆遣之 以廣其道 來還不能毋侵盜幣物 及使失指 天子爲其習之 輒覆案致重罪 以激怒令贖 復求使 使端無窮 而輕犯法 其吏卒亦輒復盛推外國所有 言大者予節 言小者爲副 故妄言無行之徒皆爭效之 其使皆貧人子 私縣官齎物 欲賤市以私其利外國 外國亦厭漢使人人有言輕重[①] 度漢兵遠不能至 而禁其食物以苦漢使 漢使乏絶積怨 至相攻擊

① 漢使人人有言輕重한사인인유언경중

집해 복건이 말했다. "한나라 사신이 외국에서 말하는 것이 사람마다 경솔함이 거듭되어 진실하지 않은 것이다." 여순이 말했다. "외국의 사람마다 자주 한나라 사신에게 (물건을) 빼앗기가 쉽다고 스스로 말하는 것이다."
服虔曰 漢使言於外國 人人輕重不實 如淳曰 外國人人自言數爲漢使所侵易

누란樓蘭이나 고사姑師[1]는 작은 나라일 뿐이나 큰 길목에 해당했다. 이곳에서는 한나라 사신 왕회王恢[2] 등을 겁박하는 것이 매우 심했다. 흉노의 기습병이 때때로 서쪽 나라로 가는 사신들을 공격하고 차단했다. 사신들이 다투어 모두가 외국에서의 재해가 심한 것을 말했다. 또 모두가 외국에는 성과 읍이 있으나 군사들이 약하여 공격하기 쉽다고 말했다.

천자는 이 때문에 종표후從驃侯 파노破奴를 보내서 속국의 기병들과 군郡의 군사 수만 명을 거느리고 흉하수匈河水에 이르러 호胡(흉노)를 공격하게 하려고 했는데, 흉노의 군사들이 모두 떠나버렸다.

그다음 해에 고사姑師를 공격했다. 파노 장군이 날랜 기병 700여 명으로 먼저 이르러 누란왕을 포로로 잡고, 마침내 고사국을 무너뜨렸다. 이에 따라 군대의 위세를 일으켜 오손국과 대원국의 무리들을 곤욕스럽게 했다. 돌아오자 파노 장군을 봉해 촉야후浞野侯로 삼았다.[3]

왕회[4]는 여러 차례 사신으로 가서 누란국에서 고초 받았으므로 천자에게 고초 받은 것을 말했다. 천자는 군사를 징발하여 왕회에게 파노 장군을 보좌하게 하고 공격해 무너뜨리자 왕회를 봉해

호후浩侯로 삼았다.[5] 이에 주천酒泉에서 늘어놓은 정장亭鄣[6]이 옥문관玉門關[7]까지 이르게 되었다.

而樓蘭姑師[1]小國耳 當空道 攻劫漢使王恢[2]等尤甚 而匈奴奇兵時時遮擊使西國者 使者爭徧言外國災害 皆有城邑 兵弱易擊 於是天子以故遣從驃侯破奴將屬國騎及郡兵數萬 至匈河水 欲以擊胡 胡皆去 其明年擊姑師 破奴與輕騎七百餘先至 虜樓蘭王 遂破姑師 因擧兵威以困烏孫大宛之屬 還 封破奴爲浞野侯[3] 王恢[4]數使 爲樓蘭所苦 言天子 天子發兵令恢佐破奴擊破之 封恢爲浩侯[5] 於是酒泉列亭鄣[6]至玉門[7]矣

① 姑師고사

집해 서광이 말했다. "곧 거사국車師國이다."

徐廣曰 卽車師

② 恢회

집해 서광이 말했다. "회恢는 다른 판본에는 '괴怪'로 되어 있다."

徐廣曰 恢 一作怪

③ 破奴爲浞野侯파노위촉야후

집해 서광이 말했다. "무제 원봉 3년이다."

徐廣曰 元封三年

④ 王恢왕회

집해 서광이 말했다. "중랑장中郎將이 되었다."

徐廣曰 爲中郎將

⑤ 封恢爲浩侯봉회위호후

집해 서광이 말했다. “거사왕車師王을 체포해 무제 원봉 4년에 호후浩侯에 봉해졌다.”

徐廣曰 捕得車師王 元封四年封浩侯

⑥ 亭鄣정장

신주 변방의 요새要塞에 설치하여 사람의 출입을 감시하는 일종의 초소이다.

⑦ 玉門옥문

집해 위소가 말했다. “옥문관玉門關은 용륵龍勒의 경계에 있다.”

韋昭曰 玉門關在龍勒界

색은 위소가 말했다. “옥문玉門은 현縣 이름이고 주천酒泉에 있다. 또 옥관玉關에는 용륵龍勒에 있다.”

韋昭云 玉門 縣名 在酒泉 又有玉關 在龍勒也

정의 《괄지지》에서 말한다. “사주沙州 용륵산龍勒山은 현縣의 남쪽 165리에 있다. 옥문관은 현의 서북쪽 118리에 있다.”

括地志云 沙州龍勒山在縣南百六十五里 玉門關在縣西北百一十八里

오손왕은 1,000필의 말을 바치고 한나라 딸에게 장가들었다. 한나라에서 종실의 딸인 강도江都 옹주翁主[①]를 보내 오손왕의 아내가 되게 했다. 오손왕 곤막은 한나라 딸을 우부인右夫人으로 삼았다. 흉노도 또한 딸을 보내 곤막왕의 아내가 되게 하니, 곤막왕은 좌부인으로 삼았다.

곤막왕이 말했다.

"나는 늙었다."

이에 그의 손자인 잠취岑娶에게 (강도)옹주를 취해서 아내로 삼게 했다. 오손에는 말이 많았는데, 그곳의 부자 중에 4~5천 필의 말을 가진 자도 있었다.

처음 한나라 사신이 안식국에 도착하자 안식국의 왕은 2만 명의 기병을 거느리고 동쪽의 경계에서 한나라 사신을 맞이하게 했다. 동쪽의 경계에서 안식국의 왕도까지는 수천 리나 되었다. 사신 일행이 왕도까지 이르는데 수십 개의 성을 지나면서 백성은 계속 이어져 있을 정도로 매우 많았다.

한나라 사신이 돌아왔다. 뒤에 안식국에서 사신을 보내서 한나라 사신을 따라오는데 안식국의 사신이 한나라 땅이 광대한 것을 둘러보고 큰 새의 알(타조알)과 내건黎軒의 마술사들을[②] 한나라에 바쳤다. 또 대원의 서쪽에 작은 나라인 환잠驩潛과 대익大益과 대원의 동쪽에 고사姑師와 한미扜罙와 소해蘇薤의 사신들이 모두 한나라 사신을 따라서 천자를 만나보고 예물을 바쳤다. 천자는 크게 기뻐했다.

烏孫以千匹馬聘漢女 漢遣宗室女江都翁主[①]往妻烏孫 烏孫王昆莫以

爲右夫人 匈奴亦遣女妻昆莫 昆莫以爲左夫人 昆莫曰 我老 乃令其孫岑娶妻翁主 烏孫多馬 其富人至有四五千匹馬 初 漢使至安息 安息王令將二萬騎迎於東界 東界去王都數千里 行比至 過數十城 人民相屬甚多 漢使還 而後發使隨漢使來觀漢廣大 以大鳥卵及黎軒善眩人[②]獻于漢 及宛西小國驩潛大益 宛東姑師扜罙蘇薤之屬 皆隨漢使獻見天子 天子大悅

① 江都翁主강도옹주

집해 《한서》에서 말한다. "강도왕江都王 유건劉建의 딸이다."

漢書曰 江都王建女

② 黎軒善眩人내건선현인

색은 위소가 말했다. "변화해서 사람을 의혹되게 하는 것이다." 살펴보니 "《위략》에는 '여근黎靳에는 마술하는 자가 많은데, 입안에서 불을 토하고 자신을 묶고 스스로 푼다."라고 했다. 소안小顏은 또한 오이 등을 심는 일의 따위로 여겼다.

韋昭云 變化惑人也 按 魏略云 犂靳多奇幻 口中吹火 自縛自解 小顏亦以爲植瓜等也

한나라 사신들은 하수의 근원을 조사했다. 하수의 근원은 우전于窴에서 나왔고 그 산에는 옥석玉石이 많아서 그 옥석을 캐어 가지고 왔다.[①] 천자는 옛날의 지도를 참고해서 하수가 흘러나오는 산의 이름을 곤륜산崑崙山이라고 했다.

이때 천자는 바야흐로 날짜를 따져 바닷가를 순수巡狩하는데, 곧 외국의 손님들을 모두 따르게 했다. 대도시로 인구가 많은 곳을 지날 때 재물이나 비단을 풀어서 상으로 하사하면서 후하게 갖추어 그들에게 풍성하게 주어서 한나라가 부유하다는 것을 보여 주었다.

여기에 크게 씨름대회[②]를 열고, 기예나 진귀한 물건들을 전시해서 많은 관객을 모아 시상施賞을 행하며, 주지육림酒池肉林의 잔치를 벌이면서 외국의 빈객들이 두루 관찰하게 하고, 각 창고를 열어서 쌓여 있는 물품을 보여 주어 한나라 광대함을 드러내자 대단히 놀라워했다. 현란한 마술사의 기교를 더해서 씨름과 기예를 함께 했는데, 해마다 규모가 증가하고 변화되었다. 매우 성대해지고 더욱 흥미롭게 된 것이 이때부터 시작되었다.

而漢使窮河源 河源出于窴 其山多玉石 采來[①] 天子案古圖書 名河所出山曰崑崙云 是時上方數巡狩海上 乃悉從外國客 大都多人則過之 散財帛以賞賜 厚具以饒給之 以覽示漢富厚焉 於是大觳抵[②] 出奇戲諸怪物 多聚觀者 行賞賜 酒池肉林 令外國客徧觀(名)〔各〕倉庫府藏之積 見漢之廣大 傾駭之 及加其眩者之工 而觳抵奇戲歲增變 甚盛益興 自此始

① 采來채래

집해 신찬이 말했다. "한나라 사신이 채취하여 장차 가지고 와 한나라에 이른 것이다."
瓚曰 漢使采取 將持來至漢

② 大觳抵대각저

신주 큰 씨름대회이다. 씨름은 힘을 겨뤄 넘기는 놀이로 우리나라 전통 씨름과 대체로 유사하다.

서북쪽에 외국 사신들은 번갈아 오고 번갈아 떠났다. 대원국의 서쪽은 모두가 스스로 멀다고 여기고 오히려 교만하고 방자하여 태연하였으므로 한나라가 굴복시켜서 예로써 그들을 속박하여 부릴 수가 없었다.

오손으로부터 서쪽으로 안식국에 이르는 곳은 흉노에 가까웠다. 흉노는 월지국을 곤욕스럽게 해 흉노의 사신이 선우의 신표 하나를 가지고 있으면 나라마다 먹을 음식을 전송해주고 감히 고통스럽게 억류시키지 않았다. 한나라 사신이 이르러서는 폐백을 주지 않으면 먹을 것을 얻지 못하고 가축을 사지 못하며 말을 탈 수 없었다.

그렇게 된 까닭은 한나라는 멀리 떨어져 있고, 한나라는 재물이 많다고 여겼기 때문이다. 그러므로 반드시 시장에서 바라는 것을 얻을 수 있었다. 또 한나라 사신보다는 흉노가 두렵다고 생각한 것이다.

대원국의 좌우에서는 포도로써 술을 만들었는데 부유한 집안에서는 술을 1만여 섬이나 저장하고 오래된 것은 수십 년이 되어도 맛이 변하지 않았다. 그들의 풍속에는 술을 즐기고 말에게는 목숙苜蓿[①]을 즐겨 먹였다. 한나라 사신이 그 열매를 취하여 가지고 와서 이에 천자가 처음으로 거여목과 포도를 비옥한 땅에 심었다. 천마天馬가 많아지고 외국의 사신들이 많이 오면서 이궁離宮이나 별궁 옆에는 포도와 목숙이 많이 심어지게 되었다.

西北外國使 更來更去 宛以西 皆自以遠 尙驕恣晏然 未可詘以禮羈縻而使也 自烏孫以西至安息 以近匈奴 匈奴困月氏也 匈奴使持單于一信 則國國傳送食 不敢留苦 及至漢使 非出幣帛不得食 不市畜不得騎用 所以然者 遠漢 而漢多財物 故必市乃得所欲 然以畏匈奴於漢使焉 宛左右以蒲陶爲酒 富人藏酒至萬餘石 久者數十歲不敗 俗嗜酒 馬嗜苜蓿[①] 漢使取其實來 於是天子始種苜蓿蒲陶肥饒地 及天馬多 外國使來衆 則離宮別觀旁盡種蒲萄苜蓿極望

① 苜蓿목숙

신주 거여목이다. 곧 말이 잘 먹는 풀의 이름이다.

대원국으로부터 서쪽으로 안식국에 이르러서는 국가가 비록 말은 달랐으나 풍속은 대부분 동일하고 서로가 상대방의 말을 이해하고 있었다. 그 나라 사람들은 모두 움푹 들어간 눈에 턱수염과

구레나룻이 많이 나 있었고 시장에서 장사를 잘하여 저울의 눈금으로 다투었다.[1] 그들의 풍속은 여자들을 귀하게 여겼다. 여자들이 말하는 바에 따라서 장부들은 결정하고 정당화했다. 그곳의 땅에는 누에나 옻나무가 모두 없었고 화폐[2]나 그릇을 만드는 것을 알지 못했다.

한나라 사신과 함께 이르렀다가 도망친 병졸들이 항복하여 다른 병기들을 주조하고 만드는 것을 가르쳤는데, 한나라의 황금이나 백금을 얻게 되면 그때마다 그릇을 만들고 화폐로 만들어서 사용하지 않았다.

自大宛以西至安息 國雖頗異言 然大同俗 相知言 其人皆深眼 多鬚顧善巿賈 爭分銖[1] 俗貴女子 女子所言而丈夫乃決正 其地皆無絲漆 不知鑄錢[2]器 及漢使亡卒降 教鑄作他兵器 得漢黃白金 輒以爲器 不用爲幣

① 爭分銖쟁분수

신주 곧 사소한 이익으로 다투는 모습을 표현한 것이다

② 錢전

집해 서광이 말했다. "많은 판본에 '전錢' 자로 되어 있다. 또 어떤 곳에는 '철鐵' 자로도 되어 있다."

徐廣曰 多作錢字 又或作鐵字

한나라 사신들은 이미 서쪽의 여러 나라로 왕래하는 자들이 많았다. 그중에 어려서부터 따라다닌 자들은 대부분 천자 앞에 나아가 진언進言하는 데 익숙해져 있었다.① 그들이 다음과 같이 말했다.

"대원에는 좋은 말이 있는데 이사성貳師城에 있으며 숨겨두고 한나라 사신에게 기꺼이 주려고 하지 않습니다."

천자는 이미 대원의 말을 좋아하고 있어서 이 말을 듣고는 마음속으로 즐거워했다. 이에 장사壯士와 거령車令(벼슬 이름) 등에게 1,000금과 금으로 만든 말을 가지고 가서 대원왕에게 이사성에 있는 좋은 말을 청하도록 했다. 대원국은 한나라 물품이 넉넉했으므로 서로 더불어 모의해서 말했다.

"한나라는 우리와의 거리가 멀다. 오는 중에 염수鹽水를 거쳐야 하는데, 자주 실패한다.② 그 북쪽으로 나가면 호胡(흉노)의 도적들이 있고, 그 남쪽으로 나가면 물과 풀들이 없다. 또 왕왕 읍邑이 없어 식량이 궁핍할 때가 많다. 한나라 사신 수백 명이 무리를 지어 오지만 항상 식량이 떨어져 죽는 자가 절반을 넘는다. 이러한데 어찌 능히 대군大軍이 이르겠는가? 우리에게 어떻게 할 수 없을 것이다. 또 이사성의 말은 대원국의 보배로운 말이다."

끝내 한나라 사신들에게 말을 기꺼이 주려고 하지 않았다. 한나라 사신들이 노여워하고 그들을 꾸짖으며③ 금으로 만든 말을 망치로 부서버리고 떠났다. 이에 대원국의 귀인들이 노여워하며 말했다.

"한나라 사신들은 지극히 우리를 가볍게 여기고 있다."

한나라 사신들을 떠나보내고 그들의 동쪽 변방인 욱성郁城을 시켜서 한나라 사신들을 막고 공격해서 살해하고 그들의 재물을 빼앗으라고 했다.

이러한 소식을 들은 천자는 노여워했다. 일찍이 대원에 사신으로 갔다 온 요정한姚定漢 등이 말했다.

"대원의 군사들은 허약해서 진실로 한나라 군사 3,000여 명의 수준을 넘지 못해 강력한 쇠뇌를 발사한다면, 곧 대원을 무너뜨리고 사로잡을 수 있을 것입니다."

而漢使者往旣多 其少從率多進熟① 於天子 言曰 宛有善馬在貳師城 匿不肯與漢使 天子旣好宛馬 聞之甘心 使壯士車令等持千金及金馬以請宛王貳師城善馬 宛國饒漢物 相與謀曰 漢去我遠 而鹽水中數敗② 出其北有胡寇 出其南乏水草 又且往往而絶邑 乏食者多 漢使數百人爲輩來 而常乏食 死者過半 是安能致大軍乎 無柰我何 且貳師馬 宛寶馬也 遂不肯予漢使 漢使怒 妄言③ 椎金馬而去 宛貴人怒曰 漢使至輕我 遣漢使去 令其東邊郁成遮攻殺漢使 取其財物 於是天子大怒 諸嘗使宛姚定漢等言宛兵弱 誠以漢兵不過三千人 彊弩射之 卽盡虜破宛矣

① 小從率多進熟소종솔다진숙

집해 《한서음의》에서 말한다. "소종少從은 계획과 같지 않은 것이다. 어떤 이는 따라가는 것이 미숙한 자라고 한다. 진숙進熟은 말을 아름답게 하는 데 익숙한 것이다."

漢書音義曰 少從 不如計也 或云從行之微者也 進熟 美語如成熟者也

② 鹽水中數敗염수중삭패

집해 복건이 말했다. "물 이름이며 길은 밖으로부터 물 안으로 건너가는 것이다." 여순이 말했다. "길은 끊어지고 멀며, 곡식이나 풀도 없는 것이다."

服虔曰 水名 道從外水中〔行〕 如淳曰 道絕遠 無穀草

정의 공문상이 말했다. "염鹽은 염택鹽澤이다. 물이 넓고 멀며 혹은 바람과 파도가 일어 자주 실패하는 것을 말한다." 배구의 《서역기》에서 말한다. "서주西州 고창현高昌縣의 동쪽에 있고 동남쪽은 과주瓜州와의 거리가 1,300리이며 사막의 땅과 나란히 하고 있다. 수초 때문에 다니기가 어렵고 사면이 위태하며 도로는 표준을 삼아 기록하기가 불가하고, 행인은 오직 사람과 가축의 해골, 낙타나 말의 똥을 표징標徵으로 삼아야 한다. 그 땅의 도로는 사나워서 사람과 가축이 다발을 지어 가지 않으면 일찍부터 모래벌판 가운데에서 때마다 사람을 부르는 소리가 들리며 형체는 나타나지 않고 또한 노래하며 통곡하는 소리가 있으며, 사람을 잃는 경우가 잦고, 순식간에 소재를 알지 못해 이로 말미암아 사망하는 경우도 잦다. 대개는 이매魑魅와 망량魍魎의 짓이다."

孔文祥云 鹽 鹽澤也 言水廣遠 或致風波 而數敗也 裴矩西域記云 在西州高昌縣東 東南去瓜州一千三百里 竝沙磧之地 水草難行 四面危 道路不可準記 行人唯以人畜骸骨及駞馬糞爲標驗 以其地道路惡 人畜卽不約行 曾有人於磧內時聞人喚聲 不見形 亦有歌哭聲 數失人 瞬息之間不知所在 由此數有死亡 蓋魑魅魍魎也

③ 妄言망언

집해 여순이 말했다. "욕설하고 꾸짖는 말이다."

如淳曰 罵詈

천자는 이미 일찍이 촉야후浞野侯에게 누란을 공격하게 했었다. 700명의 기병으로 선봉에 서고 이르게 해서 그 누란왕을 포로로 잡은 일이 있었다. 그래서 요성한 등이 하는 말에 그럴 것이라고 여겼다. 또 총애하는 여인 이씨李氏의 오빠를 후작으로 올려주고자 해서 이광리李廣利를 제수해서 이사장군貳師將軍으로 삼아 속국에서 6,000여 명의 기병들을 징발하고, 군국郡國에 불량한 소년들 수만여 명을 차출하고 가서 대원을 정벌하게 했다.
이사성貳師城에 이르러 좋은 말을 빼앗아 올 것을 기약해, 이 때문에 '이사장군'이라고 호칭한 것이다. 조시성趙始成을 군정軍正으로 삼고, 옛 호후浩侯인 왕회王恢①를 도군導軍(길 안내)으로 삼았다. 이차李哆②를 교위校尉로 삼아 군軍의 일을 제재하게 했다. 이 해는 무제 태초太初 원년으로, 관동關東에서 누리떼가 크게 발생하고 날아서 서쪽의 돈황敦煌까지 이르렀다.
天子已嘗使浞野侯攻樓蘭 以七百騎先至 虜其王 以定漢等言爲然 而欲侯寵姬李氏 拜李廣利爲貳師將軍 發屬國六千騎 及郡國惡少年數萬人 以往伐宛 期至貳師城取善馬 故號 貳師將軍 趙始成爲軍正 故浩侯王恢①使導軍 而李哆②爲校尉 制軍事 是歲太初元年也 而關東蝗大起 蜚西至敦煌

① 浩侯王恢호후 왕회

집해 서광이 말했다. “왕회는 먼저 봉작을 받았고 1년 만에 주천酒泉에 사신으로 가서 조명朝命이라고 거짓으로 꾸며댄 것으로 인하여 봉읍을 회수당하였다.”

徐廣曰 恢先受封 一年 坐使酒泉矯制 國除

② 哆차

색은 哆의 발음은 ‘차[尺奢反]’ 또는 ‘차[尺者反]’이다.

音尺奢反 又尺者反

제
三
장

대원 정벌

이사장군의 군사들이 이미 서쪽으로 염수를 지나가는데 이르는 길마다 작은 나라들이 두려워하고 각각 성문을 굳게 지키며 식량을 공급하는 것을 기꺼이 하지 않았으나 성을 공격해서 함락시킬 수는 없었다. 함락시킨 곳에서는 식량을 얻었고 함락시키지 못한 곳에서는 수일간을 머무르다 떠났다. 거의 욱성郁成에 이르렀지만, 군사들은 욱성까지 이른 자들이 수천 명에 불과했다. 그리고 모두가 굶주려서 지쳐 있었다. 이에 욱성을 공격했지만 욱성에게 크게 격파당해서 한나라 군사들이 죽고 다친 자가 매우 많았다.
이사장군은 이차와 조시성 등과 상의해서 말했다.
"욱성에 이르러 오히려 욱성을 빼앗지 못했는데 하물며 그 왕도王都에 이름에 있어서랴."
이에 따라 군사를 이끌고 돌아왔다. 오가는 데만 2년이 걸렸다. 돌아와 돈황에 이르고 보니 군사들은 갈 때의 군사 수에 10분의 1에 불과했다. 사신을 시켜서 글을 올려 말했다.
"길은 멀고 많던 식량은 떨어졌습니다. 또 사졸들은 싸우는 것을 걱정하는 것이 아니라 굶주리는 것을 걱정했습니다. 군사가 적어 대원을 함락시키기에는 부족합니다. 원하건대 장차 군사들을 쉬게 했다가 다시 병력을 증강하여 가서 공격하게 해주십시오."

무제가 듣고 크게 노여워하며 사신을 보내서 옥문관을 차단하게 하고 이렇게 말했다.

"군대가 감히 옥문관을 들어오는 자들은 모조리 참수할 것이다."

이사장군이 두려워하고 인하여 돈황에 머물렀다.

貳師將軍軍既西過鹽水 當道小國恐 各堅城守 不肯給食 攻之不能下 下者得食 不下者數日則去 比至郁成 士至者不過數千 皆飢罷 攻郁成 郁成大破之 所殺傷甚衆 貳師將軍與哆始成等計 至郁成尙不能擧 況至其王都乎 引兵而還 往來二歲 還至敦煌 士不過什一二 使使上書言 道遠多乏食且士卒不患戰 患飢 人少 不足以拔宛 願且罷兵 益發而復往 天子聞之 大怒 而使使遮玉門 曰軍有敢入者輒斬之 貳師恐 因留敦煌

그해 여름 한나라는 착야후浞野侯 조파노의 군사 2만여 명을 흉노에게 잃었다.① 공경들과 조정에서 의논하는 자들은 모두가 대원의 군대를 공격하는 것을 중지하고 오로지 흉노[胡]를 공격하기를 원했다. 천자 무제는 이미 대원을 처단하기로 했다. 또 대원은 작은 나라인데 능히 함락시키지 못한다면 대하大夏의 소속된 나라들이 한나라를 가볍게 여기고, 대원의 좋은 말들이 끊어져 오지 않을 것이며, 오손이나 윤두侖頭에서도 한나라 사신들을 가볍게 여기고② 고초를 겪게 해서 외국의 비웃음거리가 되게 할 것이라고 여겼다.

이에 대원을 정벌하는 것이 더 불리하다고 말한 등광鄧光 등을 조사하게 하였다. 죄수의 무리와 무졸武卒들을 사면하고 불량소년들과 변방의 기병들을 더 징발해서 한 해 남짓 동안 돈황敦煌으로 출동한 자들이 6만 명이나 되었는데, 사물私物을 지고 따르는 자는 포함하지 않았다. 소는 10만 마리, 말은 3만여 필, 노새와 낙타는 만을 헤아릴 만큼 가지고 갔다. 군량을 많이 주고 무기와 강한 쇠뇌를 매우 많이 준비하느라고 천하가 떠들썩할 정도였으며, 역전驛傳을 서로 받들고 대원을 정벌하는데 무릇 교위만 50여 명이 출동했다.

其夏 漢亡浞野之兵二萬餘於匈奴① 公卿及議者皆願罷擊宛軍 專力攻胡 天子已業誅宛 宛小國而不能下 則大夏之屬輕漢 而宛善馬絶不來 烏孫侖頭易苦漢使矣② 爲外國笑 乃案言伐宛尤不便者鄧光等 赦囚徒材官 益發惡少年及邊騎 歲餘而出敦煌者六萬人 負私從者不與 牛十萬 馬三萬餘匹 驢騾橐它以萬數 多齎糧 兵弩甚設 天下騷動 傳相奉伐宛 凡五十餘校尉

① 漢亡浞野之兵二萬餘於匈奴한망촉야지병이만여어흉노

집해 서광이 말했다. "무제 태초 2년 조파노趙破奴가 준계장군浚稽將軍이 되어 2만의 기병으로 흉노를 공격하다 돌아오지 못했다."

徐廣曰 太初二年 趙破奴爲浚稽將軍 二萬騎擊匈奴 不還也

② 易이

집해 진작이 말했다. "이易는 경輕(가볍게 여기다)이다."

晉灼曰 易 輕也

대원의 성안에는 우물이 없어서 모두가 성 밖에 흘러가는 물을 길어 먹었다. 이에 한나라에서 수공水工을 보내서 그 성 아래로 흐르는 물길을 돌려 끊어서 그 성 밖의 물을 마르게 했다.[①] 수자리 사는 군사들 18만 명을 더 징발하고 주천酒泉과 장액張掖 북쪽의 거연居延과 후재休屠[②]에 배치해서 주천酒泉을 방위하게 했다. 천하의 7가지 죄[③]에 해당한 자들을 징발해 말린 군사용 식량을 싣고 이사장군에게 공급하게 했는데, 운반하는 수레와 인부들이 서로 이어져 돈황까지 이르렀다. 말에 조예가 깊은 사람 2명을 제수해서 집구교위執驅校尉로 삼고, 대원을 무너뜨린 뒤 그들의 좋은 말들을 골라 취할 준비도 했다고 한다.

이에 이사장군은 뒤에 다시 출정하는데 군사가 많아 이르는 곳마다 작은 나라들이 맞이하지 않는 나라가 없었고, 식량을 내고 군사들도 내주었다. 윤두侖頭에 이르러 윤두가 함락되지 않자 수일을 공격해서 그들을 도륙했다. 여기부터 서쪽으로는 평화롭게 행군해서 대원성에 이르렀는데, 한나라 군사가 이른 것이 3만 명이었다. 대원의 군사들이 한나라 군사들을 맞아 공격했지만, 한나라 군사들이 활을 쏘아 물리치니, 대원의 군사들은 달아나 보루로 들어가 그 성에서 기회의 틈을 노렸다.

宛王城中無井 皆汲城外流水 於是乃遣水工徙其城下水空以空其城[①] 益發戍甲卒十八萬 酒泉張掖北 置居延休屠[②]以衛酒泉 而發天下七科

適③ 及載糒給貳師 轉車人徒相連屬至敦煌 而拜習馬者二人爲執驅校尉 備破宛擇取其善馬云 於是貳師後復行 兵多 而所至小國莫不迎 出食給軍 至侖頭 侖頭不下 攻數日 屠之 自此而西 平行至宛城 漢兵到者三萬人 宛兵迎擊漢兵 漢兵射敗之 宛走入葆乘其城

① 城下水空以空其城성하수공이공기성

집해 서광이 말했다. "공空은 다른 판본에는 '혈穴'로 되어 있다. 아마도 물을 움직여서 그 성을 함락시키려고 한 것이다. '공空'을 말한 것은 성안에 물을 말라 떨어지게 하려는 것이다."

徐廣曰 空 一作穴 蓋以水蕩敗其城也 言空者 令城中渴乏

② 居延休屠거연후재

집해 여순이 말했다. "2개의 현을 세워서 변방을 호위한 것이다. 어떤 이는 두 부部의 도위都尉를 설치해 주천군을 호위하게 한 것이라고 했다."

如淳曰 立二縣以衛邊也 或曰置二部都尉 以衛酒泉

③ 七科適칠과적

정의 장안이 말했다. "관리가 죄를 진 것이 첫 번째이고, 망명한 것이 두 번째이고, 데릴사위가 세 번째이고, 고인賈人(장사치)이 네 번째이고, 예부터 시적市籍이 있는 것이 다섯 번째이고, 부모가 시적市籍이 있는 것이 여섯 번째이고, 대부모(할아버지)가 적籍이 있는 것이 일곱 번째이다. 총 칠과七科이다. 무제 천한 4년에 천하의 칠과七科를 발동시켜 삭방朔方으로 꾸짖어 보내었다."

音謫 張晏云 吏有罪一 亡命二 贅壻三 賈人四 故有市籍五 父母有市籍六 大父母有籍七 凡七科 武帝天漢四年 發天下七科讁出朔方也

이사장군의 군대는 욱성을 공격하려 군사를 돌리려고 했으나 군사를 지체시키면 대원에게 더욱 속임수를 쓰게 할 계기를 주는 것이 두려웠다. 이에 먼저 대원에 이르러 그들의 수원水源을 단절시켜 다른 곳으로 옮기자 대원은 참으로 이윽고 곤궁해질 것을 걱정하게 되었다. 그 성을 포위하고 공격한 지 40여 일 만에 그 외성外城이 무너지자 대원의 귀인이며 용맹한 장수 전미煎靡를 포로로 잡았다. 대원에서 크게 두려워하고 달아나 성 안으로 들어갔다. 대원의 귀인들이 서로 더불어 모의해서 말했다.

"한나라에서 대원을 공격하는 것은 왕 무과毋寡가 좋은 말을 감추어 두고 한나라 사신을 죽였기 때문이다. 지금 왕 무과를 살해하고 좋은 말을 준다면 한나라 군사들은 포위를 풀 것이다. 곧 풀지 않는다면 그러고서 힘껏 싸우다 죽어도 늦지 않다."

대원의 귀인들이 모두 그럴 것이라고 여기고 함께 그들의 왕 무과를 죽이고 그의 머리를 들려서 귀인을 보내 이사장군과 약속해서 말했다.

"한나라는 우리를 공격하지 말아 주십시오. 우리는 좋은 말들을 모두 내보여 마음대로 가져가도록 하고, 한나라 군대의 식량도 공급하겠습니다. 곧 들어 주지 않는다면 우리는 좋은 말들을 모두 죽일 것이며 강거의 구원병도 또 이를 것입니다. 이르게 되면 우리는 안에 있고 강거는 밖에 있어 한나라 군대와 싸울 것입니다. 한나라 군사는 곰곰이 생각해 보십시오. 어느 쪽을 따르겠습니까?"

貳師兵欲行攻郁成 恐留行而令宛益生詐 乃先至宛 決其水源 移之 則宛固已憂困 圍其城 攻之四十餘日 其外城壞 虜宛貴人勇將煎靡 宛大恐 走入中城 宛貴人相與謀曰 漢所爲攻宛 以王毋寡匿善馬而殺漢使 今殺王毋寡而出善馬 漢兵宜解 卽不解 乃力戰而死 未晚也 宛貴人皆以爲然 共殺其王毋寡 持其頭遣貴人使貳師 約曰 漢毋攻我 我盡出善馬 恣所取 而給漢軍食 卽不聽 我盡殺善馬 而康居之救且至 至 我居內 康居居外 與漢軍戰 漢軍熟計之 何從

이때 강거는 한나라 군사를 염탐했지만, 한나라 군사가 여전히 강성해서 감히 진군하지 못하고 있었다. 이사장군, 조시성, 이차 등이 계책하여 말했다.

"듣자니 대원의 성안에서는 새로 진秦나라 사람을 얻어 우물을 팔 줄을 알았으며 그 성안의 마실 것이 오히려 많아졌다고 한다. 우리가 멀리서 온 것은 악의 괴수인 무과를 처단하기 위해서였다. 무과의 머리가 이미 이르러 있는데, 이와 같은 상황에서 군사를 풀지 않는다면 굳게 지킬 것이고, 강거에서 한나라 군사들이 피로한 것을 엿보고 와서 대원을 구제하게 되면 한나라 군사들이 무너지는 것은 필연적일 것이다."

군대의 관리들이 모두 그럴 것이라고 여기고 대원과의 약속을 허락했다. 대원에서 좋은 말들을 모두 내놓고 한나라에서 스스로 골라 뽑도록 하고, 많은 식량을 내어 한나라 군사들에게 공급했다. 한나라 군사들은 그 좋은 말 수십 필을 취하고 중마中馬 이하 암컷과 수컷 3,000여 필을 골랐으며, 대원의 귀인으로 한나라 사신을 잘 대우한 명성이 있는 말살昧蔡① 을 세워 대원왕으로 삼아 함께 맹약하고 군사를 물리쳤다. 마침내 성 안으로 들어가지는 않고, 곧 군사를 물려 말을 이끌고 돌아왔다.

是時康居候視漢兵 漢兵尙盛 不敢進 貳師與趙始成李哆等計 聞宛城中新得秦人 知穿井 而其內食尙多 所爲來 誅首惡者毋寡 毋寡頭已至如此而不許解兵 則堅守 而康居候漢罷而來救宛 破漢軍必矣 軍吏皆以爲然 許宛之約 宛乃出其善馬 令漢自擇之 而多出食食給漢軍 漢軍取其善馬數十匹 中馬以下牡牝三千餘匹 而立宛貴人之故待遇漢使善者名昧蔡①以爲宛王 與盟而罷兵 終不得入中城 乃罷而引歸

① 昧蔡말살

색은 본래 대원국의 장수이다. 앞 글자 昧의 발음은 '말末'이고 뒷 글자 蔡의 발음은 '살[先葛反]'이다.

本大宛將也 上音末 下音先葛反

처음 이사장군이 돈황에서 군사를 일으켜 서쪽으로 갈 때 군사의 수가 너무 많다고 여겼다. 가는 길에 있는 국가들이 식량을 공급하지 못할 것으로 여겼다. 이에 나누어 여러 부대로 만들어 남쪽과 북쪽의 길을 따르게 했다.
교위 왕신생王申生과 옛 홍려鴻臚 호충국壺充國 등 1,000여 명은 다른 길로 가서 욱성郁成에 이르렀다. 욱성에서 성을 굳게 지키고 군대에 기꺼이 식량을 공급하려고 하지 않았다. 왕신생은 대군大軍과 200리를 떠나 있었다. 이에 (대군을) 믿고 가볍게 여겨 욱성에 요구했다. 그러나 욱성에서 식량을 기꺼이 주려고 하지 않았으며, 왕신생의 군대가 날마다 적어지는 것을 엿보아 알고는 새벽에 3,000명의 군사를 이용해서 왕신생 등을 살해하고 군대를 무너뜨리자, 몇 사람만이 도망쳐 이사장군에게 달려왔다.
初 貳師起敦煌西 以爲人多 道上國不能食 乃分爲數軍 從南北道 校尉王申生故鴻臚壺充國等千餘人 別到郁成 郁成城守 不肯給食其軍 王申生去大軍二百里 (偵)〔偩〕而輕之 責郁成 郁成食不肯出 窺知申生軍日少 晨用三千人攻 戮殺申生等 軍破 數人脫亡 走貳師

이사장군이 수속도위搜粟都尉 상관걸上官桀에게 가서 욱성을 공격해 격파하도록 했다. 상관걸이 가서 격파하자 욱성왕이 도망쳐 강거로 달아났다. 상관걸이 추격해서 강거에 이르렀는데, 강거에서 한나라가 이미 대원을 무너뜨렸다는 소문을 듣고, 곧 욱성왕을 상관걸에게 내어주자 상관걸이 4명의 기사에게 욱성왕을 결박하고 지켜서 대장군[1]에게 보내도록 했다. 4명이 서로 일러 말했다.
"욱성왕은 한나라를 해칠 것이니 지금 살려서 장차 데리고 가다가 마침내 잃기라도 하면 큰일이다."
이에 죽이려고 했으나 감히 먼저 치려는 자가 없었다. 상규현上邽縣의 기사 조제趙弟가 가장 나이가 어렸는데 검을 뽑아 쳐서 욱성왕을 베어 죽이고 머리를 싸서 가지고 갔다. 조제와 상관걸 등은 뒤따라서 이사장군이 있는 곳에 이르렀다.
貳師令搜粟都尉上官桀往攻破郁成 郁成王亡走康居 桀追至康居 康居聞漢已破宛 乃出郁成王予桀 桀令四騎士縛守詣大將軍[1] 四人相謂曰 郁成王漢國所毒 今生將去 卒失大事 欲殺 莫敢先擊 上邽騎士趙弟最少 拔劍擊之 斬郁成王 齎頭 弟桀等逐及大將軍

① 大將軍대장군

집해 여순이 말했다. "당시에 별도의 장수가 많았다. 그러므로 이사貳師라고 이르고 대장군으로 삼았다."
如淳曰 時多別將 故謂貳師爲大將軍

당초에 이사장군이 두 번째 출정할 적에 천자는 사신을 보내 오손에 알려서 크게 군사를 일으키고 힘을 합쳐 대원을 공격하도록 했다. 오손에서 2,000명의 기병들을 발동시켜 가서 양쪽 눈치만 보며 기꺼이 전진하려 하지 않았다. 이사장군이 동쪽으로 돌아갈 때

거쳐 지나가는 여러 작은 나라에서 대원이 무너졌다는 소식을 듣고 모두가 그 자제에게 군을 따르게 하고 들어가 공물을 바치며 천자를 알현해서 이에 인질로 삼게 했다.

이사장군이 대원을 정벌할 때, 군정軍正 조시성趙始成은 힘써 싸워 전공이 가장 많았고, 상관걸은 용감하게 깊숙이 쳐들어갔고, 이차李哆는 계책을 훌륭한 계책을 세웠으나, 군사 중에 옥문관 안으로 들어온 자들이 1만여 명이었고 군대의 말이 1,000여 필뿐이었다.

이사장군은 두 번째 행군에서 군량이 부족하지 않아 전사자가 많을 수가 없었다. 그러나 장수나 관리들이 탐욕스러워 거의 군사들을 아끼지 않았고, 그것을 빼돌렸는데, 이 (빼돌려진) 물건 때문에 (굶어) 죽은 자들이 많았다.

그런데도 천자는 1만 리를 넘어 대원국을 정벌한 것을 가상하게 여기고 과오를 기록하지 않고 이광리를 봉해서 해서후海西侯로 삼았다. 또 몸소 욱성왕을 참수한 기사 조제를 봉해 신치후新時侯로 삼았다. 군정 조시성을 광록대부로 삼았고, 상관걸을 소부少府로 삼았으며, 이차를 상당태수로 삼았다.

군관이나 관리 중 구경九卿에 이른 자가 3명이고, 제후의 재상이나 군의 태수나 2,000석二千石의 관리에 이른 자가 100여 명이고, 1,000석一千石 이하의 관리에 이른 자가 1,000여 명이나 되었다. 자진해서 행군한 자는① 그가 바라는 관직을 넘어섰고, 죄수로서 행군한 자들은 그의 노역을 줄였다.② 사졸들은 4만 금 값어치의 금품을 받았다.

初 貳師後行 天子使使告烏孫 大發兵幷力擊宛 烏孫發二千騎往 持兩

端 不肯前 貳師將軍之東 諸所過小國聞宛破 皆使其子弟從軍入獻 見天子 因以爲質焉 貳師之伐宛也 而軍正趙始成力戰 功最多 及上官桀敢深入 李哆爲謀計 軍入玉門者萬餘人 軍馬千餘匹 貳師後行 軍非乏食 戰死不能多 而將吏貪 多不愛士卒 侵牟之 以此物故衆 天子爲萬里而伐宛 不錄過 封廣利爲海西侯 又封身斬郁成王者騎士趙弟爲新時侯 軍正趙始成爲光祿大夫 上官桀爲少府 李哆爲上黨太守 軍官吏爲九卿者三人 諸侯相郡守二千石者百餘人 千石以下千餘人 奮行者① 官過其望 以適過行者皆絀其勞② 士卒賜直四萬金

① 奮行者분행자

집해 《한서음의》에서 말한다. "분奮은 신迅이다. 스스로 즐거워서 들어가 행한 자이다."

漢書音義曰 奮 迅 自樂入行者

② 以適過行者皆絀其勞이적과행자개굴기로

집해 서광이 말했다. "분행자奮行者(자진해서 행한 자)와 죄수로서 행한 자들은 비록 함께 공로가 있지만 지금 상을 주면서 그 지난날의 죄가 있는 것을 헤아려 그에게 하사하는 것을 줄였다. 그러므로 '굴기로絀其勞'라고 한 것이다. 굴絀은 눌러 줄인 것이다. 이들은 본래 죄수로서 간 것이다. 그러므로 공로가 만족할 만큼 중重하지 않으면 줄여 내려주어 분행奮行한 자와 상을 동등하게 얻지 못한 것이다."

徐廣曰 奮行者及以適行者 雖俱有功勞 今行賞計其前有罪而減其賜 故曰絀其勞也 絀 抑退也 此本以適行 故功勞不足重 所以絀降之 不得與奮行者齊賞之

대원을 두 번 정벌하고 돌아오니, 무릇 4년이 흘렀고 이에 군대를 파할 수 있었다. 한나라는 대원 정벌을 마치고 말살昧蔡을 세워 대원왕으로 삼고 떠났다. 한 해 남짓 되어 대원의 귀인들은 말살이 한나라에 아첨해서 자신들의 국가가 도륙질 당했다고 생각해, 이에 서로 함께 말살을 죽이고 무과毋寡의 형제인 선봉蟬封을 세워서 대원의 왕으로 삼고, 그의 아들을 보내 한나라에 인질로 들어가게 했다. 한나라는 따라서 사신을 보내 재물을 내려서 진무鎭撫하게 했다.

한나라는 10여 명의 사신을 대원국 서쪽의 여러 외국으로 보내 기이한 물건들을 구해오게 하면서 이에 대원을 정벌한 위세와 덕망을 넌지시 보여 주었다.

돈황군에 주천도위①를 설치하고② 서쪽으로 염수鹽水까지 이따금 정亭을 두었다. 윤두侖頭에는 전졸田卒이 수백 명이 있어 이로 인하여 사자를 두어서 전적田積해둔 곡식을 보호하게 했고 외국으로 가는 사신들에게 공급하게 했다.

伐宛再反 凡四歲而得罷焉 漢已伐宛 立昧蔡爲宛王而去 歲餘 宛貴人以爲昧蔡善諛 使我國遇屠 乃相與殺昧蔡 立毋寡昆弟曰蟬封爲宛王而遣其子入質於漢 漢因使使賂賜以鎭撫之 而漢發使十餘輩至宛西諸外國 求奇物 因風覽以伐宛之威德 而敦煌置②酒泉都尉①西至鹽水 往往有亭 而侖頭有田卒數百人 因置使者護田積粟 以給使外國者

① 都尉도위

집해 서광이 말했다. "일설에는 '치도위置都尉'라고 일렀다. 또 이르기를 돈황에는 연천현淵泉縣이 있는데 어떤 이는 '주酒' 자는 마땅히 '연淵' 자가 되어야 한다고 했다."

徐廣曰 一云置都尉 又云敦煌有淵泉縣 或者酒字當爲淵字

② 置치

집해 서광이 말했다. "어떤 판본에는 '치置' 자가 없다."

徐廣曰 一本無置字

태사공은 말한다.

《우본기》에 '하수는 곤륜산에서 나온다. 곤륜산은 그 높이가 2,500여 리里이고 해와 달이 서로 피해 숨는 것으로 광명을 삼는 바이다. 그 위에는 예천醴泉과 요지瑤池가 있다.'라고 일렀다. 지금 장건이 대하大夏에 사신으로 간 뒤부터 하수의 근원을 조사했는데 어떻게 《우본기》에서 이른바 곤륜산을 보았겠는가?① 그러므로 구주九州의 산천을 말한 것은 《상서》의 기록이 그에 가깝다. 《우본기》나 《산해경》에 괴상한 물건들이 있다는 것에 이르러서는 나는 감히 말하지 않겠다.②

太史公曰 禹本紀 言 河出崑崙 崑崙其高二千五百餘里 日月所相避隱爲光明也 其上有醴泉瑤池 今自張騫使大夏之後也 窮河源 惡睹本紀所謂崑崙者乎① 故言九州山川 尙書近之矣 至禹本紀山海經所有怪物 余不敢言之也②

① 窮河源 惡睹本紀所謂崑崙者乎궁하원 오도본기소위곤륜자호

집해 등전이 말했다. "한나라는 하수의 근원을 조사했는데 어떻게 곤륜산을 볼 수 있었겠는가? 《상서》에는 '도하적석導河積石'이라고 했으며 이것은 하수의 근원이 적석산積石山에서 나오고 적석산은 금성金城 하관河關에 있다고 말했다. 곤륜산에서 나온다고 말하지 않았다."

鄧展曰 漢以窮河源 於何見崑崙乎 尙書曰導河積石 是爲河源出於積石 積石在金城河關 不言出於崑崙也

색은 어찌 곤륜산을 보았겠는가? 惡의 발음은 '오烏'이다. 오烏는 어하於何이다. 도睹는 견見이다. 장건이 하수의 근원을 말하여 대하大夏와 우전于窴에 이르렀는데 어떻게 곤륜산을 보고 하수가 나오는 바로 삼았을까? 《우본기》와 《산해경》에서 이른 것은 허망한 것이 된다. 그러나 《산해경》을 살펴보면 "하수는 곤륜산의 동북쪽 모퉁이에서 나온다."라고 했다. 〈서역전〉에는 "남쪽의 적석산에서 나와 중국의 하河가 된다."라고 했다. 적석산은 본래 하수의 발원지가 아니다. 오히려 《상서》에서 "낙수에서 이끌어 웅이산으로부터 거쳐간다."라고 했듯이 그 실상은 총령산에서 나와 동쪽으로 웅이산을 거치는 것이다. 지금 이 뜻을 미루어 보면 하수도 또한 그러한 것이다. 곧 하수의 근원은 본래 곤륜산이고 숨어 흘러서 우전于闐에 이르고 또 동쪽으로 흘러 적석산에 이르러 비로소 중국으로 들어간다면 《산해경》과 〈우공〉은 각각 거론한 것이 뒤섞였을 뿐이다.

惡覩夫謂昆侖者乎 惡音烏 烏 於何也 睹 見也 言張騫窮河源 至大夏于窴 於何而見崑崙爲河所出 謂禹本紀及山海經爲虛妄也 然案山海經河出崑崙東北隅 西域傳云 南出積石山爲中國河 積石本非河之發源 猶尙書導洛自熊耳 然其實出於冢嶺山 乃東經熊耳 今推此義 河亦然矣 則河源本崑崙而潛流至于闐 又東流至積石始入中國 則山海經及禹貢各互擧耳

② 余不敢言之也여불감언지야

색은 '여감언야余敢言也'라고 한 것은 살펴보니 《한서》에는 '소유방재所有放哉'로 되어 있는데, 여순은 "방탕하고 오활해서 이 말은 믿을 수 없다."라고 일렀으니 '나는 감히 말한다.'라고 한 것은 또 《산해경》을 가히 믿기가 어렵다는 것을 말한 것일 따름이다. 순열荀悅은 '효效' 자로 되어 있는 것은 바탕을 잃은 것이라고 했다.

余敢言也 案 漢書作 所有放哉 如淳云 放蕩迂闊 言不可信也 余敢言也 亦謂山海經難可信耳 而荀悅作效 失之素矣

신주 《산해경》에서 말하는 하수의 근원에 대해서 '여감언야余敢言也'라는 한 것은 그 책에서 설정한 하수의 근원이 잘못되었음을 확신하는 말이다. 이에 사마천은 '〈하본기〉나 《산해경》에서 다룬 괴상한 물건들이 있다는 것에 이르러서는 나는 감히 말하지 않겠다.'고 한 것은 그 해답이 그 위의 문장에 있다. "구주산천九州山川을 말한 것은 《상서》의 기록이 그에 가깝다."라고 한 말이다. 즉 장건이 구주산천을 돌아다니며 하수를 근원지를 궁구한 것과 《상서》에서 기록하고 있는 구주산천을 등치하였고, 〈하본기〉나 《산해경》에서 괴상한 물건들에 관해 거론하지 않겠다고 한 것을 비교하여 분석해 보면 '여감언야余敢言也'의 의미인 여순의 말과 사마천의 '여불감언지야余不敢言之也'는 같은 의미임을 알 수 있다.

색은술찬 사마정이 펼쳐서 밝히다.

대원의 자취는 원래 박망후博望侯에서 기인한 것이다. 처음으로 하수의 근원을 찾았고, 굽어 돌며 바다로 흘러드는 물을 살폈다. 조지국이 서쪽에서 편입되고, 천마가 중원에 귀속되었다. 최서단 총령은 속세에서 벗어나 있고 염지는 물결마저 잔잔하다. 쓸쓸하고 공허하구나! 멀리 떨어진 땅에 군데군데 정장만이 보일 뿐.

大宛之迹 元因博望 始究河源 旋窺海上 條枝西入 天馬內向 蔥嶺無塵 鹽池息浪 曠哉絕域 往往亭障

찾아보기

인명

ㅈ

ㅊ

ㅎ

지명

기타

ㄱ

ㄴ

ㄷ

ㅁ

《신주 사마천 사기》〈열전〉을 만든 사람들

한가람역사문화연구소 사기연구실

이덕일(한가람역사문화연구소 소장, 문학박사)
김명옥(문학박사)
송기섭(문학박사)
이시율(고대사 및 역사고전 연구가)
정　암(지리학박사)
최원태(고대사 연구가)

한가람역사문화연구소는 1998년 창립된 이래 한국 사학계에 만연한 중화사대주의 사관과 일제식민 사관을 극복하고 한국의 주체적인 역사관을 세우려 노력하고 있는 학술연구소이다. 독립운동가들의 역사관 계승 작업을 꾸준히 진행하는 한편 《사기》 본문 및 '삼가주석'에 한국 고대사의 진실을 말해주는 수많은 기술이 있음을 알고 연구에 몰두했다. 지난 10여 년간 '《사기》 원전 및 삼가주석 강독(강사 이덕일)'을 진행하는 한편 사기연구실 소속 학자들과 《사기》에 담긴 한중고대사의 진실을 찾기 위한 연구 및 답사도 계속했다. 《신주 사마천 사기》는 원전 강독을 기초로 여러 연구자들이 그간 토론하고 연구한 결과의 집대성이라고 할 수 있다. 한가람역사문화연구소는 《신주 사마천 사기》 출간을 시작으로 역사를 바로세우기 위해 토대가 되는 문헌사료의 번역 및 주석 추가 작업을 꾸준히 이어갈 계획이다.

한문 번역 교정

유정님　박상희　김효동　곽성용　김영주　양훈식　박종민

《사기》를 지은 사람들

본문_ 사마천

사마천은 자가 자장子長으로 하양(지금 섬서성 한성시) 출신이다. 한무제 때 태사공을 역임하다가 이릉 사건에 연루되어 궁형을 당했다. 기전체 사서이자 중국 25사의 첫머리인 《사기》를 집필해 역사서 저술의 신기원을 이룩했다. 후세 사람들이 태사공 또는 사천이라고 높여 불렀다. 《사기》는 한족의 시각으로 바라본 최초의 중국민족사라고 할 수 있는데 여기서 사마천은 동이족의 역사를 삭제하거나 한족의 역사로 바꾸기도 했다.

삼가주석_ 배인 · 사마정 · 장수절

《집해》 편찬자 배인은 자가 용구龍駒이며 남북조시대 남조 송(420~479)의 하동 문희(현 산서성 문희현) 출신이다. 진수의 《삼국지》에 주석을 단 배송지의 아들로 《사기집해》 80권을 편찬했다.

《색은》 편찬자 사마정은 자가 자정子正으로 당나라 하내(지금 하남성 심양) 출신인데 굉문관 학사를 역임했다. 사마천이 삼황을 삭제한 것을 문제로 여겨서 〈삼황본기〉를 추가했으며 위소, 두예, 초주 등 여러 주석자의 주석을 폭넓게 모으고 자신의 견해를 덧붙여 《사기색은》 30권을 편찬했다.

《정의》 편찬자 장수절은 당나라의 저명한 학자로, 개원 24년(736) 《사기정의》 서문에 "30여 년 동안 학문을 섭렵했다"고 썼을 정도로 《사기》 연구에 몰두했다. 그가 편찬한 《사기정의》에는 특히 당나라 위왕 이태 등이 편찬한 《괄지지》를 폭넓게 인용한 것을 비롯해서 역사지리에 관한 내용이 풍부하다.